A ARTE DA NARRATIVA BÍBLICA

ROBERT ALTER

A arte da narrativa bíblica

Tradução
Vera Pereira

Revisão técnica
Samuel Titan Jr.

1ª reimpressão

COMPANHIA DAS LETRAS

Copyright © 1981 by Robert Alter

Título original
The art of biblical narrative

Capa
Mariana Newlands

Preparação
Cacilda Guerra

Indicação editorial
Samuel Titan Jr.

Índice remissivo
Daniel A. de André

Revisão
Carmen S. da Costa
Cecília Ramos

Dados Internacionais de Catalogação na Publicação (CIP)
(Câmara Brasileira do Livro, SP, Brasil)

Alter, Robert
  A arte da narrativa bíblica / Robert Alter ; tradução Vera Pereira. — São Paulo : Companhia das Letras, 2007.

  Título original: The art of biblical narrative
  Bibliografia
  ISBN 978-85-359-1147-3

  1. Bíblia. A.T. - Linguagem, estilo 2. Narração na Bíblia I. Título.

07-9300   CDD-220.014

Índice para catálogo sistemático:
1. Narrativa bíblica : Linguagem e comunicação   220.014

[2021]
Todos os direitos desta edição reservados à
EDITORA SCHWARCZ S.A.
Rua Bandeira Paulista, 702, cj. 32
04532-002 — São Paulo — SP
Telefone: (11) 3707-3500
www.companhiadasletras.com.br
www.blogdacompanhia.com.br
facebook.com/companhiadasletras
instagram.com/companhiadasletras
twitter.com/cialetras

Para Alfred Appel,
este outro lavor artístico

Sumário

Prefácio 9

1. Uma abordagem literária da Bíblia 15
2. A história sagrada e as origens da prosa de ficção 44
3. As cenas-padrão e os usos da convenção na Bíblia 79
4. Entre a narração e o diálogo 102
5. As técnicas de repetição 137
6. A caracterização dos personagens e a arte da reticência . 174
7. Uma arte compósita 197
8. Narração e conhecimento 231
9. Conclusão 263

Índice remissivo 279

Prefácio

Este livro pretende ser um guia para a leitura inteligente da narrativa bíblica. Nos dois primeiros capítulos, tentarei explicar tanto a necessidade deste guia como o fundamento lógico de seus conceitos, mas aproveito este prefácio para dizer algumas palavras a respeito dos procedimentos que vou seguir e das origens deste projeto.

O objetivo geral do livro é iluminar os princípios característicos da arte narrativa bíblica. Examino vários exemplos, uns mais breves, outros mais longos, sempre no intuito de ilustrar princípios gerais e não para redigir um comentário, exaustivo ou não, de uma passagem em particular. O termo "Bíblia" refere-se nesta obra exclusivamente à Bíblia hebraica. Sigo a tradição judaica de não usar a designação cristã de Velho Testamento, que sugere que o Velho só se completa com o Novo e que os dois juntos constituem uma obra contínua. Existem, é verdade, certas continuidades literárias e teológicas entre a Bíblia hebraica e o Novo Testamento; no entanto, as narrativas deste último foram escritas numa língua diferente, em época posterior e, de modo geral, a partir de pressupostos literários distintos. Por isso, não me parece adequado reunir esses dois corpos de literatura antiga num mesmo quadro de referência crítico, e, de todo modo, eu não teria nem a competência lingüística nem a erudição necessárias para tratar do Novo Testamento. A própria Bíblia hebraica é uma coleção de textos escritos ao longo de um período que se estende por sete ou oito séculos, e, além disso, alguns livros históricos, como os de Ester e Daniel, elaborados na última fase desse longo período, durante ou depois do exílio babilônico, geralmente refletem novas práticas literárias. Por esses motivos, concentrei meu estudo no grande corpo de obras formulado na era anterior ao exílio, isto é, no Pentateuco e nos primeiros Profetas.

Na medida do possível, procurei tornar minha argumentação inteligível para os leitores em geral e ao mesmo tempo suficientemente exata para ser útil aos que já dispõem de um conhecimento mais especializado da Bíblia. Comecei este estudo com a aspiração de lançar uma nova luz sobre a Bíblia mediante a aplicação de uma abordagem literária. Não abri mão dessa expectativa, mas no decorrer de um exame minucioso de muitos textos bíblicos acabei fazendo uma descoberta inesperada: que a Bíblia tem muita coisa a ensinar a qualquer pessoa que se interesse por narrativa, pois sua arte — que parece simples, mas é maravilhosamente complexa — é um exemplo magnífico das grandes possibilidades da narrativa. Este livro destina-se, portanto, a qualquer pessoa interessada na Bíblia, quer por razões culturais, quer por motivos religiosos, e também aos estudiosos da narrativa. Os leitores que pertencem a esta última categoria não encontrarão neste livro mais do que uma ou duas alusões de passagem à nova narratologia que prosperou na França e nos Estados Unidos durante a última década, porque, para ser franco, considero que ela é de utilidade limitada; ademais, sou particularmente cético quanto ao valor de taxonomias rebuscadas e tenho dúvidas de que nossa compreensão da narrativa avance alguma coisa com o recurso a neologismos irritantes, como "analepse", "intradiegético" e "actancial". Vez por outra, me pareceu necessário usar um termo técnico já consagrado para descrever com exatidão um aspecto específico de estilo, sintaxe ou gramática, mas de modo geral insisto em acreditar que é possível analisar questões literárias complexas numa linguagem inteligível a qualquer pessoa educada. Além dessas considerações de enunciação precisa, minha abordagem difere da que é usada pelos novos narratologistas porque, a meu ver, é importante ir além da análise das estruturas formais para uma compreensão mais profunda dos valores, da perspectiva moral contida num tipo particular de narrativa. É justamente esta a razão pela qual o presente estudo me parece ter algo de interessante a dizer aos leitores que tentam entender a Bíblia como documento de grande importância na história das religiões.

É claro que a forma e o significado de qualquer texto literário dependem em certa medida de sua configuração lingüística. É por isso que volta e meia me refiro a questões de escolha de palavras, de jogo de sonoridades e de sintaxe perceptíveis no original hebraico, e por vezes apresento traduções alternativas para mostrar um jogo de palavras significativo. Penso que nada disso causará dificuldades ao leitor que não tenha conhecimento do hebraico, pois os principais tópicos analisados são aspectos da narrativa bíblica que de modo geral podem ser razoavelmente observados numa tradução (foi por isso que decidi não incluir no livro o capítulo sobre estilo que havia planejado inicialmente, já que ele seria de pouca utilidade para os leitores que não conhecem o hebraico). Fiz minhas próprias traduções de todos os textos bíblicos citados. A versão King James da Bíblia continua a ser, é claro, a tradução magistral para o inglês; no entanto, mesmo em sua forma revisada, faltam a ela clareza e precisão filológica, e as várias traduções contemporâneas, que priorizam apenas essas duas qualidades, tendem a eliminar certos aspectos literários do original, como a sintaxe expressiva, a ambigüidade deliberada e a repetição proposital de palavras. Minhas traduções podem parecer às vezes caprichosamente canhestras, mas têm pelo menos a virtude de destacar aspectos do original que desempenham função decisiva para o teor artístico da narrativa bíblica.*

Este projeto nasceu de um convite que recebi em 1971 para coordenar um colóquio informal sobre estudos literários da Bíblia no departamento de religião da Universidade Stanford. A reunião dedicada ao estudo dos capítulos 38 e 39 do Livro do Gênese (cujos resultados se encontram nos capítulos 1 e 5 deste livro) acabou obtendo mais sucesso que as palestras públicas, cuidadosamente elaboradas, sobre literatura hebraica moderna que eu estava ministrando naquela semana em Stanford. Esqueci numa gaveta minhas anotações para o colóquio e, cerca de quatro anos depois, numa súbita inspiração, perguntei aos editores da revista *Commentary* se teriam interesse num artigo sobre a necessidade de uma abordagem literária da Bíblia. Agradeço a receptividade à minha proposta, principalmente a Neal Kozodoy, que me incentivou a dar esse salto de quase três milênios para trás em relação ao período histórico em que se concentra minha especialização crítica. Sou ainda mais agradecido aos leitores de *Commentary*, muitos dos quais me escreveram ou mandaram cartas à revista depois da publicação do primeiro artigo, em dezembro de 1975 (esse artigo, em versão revisada, constitui agora o capítulo 1 deste livro), e me convenceram de que valia a pena investir no tema. *Commentary* publicou em seguida três artigos (em maio de 1976, outubro de 1978 e novembro de 1980), que agora constituem parte do capítulo 5, todo o capítulo 6 e o capítulo 8 deste livro. Versões ligeiramente mais curtas dos capítulos 2 e 3 foram publicadas em *Poetics Today* (primavera de 1980)

---

* Por esta razão, todas as passagens bíblicas discutidas no livro foram traduzidas diretamente da versão em inglês do autor; os antropônimos e topônimos seguem a versão da *Bíblia de Jerusalém* (Editora Paulus). (N. T.)

e em *Critical Inquiry* (inverno de 1978), respectivamente. Gostaria de agradecer aos editores dos três periódicos pela receptividade a um tema que aparentemente fugia do enfoque moderno dessas publicações e desejo expressar meu reconhecimento por terem posto os artigos à minha disposição para compor este livro.

Versões preliminares de parte do material aqui tratado foram apresentadas nas Buckstein Memorial Lectures da Trent University, de Ontário, no Institute on Teaching the Bible in Literature Courses da Universidade de Indiana e numa conferência sobre literatura bíblica patrocinada pela Universidade da Califórnia, San Diego. Em todas essas ocasiões, a resposta inteligente da platéia contribuiu para o aperfeiçoamento da versão final. Aprendi muito também com a perspicácia de meus alunos em dois seminários de pós-graduação sobre narrativa bíblica que ministrei na Universidade da Califórnia, Berkeley. Meu colega Tom Rosenmeyer avaliou criticamente os fragmentos publicados deste estudo e, embora não concorde com tudo o que escrevi, seu discernimento e erudição me salvaram mais de uma vez de horríveis simplificações dos gregos.

Contei com o auxílio financeiro do Comitê de Apoio à Pesquisa da Universidade da Califórnia, Berkeley, para cobrir os custos de datilografia e as pesquisas acessórias. Florence Myer encarregou-se da datilografia dos originais com o esmero habitual. Por último, gostaria ainda de agradecer a muitos especialistas em estudos bíblicos que me incentivaram a prosseguir nesta empreitada, alguns deles velhos amigos e outros mais que conheci quando da publicação dos dois primeiros artigos. No polêmico início deste projeto, imaginei, como a maioria de nós algumas vezes imagina, que ia me indispor com muita gente; no entanto, o que descobri entre a grande maioria dos profissionais dessa área de estudos foi uma generosa receptividade a minhas idéias.

Berkeley, agosto de 1980

1. Uma abordagem literária da Bíblia

Qual é o papel da arte literária na conformação da narrativa bíblica? Um papel crucial, como tentarei demonstrar, e um papel finamente modulado a cada momento, quase sempre determinante na escolha exata de palavras e detalhes, no ritmo da narração, nos pequenos movimentos do diálogo e em toda uma teia de relações que se ramificam pelo texto. Mas antes de avaliar as considerações teóricas que podem explicar a razão dessa influência, bem como as circunstâncias da história intelectual que impediram uma consideração adequada dessa dimensão literária fundamental, seria interessante acompanhar a arte narrativa em ação numa passagem bíblica.

Proponho analisar uma história que parece intercalada e que nos dará a oportunidade de observar ao mesmo tempo seu funcionamento e sua interação com o material narrativo adjacente. Gostaria de começar com a discussão da história de Tamar e Judá (Gênese 38), situada entre o episódio da venda de José por seus irmãos e o aparecimento de José como escravo na casa de Potifar. E. A. Speiser, em seu magnífico estudo sobre o Livro do Gênese na série Anchor Bible, qualificou essa história "como uma unidade completamente independente" e "sem nenhuma conexão com o drama de José, que ela interrompe na conclusão do Ato I".* De fato, a intercalação, como Speiser e outros reconheceram, cria um suspense a respeito do destino de José e produz uma sensação de passagem de tempo até o reaparecimento de José no Egito. No entanto, o fato de Speiser não perceber as estreitas ligações de motivo e tema entre a história de Tamar e Judá e a de José é um índice das limitações a que os estudos bíblicos convencionais, mesmo os melhores, estão sujeitos. Começarei pelos cinco últimos versículos de Gênese 37, a fim de deixar claras as ligações entre a moldura narrativa e a intercalação. Minha tradução parecerá grosseiramente literal em alguns momentos, por reproduzir as repetições verbais e as peculiaridades sintáticas do original, mas isso decorre das necessidades da análise.

Recordemos que os irmãos de José, depois de vendê-lo como escravo, mergulham a túnica de que ele tanto gostava no sangue de um bode degolado antes de mostrá-la ao pai: "Mandaram entregar ao pai a túnica adornada [note-se que eles a fazem chegar a Jacó por vias indiretas, fato que a sintaxe hebraica acentua ainda mais] com estas palavras: 'Eis [*zot*] o que encontramos. Reconhece [*hakerna*], é ou não é a túnica de teu filho?'" (Gênese 37, 32). Os irmãos têm o cuidado de fazer com que o objeto forjado testemunhe a mentira — a túnica chega ao pai antes deles, literal e sintaticamente — e é claro que falam de José como "teu filho", não o mencionam pelo nome ou como "nosso irmão". Jacó tem agora o objeto diante dos olhos e com ele pode improvisar sua parte: "Ele a reconheceu [*vayakirah*] e disse: 'É a túnica do meu filho! Um animal feroz o devorou, / José foi despedaçado'" (Gênese 37, 33). *Haker*, o verbo que significa reconhecimento (com o qual ainda vamos nos deparar outras vezes) e que os irmãos usam no imperativo, reaparece de

---

* E. A. Speiser, *Genesis. Anchor Bible Commentary Series* (Nova York, 1964), p. 299.

imediato no pretérito, quando Jacó age como um fantoche manipulado pelos filhos.

É importante observar (e não estou certo se os estudiosos o fizeram) que, quando Jacó imagina uma explicação funesta (que os filhos não lhe haviam dado) para a túnica ensangüentada, suas palavras ("um animal feroz") transitam para o verso formal, de nítido paralelismo semântico, com três acentos por hemistíquio: *ḥayáh ra'áh 'akhaláthu / taróf toráf Yoséf*. Poesia é linguagem potencializada, e a passagem para o verso formal sugere um elemento de autodramatização na maneira como Jacó entende a insinuação da suposta morte do filho e a declama em versos metrificados para a platéia de familiares. Se essa observação parece extravagante, chamo a atenção do leitor para o modo como o texto descreve a dor de Jacó pela perda do filho nos dois versículos seguintes: "Jacó rasgou suas vestes, cingiu os rins com um pano de saco e pranteou o filho durante muitos dias. Todos os seus filhos e filhas tentaram consolá-lo, mas ele recusou a consolação, dizendo: 'Não, é em luto que descerei à morada dos mortos para ficar junto do meu filho', e assim o pai o chorou" (Gênese 37, 34-35). Dois versículos curtos registram uma meia dúzia de diferentes manifestações de luto, entre elas a recusa a ser consolado e a frase com que Jacó expressa o desejo de guardar luto até reunir-se com o filho na morte (mais tarde, por ironia, ele realmente "descerá" ao encontro do filho, não na morada dos mortos, mas no Egito). Não se pode explicar essas manifestações de luto como mera tradição do Oriente Próximo, pois o grau de especificação e sinonímia com que são descritas extrapola em muito as regras da própria narrativa. Assim, alguns versículos depois (Gênese 37, 29), quando Rúben pensa que José está morto, sua tristeza sincera se expressa numa frase simples: "Ele rasgou suas vestes" — em hebraico, duas palavras e uma partícula de ligação.

Por fim, o versículo seguinte, que conclui o episódio, acentua o luto extravagante de Jacó ao dizer: "E os madianitas venderam-no no Egito a Potifar, oficial do faraó e capitão de sua guarda" (Gênese 37, 36). As traduções modernas geralmente traduzem a palavra *vav* que inicia o versículo por algo como "nesse meio-tempo" ou "entretanto", mas essa escolha não dá conta da engenhosa ambigüidade da parataxe bíblica. Por obra dessa refinada sintaxe aditiva, na mesma seqüência narrativa em que Jacó chora o filho supostamente devorado por animais ferozes, os madianitas estão vendendo o rapaz vivo: "E assim o pai o chorou e os madianitas venderam-no" — a quebra da frase não era evidente no texto antigo. A sintaxe original indica de fato uma oposição e possivelmente um pretérito mais-que-perfeito pela anteposição do sujeito ao verbo ("e os madianitas venderam-no"), que não é a ordem normal da construção de frases no hebraico, e pela modificação da forma do verbo quando surge a referência aos madianitas. De todo modo, a transição do luto de Jacó para a venda de José é quase imperceptível, e o contraste entre as duas ações é menos marcado no texto original do que as traduções modernas dão a entender.

Nesse ponto (Gênese 38), mediante uma fórmula convenientemente ambígua de indicação temporal, *vayehi ba'et hahi*, "por esse tempo", a narrativa abandona José e dá início à misteriosa história de Tamar e Judá. No entanto, desde o começo, a digressão estabelece pontos de contato com a narrativa principal por meio de uma série de paralelos e contrastes explícitos:

> 1. Por esse tempo, Judá se separou de seus irmãos e foi viver na casa de um homem de Odolam, chamado Hira. 2. Ali, Judá viu a filha de um cananeu, de nome Suá, casou-se e deitou-se com ela. 3. Ela concebeu e deu à luz um menino, que chamaram de Er. 4. Novamente, ela gerou e deu à luz um menino, a quem deu o nome de Onã. 5. Outra vez ela gerou um filho, que chamou de Selá; estava em Quezib quando o teve. 6. Judá tomou uma mulher para seu primogênito Er, e o nome dela era Tamar. 7. Er, o primogênito de Judá, desagradou a Deus, e Deus

tirou-lhe a vida. 8. Judá disse a Onã: "Deita-te com a esposa de teu irmão e cumpre teu dever de cunhado, provendo semente a teu irmão". 9. Mas Onã, sabendo que a semente não seria dele, derramou sua semente no chão todas as vezes em que se deitou com a cunhada, a fim de não dar a semente ao irmão. 10. O que ele fez desagradou a Deus, e Ele tirou-lhe a vida também. 11. Então Judá disse a Tamar, sua nora: "Retorna à casa de teu pai como viúva e espera que cresça meu filho Selá", pensando: "Talvez também ele morra como seus irmãos". E Tamar foi embora para morar na casa do pai.

A história começa com Judá separando-se de seus irmãos, ato descrito mediante uma expressão pouco usual, *vayered m'et*, que significa literalmente "desceu de", locução que tem o indubitável propósito de estabelecer uma conexão entre a separação dos irmãos e a outra separação, a de José, pois recorre ao mesmo verbo-raiz (vejam-se, por exemplo, as primeiras palavras do capítulo posterior: "Desceram [*hurad*] com José até o Egito"). Há uma justificativa temática para essa conexão, pois a história de Judá e seus descendentes, assim como toda a história de José e, a bem dizer, todo o Livro do Gênese, tratam da revogação da lei de ferro da primogenitura, da eleição, por um tortuoso capricho do destino, de um irmão mais moço para perpetuar a linhagem. Acrescente-se que há uma ironia genealógica na inserção desse material nesse ponto da história, porque, se José, o penúltimo filho, irá governar seus irmãos ao longo da vida com o esplendor que havia sonhado, é Judá, o quarto filho, que será o genitor dos reis de Israel, como nos faz lembrar o final do capítulo 38 do Livro do Gênese.

De qualquer modo, o bloco narrativo anterior terminara com um pai, Jacó, que chorava a suposta morte do seu filho. E o capítulo 38 começa com o relato, de um só fôlego, do nascimento dos três filhos de Judá, um atrás do outro. Nesse ponto, como em outros momentos do episódio, a narrativa não permite que nada distraia a atenção do leitor do tema essencial e problemático da via adequada para gerar a descendência (como a palavra "semente" é usada tanto em sentido figurado como físico e concreto, adotei uma tradução literal em todo o episódio). Uma seqüência de três verbos impede a ocorrência de qualquer interpretação fortuita: Judá vê, toma, dorme com uma mulher, e ela, respondendo como convém, concebe, dá à luz e, para finalizar o indispensável processo de filiação genealógica, escolhe um nome para o filho. Depois, sem que a narrativa dê qualquer indicação de acontecimentos ocorridos no período interveniente, somos levados a pular toda uma geração até o momento da inexplicável morte de Er ("ele desagradou a Deus"), o primogênito, depois do casamento com Tamar. O primogênito aparece muitas vezes no Livro do Gênese como alguém que sempre fracassa justamente por sua condição — o epíteto "primogênito", perfeitamente dispensável, é mencionado duas vezes no capítulo, quase como explicação do motivo pelo qual Er desagradou a Deus —, enquanto se exerce automaticamente um princípio inescrutável e imprevisível de eleição não "natural". Mas o segundo filho, Onã, comete o erro de rebelar-se contra as obrigações que lhe impõe o sistema da primogenitura, recusando-se, pelo *coitus interruptus*, a engravidar a viúva do irmão falecido. Por isso, Onã também morre. É interessante notar que, depois de termos sido informados das extravagantes manifestações de luto de Jacó pela morte imaginária de José, a reação de Judá à morte real e em rápida seqüência de dois filhos passa em completo silêncio: relatam-se apenas as instruções práticas que ele dá ao filho seguinte na ordem cronológica familiar. Se esse flagrante contraste acentua os excessos de Jacó, também nos leva a pensar numa falta de sensibilidade por parte de Judá, sugerindo que a narrativa bíblica recorre a ações ou situações paralelas de modo que uma comente a outra.

Após a morte do segundo filho, o narrador descreve (Gênese 38, 11) a interpelação direta de Judá a Tamar e explicita o pensamento dele a fim de explicar seus motivos, mas não registra nenhuma resposta da nora. Isso parece sugerir uma submissão silenciosa ou, no mínimo, a falta de opção de Tamar, viúva sem filhos, o que nos deixa curiosos a respeito dos verdadeiros sentimentos dela — que serão esclarecidos adiante por seus atos. Há uma sugestão, breve, mas taticamente eficaz, de que Judá age de maneira errada: quando ele se dirige a Tamar, ela é identificada como sua "nora", o que é supérfluo no contexto do episódio, ao mesmo tempo que traz à mente o dever legal de Judá de providenciar um marido para ela entre seus outros filhos.

Nesse ponto do relato (versículo 12), recebemos uma nova indicação de passagem do tempo para marcar a etapa seguinte da história, na qual o ritmo da narrativa sofrerá uma desaceleração drástica para dar conta de uma ação central decisiva: "Muito tempo depois, a esposa de Judá, a filha de Suá, morreu; quando Judá consolou-se, subiu a Timna, junto com seu amigo de Odolam, Hira, para a tosquia das ovelhas". Todas as informações contidas neste versículo são essenciais para o entendimento da ação posterior. Tamar foi relegada, viveu "muito tempo" sem marido, e isso dá razões objetivas a sua percepção, descrita dois versículos depois, de ter sido deliberadamente desprezada. Judá ficara viúvo, o período oficial de luto já tinha passado — é esse o significado de "consolar-se", mas vale a pena traduzir a expressão literalmente, porque ela estabelece aqui um contraste com a recusa anterior de Jacó a ser consolado —, de modo que Tamar tem bons motivos para deduzir que Judá está sexualmente disponível. E aí começa a descrição de seu plano audacioso:

> 13. Disseram a Tamar: "Eis que teu sogro vai subir a Timna para a tosquia das ovelhas". 14. Então ela tirou suas roupas de viúva, cobriu o rosto com um véu, vestiu-se e se sentou à entrada de Enaim, que fica no caminho para Timna, porque viu que Selá já estava crescido

e ela não lhe fora dada como esposa. 15. Vendo-a, Judá tomou-a por uma meretriz, porque ela havia coberto o rosto. 16. Então ele se dirigiu a ela no caminho e disse-lhe: "Vem, deixa-me deitar contigo", pois não percebeu que era sua nora. Ela perguntou: "O que me darás para deitar comigo?". 17. Ele respondeu: "Eu te mandarei um cabritinho do meu rebanho". Ela disse: "Só se me deixares um penhor até que o mandes". 18. E ele perguntou: "Que penhor devo dar-te?". Ela respondeu: "Teu selo, teu cordão e o cajado que seguras". Ele os deu à mulher e a possuiu e ela concebeu um filho dele. 19. Então ela se levantou, partiu, tirou o véu e vestiu as roupas de viúva. 20. Judá enviou o cabritinho por seu amigo de Odolam, para recuperar os penhores das mãos da mulher, mas ele não conseguiu encontrá-la. 21. Ele perguntou aos homens do lugar: "Onde está a prostituta sagrada, que fica à beira do caminho de Enaim?". Mas eles responderam: "Não há nenhuma prostituta sagrada por aqui". 22. Ele voltou então a Judá e lhe disse: "Não consegui encontrá-la, e os homens do lugar até disseram 'Não há nenhuma prostituta sagrada por aqui'". 23. Judá disse: "Que ela fique com as coisas ou seremos objeto de zombaria. Afinal de contas, eu mandei o cabrito, mas tu não a achaste".

Até esse momento da história, Tamar fora um objeto passivo, possuído — ou, infelizmente, não possuído — por Judá e seus filhos. Os únicos verbos dos quais ela era sujeito indicavam obediência e isolamento: "ir embora" e "morar", no fim do versículo 11. Agora, o versículo 14 atribui a Tamar uma clara percepção de ter sido objeto de uma injustiça, e ela inesperadamente toma uma decisão rápida, que se expressa numa seqüência de verbos: no versículo 14, ela rapidamente se despe, cobre, veste e senta num local estratégico; depois do encontro, no versículo 19, surge uma outra série de quatro verbos que indicam a volta ligeira a seu papel e a seu vestuário de antes (é interessante comparar essa seqüência de ações com a série de verbos ligados às atividades de Rebeca em Gênese 27,

14-17, quando ela se prepara, mediante outro tipo de logro, para arrancar à força a bênção de Isaac a Jacó, filho dela). Judá morde a isca — seu apetite sexual não suporta um adiamento, embora ele não se importasse em deixar Tamar esperando indefinidamente como viúva sem filhos. Surge, nesse ponto, o único diálogo mais extenso da narrativa (versículos 16-18). É um diálogo magnífico, travado num tom prático e objetivo, marcado no original hebraico pela alternância rápida e repetitiva de "ele disse" (*vayomer*) e "ela disse" (*vatomer*). Sem perder tempo com preliminares, Judá diz a Tamar de modo franco e direto: "Deixa-me deitar contigo" (literalmente, "deixa que eu te possua", ou mesmo "deixa que eu te penetre"), ao que Tamar responde como uma obstinada mulher de negócios para, no fim, exigir uma importante garantia: o selo, o cordão e o cajado de Judá, que, na qualidade de legítimos sucedâneos de seu proprietário, seriam equivalentes, no Oriente Próximo da Antiguidade, a todos os cartões de crédito de uma pessoa.

Fechado o acordo, a narrativa continua a tratar, com uma seqüência de três verbos (fim do versículo 18) — ele deu, possuiu, e ela concebeu —, do obstinado propósito de Tamar, desde seu primeiro casamento, de tornar-se a via para a fecundação da "semente" de Judá. Quando sai em busca de Tamar, o homem de Odolam pergunta, de modo pudico, por uma prostituta sagrada (*qedeshah*), embora Judá tivesse pensado que se tratava de uma meretriz comum (*zonah*).* A gente do lugar responde que não havia nenhuma *qedeshah* por ali, afirmação que é especialmente enfatizada na narrativa por sua repetição literal no relato de Hira a Judá. Tudo nos sugere que tampouco havia uma *zonah* naquele lugar, mas tão-somente uma

---

* Na religião pagã do antigo Oriente Próximo, havia prostitutas sagradas com as quais os adoradores se uniam num culto da fertilidade. A atividade dessas prostitutas não tinha a motivação venal que caracterizava as meretrizes comuns.

mulher ofendida que resolve fazer justiça com as próprias mãos. Estamos prontos agora para o clímax da história (versículo 24):

> Cerca de três meses depois, contaram a Judá: "Tamar, tua nora, prostituiu-se [*zantah*] e, pior, está grávida de um filho da prostituição [*zenunim*]". E Judá disse: "Levem-na para fora e que seja queimada viva".

A resposta crua e brutal que Judá pronuncia sem pestanejar diante da notícia aparentemente incriminadora que acaba de receber aparece de forma ainda mais forte no original, em que a natureza sintética do hebraico bíblico reduz essas ordens fatais a duas palavras: *hotzi'uha vetisaref*. Como em outros lugares, não se permite que nenhuma ocorrência fortuita intervenha entre a intenção e o fim proposto, de modo que as duas palavras seguintes dão prosseguimento à ordem de Judá, quase como se não houvesse lapso de tempo, como se não houvesse intervalo entre o poder mágico da fala e seus resultados: Judá diz *hotzi'uha*, "levem-na para fora", e as duas palavras seguintes, em raro particípio presente na voz passiva, são *vehi mutz'et*, literalmente, "e ela é levada para fora". Mas este é o último momento antes da revelação triunfante de Tamar (versículos 25-26):

> Enquanto era levada para fora, ela mandou dizer ao sogro: "Estou grávida do homem a quem isto pertence". E disse ainda: "Reconhece [*haker-na*] a quem pertencem este selo, este cordão e este cajado?". Judá os reconheceu [*vayaker*] e disse: "Ela é mais justa do que eu, porque não a dei a meu filho Selá". E não teve mais relações com ela.

A história inserida em Gênese 38 termina com quatro versículos dedicados ao nascimento dos gêmeos de Tamar, e assim ela realiza duas vezes seu sonho de tornar-se mãe. Confirmando o padrão de toda essa narrativa e do ciclo maior de histórias, o gêmeo que está a ponto de nascer em segundo lugar acaba "saindo" primeiro (*parotz*), recebe o nome de Perez e será um ancestral de Jessé, de quem procede a casa de Davi.

Caso algum leitor tenha dúvidas quanto ao caráter intencional das analogias que acabo de propor entre o texto intercalado e a narrativa principal nessa passagem, creio que esse ceticismo não resistirá à repetição exata, bem no clímax da história de Tamar, da fórmula antes utilizada para indicar o reconhecimento — as palavras *haker-na* e *vayaker* — na história de Jacó e seus filhos. Além disso, o mesmo verbo terá adiante uma função temática decisiva no desfecho da história de José, quando ele se depara com seus irmãos no Egito: José os reconhece, mas eles não reconhecem José. A recorrência exata do verbo, em formas idênticas, no fim dos capítulos 37 e 38 do Livro do Gênese resulta claramente não de um mecanismo automático de intercalação de materiais tradicionais, mas da cuidadosa combinação de fontes à mão de um escritor brilhante. A fórmula é usada na primeira vez para referir-se a um ato de trapaça e, na segunda, a um ato de desmascaramento. A história de Judá e Tamar, contada depois da história de Judá e seus irmãos, é um caso exemplar de "enganador enganado", pois é Judá quem propõe vender José como escravo em vez de matá-lo (Gênese 37, 26-27). Isso faz com que ele seja facilmente identificado como líder dos irmãos no ato de enganar o pai. Agora Judá os representa também como vítima de uma curiosa e justa lei de talião, ao ser enganado, tal como seu pai, por uma peça de roupa, e ao aprender na própria carne que o processo de eleição determinado por Deus não pode ser contrariado pela vontade dos homens ou pela convenção social. Na mais engenhosa das artimanhas, o narrador faz com que ele seja descoberto pelos símbolos de identidade que ele entregara como garantia de um cabrito prometido (*gedi 'izim*), assim como Jacó fora ludibriado pelas vestes emblemáticas de seu amor por José, previamente embebidas no sangue de um bode (*se'ir 'izim*). Finalmente, a transição da história de Judá para a continuação da história de José (Gênese 39) marca um agudo contraste entre o relato de um desmascaramento devido a um ato de incontinência sexual e o relato de uma derrota aparente que vem a ser um triunfo da continência sexual: o episódio de José e a esposa de Potifar.

É interessante notar que a pista fornecida pelos dois verbos indicativos da ligação entre a história da venda de José e a história de Tamar e Judá foi detectada há mais de 1500 anos, no Midrash: "O Santo, bendito seja Ele, disse a Judá: 'Tu enganaste a teu pai com um cabrito. Por tua vida, Tamar te enganará com um cabrito' [...] O Santo, bendito seja Ele, disse a Judá: 'Tu disseste a teu pai, *haker-na*. Por tua vida, Tamar te dirá, *haker-na*'" (*Bereshit Rabba* 84, 11-12). Este exemplo mostra que, em muitos casos, o estudioso da arte literária da Bíblia tem mais a aprender nos comentários tradicionais do que com os estudos modernos. A diferença entre uns e outros consiste, ao fim e ao cabo, na diferença entre a suposição de que o texto forma uma unidade que contém interligações complexas, como pensavam os exegetas do Midrash, e a hipótese de que se trata de uma colcha de retalhos de documentos não raro díspares, como pretendem muitos pesquisadores modernos. Seguros da interligação entre os textos, os compiladores do Midrash muitas vezes souberam prestar atenção a pequenos sinais verbais de continuidade e de nuança lexical, à maneira de qualquer "leitura cerrada" dos nossos dias.

Existem, porém duas distinções essenciais entre o tratamento do texto no Midrash e a abordagem literária que estou propondo. Em primeiro lugar, embora suponha efetivamente a unidade do texto bíblico, o Midrash não a percebe como uma verdadeira seqüência narrativa, como uma história que se desenvolve de modo coerente, na qual o significado dos dados mais antigos vai se revelando ou enriquecendo progressiva e sistematicamente pela adição de dados subseqüentes. Na prática, isso quer dizer que o Midrash faz uma exegese de frases ou de episódios, mas não faz *leituras* contínuas das narrativas bíblicas: pequenos trechos do texto tornam-se fundamento para estruturas homiléticas complexas que mantêm uma relação apenas intermitente com a totalidade da história narrada.

O segundo aspecto da abordagem do Midrash que deixa de reconhecer a integridade literária das narrativas bíblicas é a insistência em interpretações didáticas. Note-se que, na passagem do *Bereshit Rabba* citada acima, é o próprio Deus que faz uma censura moral a Judá, pecador reincidente, assinalando-lhe a recorrência do cabrito e do verbo "reconhecer", que vincula o logro injustificado de seu próprio pai ao logro justificado que Tamar lhe impusera. O texto bíblico insinua essa retaliação em nível temático, como vimos, sem sugerir, contudo, que Judá tivesse consciência de tal relação. Ou seja, a articulação literária da narrativa concede aos leitores uma informação privilegiada que é negada a Judá, e dessa maneira o elo entre cabrito e cabrito, reconhecer e reconhecer, compõe um padrão de ironia dramática em que o leitor sabe de alguma coisa que o protagonista desconhece, mas bem devia saber. Nessa altura da narrativa, manter Judá na ignorância desse elo é importante, pois o termo de sua dolorosa educação moral deve ser reservado para o dilema em que ele se envolverá mais tarde, ao encontrar José como vice-rei do Egito, sem se dar conta da identidade do irmão. Contudo, ao concentrar-se no momento presente da narrativa e ao sublinhar o argumento moral, o Midrash explicita as coisas além do que o escritor bíblico quis fazer.

De fato, um dos objetivos fundamentais das inovações técnicas promovidas pelos antigos escritores hebreus consistiu em promover certa indeterminação de sentido, especialmente quanto às causas da ação, às qualidades morais e à psicologia dos personagens (num capítulo posterior, que trata da caracterização na Bíblia, examino essa indeterminação com mais minúcia). Possivelmente pela primeira vez na narrativa literária, o significado foi concebido como um *processo* que exige revisão contínua — tanto no sentido usual como na acepção etimológica de "ver de novo" —, suspensão da opinião, exame atento das várias possibilidades e avaliação das lacunas de informação. Como parte do processo de construção do sentido na história de José, é perfeitamente apropriado que a traição filial descrita em Gênese 37 e o ardil da nora relatado em Gênese 38 se aproximem por uma analogia indireta, insinuada de modo sucinto, mas nunca explicitada por uma conclusão tematicamente inequívoca, como quer o Midrash.

É claro que este comentário da história de Judá e Tamar não constitui absolutamente uma análise exaustiva do material em questão, mas pode exemplificar o valor de um exame cuidadoso do teor literário de um texto bíblico. Creio que esse tipo de análise crítica, longe de negligenciar o caráter religioso da Bíblia, focaliza-o de maneira mais nuançada. A teologia implícita na Bíblia hebraica impõe à narrativa um realismo psicológico e moral bastante complexo, uma vez que os desígnios de Deus estão sempre entrelaçados à história humana e dependem das ações individuais dos homens e mulheres para sua realização permanente. Esmiuçar os personagens bíblicos como figuras de ficção permite ver mais nitidamente os aspectos contraditórios e as múltiplas facetas de sua individualidade humana, que é o meio escolhido pelo Deus bíblico para Seu experimento com Israel e com a história. Contudo, espero ter demonstrado que esse exame meticuloso não pode se basear meramente numa impressão geral da narrativa, mas deve ser empreendido por meio de uma minuciosa atenção crítica à maneira como o escritor bíblico articula a forma narrativa.

É de certa maneira espantoso que até esta data a análise literária da Bíblia, nos moldes que tentei ilustrar aqui de maneira preliminar, ainda esteja engatinhando. Quando falo em análise literária, refiro-me às numerosas modalidades de exame do uso engenhoso da linguagem, das variações no jogo de idéias, das convenções, dicções e sonoridades, do repertório de imagens, da sintaxe, dos pontos de vista narrativos, das unidades de composição e de muito mais; em suma, refiro-me ao exercício daquela mesma atenção disciplinada que, por diversas abordagens críticas, tem iluminado, por exemplo, a poesia de Dante, as peças de Shakespeare, os romances de Tolstói. A ausência de um discurso crítico dessa ordem a respeito da Bíblia hebraica parece-me ainda mais espantosa se nos lembrarmos da riqueza das análises literárias realizadas nas últimas décadas sobre as obras-primas da Antigüidade grega e latina, que nos ensinaram a descobrir nos poemas de Teócrito as mesmas sutilezas da forma lírica que há na poesia de Marvell ou a perceber em Homero e Virgílio a mesma complexidade narrativa que conhecemos dos romances de Flaubert.

Ao fazer uma apreciação tão radical e negativa da crítica bíblica, sei que me exponho à suspeita de estar distorcendo as coisas, movido por uma animosidade de literato moderno contra especialistas de pendor antiquário, mas não creio que seja esse o caso. Nos últimos cem anos ou mais, já se produziu uma enorme quantidade de pesquisa especializada sobre a Bíblia. Seria fácil fazer pouco da importância da interminável confusão de hipóteses e contra-hipóteses levantadas por toda espécie de análise, da crítica textual à cronologia histórica; mas o fato é que, de maneira geral, apesar da obstinação e da intransigência de muitos estudiosos, seus trabalhos deram uma imensa contribuição a nosso entendimento da Bíblia. Toda essa atividade crítica tem se concentrado, na prática, em fazer "escavações", seja de modo literal, com o emprego da pá do arqueólogo e o exame de seus achados, seja com o uso de diversas ferramentas analíticas concebidas para escavar os sentidos originais das palavras na Bíblia, as situações originais em que foram usados certos textos específicos, as várias fontes a partir das quais foram articulados textos mais extensos. Embora muita coisa continue a ser discutível — e não poderia ser de outro modo, pois mais de três milênios nos separam da origem dos textos —, o material desenterrado pelos pesquisadores desfez muita confusão e muitas obscuridades.

Vejamos rapidamente um exemplo. A primeira escavação da antiga cidade de Ugarit, no sítio arqueológico de Ras Shamra, no litoral da Síria, realizada em 1929, descobriu uma série de riquíssimos textos escritos num idioma semítico muito parecido com o hebraico bíblico, alguns deles revelando semelhanças notáveis de estilo e convenção poética com certas passagens bíblicas bem conhecidas. Entre outras coisas, os textos ugaríticos relatam com detalhes épicos uma batalha entre o deus da Terra, Baal, e Yam, o deus do mar. De um só golpe, uma enxurrada de alusões vagamente percebidas nos Salmos e no Livro de Jó ganhou nitidez: uma tradição épica anterior fundira-se nas imagens recorrentes de Deus interrompendo a fúria do mar ou acorrentando um monstro marinho primordial. Assim, quando Jó grita (Jó 7, 12) *ha-yam 'ani 'im tanin*, ele não está perguntando retoricamente se é o mar (*yam*), mas está fazendo uma alusão contundente e sardônica ao mito cananeu, afirmando: "Sou eu *Yamm*, sou eu o monstro das profundezas para que me ponhas sob guarda?".

Assim, as pesquisas arqueológicas têm uma clara relevância como primeiro passo para a compreensão da Bíblia, mas até muito recentemente havia poucos indícios de que a escavação tivesse rendido frutos, salvo, é claro, nas habituais especulações dos teólogos com base nos textos bíblicos. Num estudo sistemático sobre a situação dos estudos bíblicos, *The Old Testament in modern research*,* Herbert F. Hahn aponta a análise das fontes, a antropologia, a sociologia, as pesquisas em religiões comparadas, a crítica formal, a arqueologia e a teologia como as principais áreas de estu-

---

* Herbert F. Hahn, *The Old Testament in modern research* (Nova York, 1954, 1ª edição); atualizado em 1970 com um ensaio de Horace D. Hummel, publicado como apêndice bibliográfico.

dos especializados — nada que um especialista pudesse reconhecer como pesquisa literária. Os comentários irregulares, mas às vezes bastante úteis, de estudiosos como Umberto Cassuto e Luis Alonso Schökel (o primeiro escreve em hebraico e o segundo em espanhol e alemão) parecem ter sido considerados tão pouco relevantes que nem sequer mereceram inclusão na lista.

Sintoma ainda mais revelador da necessidade de um enfoque literário é o volumoso estudo de Otto Eissfeldt, *The Old Testament: An introduction*,* considerado uma das obras de referência mais confiáveis na área. A maior parte das considerações de Eissfeldt tem o caráter de uma "escavação", mas, quando ele enfrenta o material bíblico com as categorias da literatura, sua aparente proficiência começa a se tornar menos segura. O livro divide a narrativa bíblica em mitos, contos de fadas, sagas, lendas, anedotas e fábulas, e emprega esses termos problemáticos com espantosa informalidade e indiferença ao tratamento que lhes é dado em outras disciplinas. Por outro lado, o resumo de oito páginas em que Eissfeldt arrola as teorias conflitantes sobre a prosódia dos textos bíblicos é uma dolorosa ilustração de como os pesquisadores leram a poesia bíblica com mais ou menos os mesmos instrumentos que utilizam para decifrar inscrições cuneiformes, criando confusão com complicados sistemas pseudomatemáticos de escansão ou com a pura e simples importação de termos e conceitos da prosódia grega. Além disso, a tendência mais recente na descrição da prosódia bíblica — um sistema de contagem de sílabas proposto pelo estudioso norte-americano David Noel Freedman — reflete uma concepção pouco firme do funcionamento do verso e exige uma duvidosa reconstrução hipotética do sistema de vogais do hebraico "original". A impropriedade desse sistema se eviden-

---

* Otto Eissfeldt, *The Old Testament: An introduction*, revisão, edição e tradução de P. R. Ackroyd (Nova York, 1965).

cia quando o comparamos com a análise exemplarmente incisiva da versificação bíblica como ritmo "semântico-sintático-prosódico" realizada por Benjamin Hrushovski (que não é especialista na Bíblia, mas uma importante autoridade no campo da poética e da literatura comparada), em seu artigo de síntese da prosódia hebraica publicado na edição de 1971 da *Encyclopaedia Judaica*. Em poucos e densos parágrafos, Hrushovski percorre gerações de escritos confusos e propõe uma explicação genérica da prosódia bíblica que é ao mesmo tempo elegante, simples e plausível, e evita as estruturas artificiais e a terminologia forçada de seus antecessores.

Até meados da década de 1970, o único estudo de fôlego em inglês realizado por um pesquisador experiente e interessado em examinar a Bíblia de uma perspectiva literária era *Irony in the Old Testament*, de Edwin M. Good.* É fácil simpatizar com as reclamações de Good contra a indiferença geral de seus colegas pelas questões literárias e com o bom senso de sua intenção manifesta de dar apenas um modesto passo na direção certa. Seu livro realiza essa intenção, mas apenas isso (contudo, os artigos mais recentes de Good refletem um admirável avanço em complexidade e requinte literário). *Irony in the Old Testament* é um livro cativante, que mostra úteis percepções isoladas, mas não tem metodologia crítica bem definida e não indica uma maneira adequada de distinguir as complexas formas da arte literária bíblica. O conceito de ironia é tão elástico que corre o perigo de perder todo valor descritivo, embora se possa alegar que esse é um problema igualmente perceptível na obra de muitos outros críticos que discutem a ironia. Em outros campos, já tivemos, sem dúvida, opiniões sensíveis sobre o poder imaginativo da Bíblia da parte de autores como Mark Van Doren, Maurice Samuel e Mary Ellen Chase. O livro de Good muitas vezes se parece mais com esse tipo de apreciação do

---

* Edwin M. Good, *Irony in the Old Testament* (Filadélfia, 1965).

que com uma análise literária rigorosa, ainda que tenha a vantagem de fundamentar-se no conhecimento especializado de filologia hebraica, crítica textual e história do antigo Oriente Próximo.

O interesse nas abordagens literárias tem se difundido nos últimos anos entre a jovem geração dos estudiosos da Bíblia — especialmente, neste país, entre os colaboradores da nova revista *Semeia* —, mas, por mais que já se tenham publicado explicações valiosas de textos específicos, ainda não surgiu nenhuma obra importante de crítica e certamente nenhuma análise geral da poética da Bíblia hebraica. Como acontece em outras áreas acadêmicas, a evidente influência da voga do estruturalismo entre esses estudiosos não tem sido muito fecunda, e não é raro encontrar nesses trabalhos sobreposições simplistas de uma ou outra teoria literária moderna a textos antigos que, na realidade, contêm sua própria dinâmica, suas convenções e características técnicas peculiares. Ficamos às vezes com a impressão de que esses estudiosos estão tentando corajosamente dar um primeiro passo, embora de um modo talvez voluntarioso demais; mas a análise literária, após tantos seminários de pós-graduação sobre direito sumério e termos religiosos ugaríticos, continua a ser para eles uma linguagem estranha, aprendida a duras penas e cujas entonações e dicções ainda não foram bem assimiladas.

Três recentes livros de estréia de estudiosos da Bíblia podem ser parcialmente isentados dessa crítica rigorosa. *Text and texture*,* de Michael Fishbane, contém uma série de interpretações rigorosas e sensíveis de um bom número de textos bíblicos, mas não propõe um método crítico geral; o livro é às vezes um pouco tedioso em suas formulações e na aplicação de noções estruturalistas e etnopoéticas — e, de resto, parece menos preocupado com poética do que com homilética. O especialista holandês J. P. Fokkelman, em *Narrative art in Genesis*,** uma

---

* Michael Fishbane, *Text and texture* (Nova York, 1979).
** J. P. Fokkelman, *Narrative art in Genesis* (Assen/Amsterdã, 1975).

obra fortemente influenciada pela escola de *Werkinterpretation* suíço-alemã (equivalente ao *New Criticism* norte-americano), oferece-nos algumas análises brilhantes sobre os padrões formais da prosa hebraica e sobre seu funcionamento temático, mas tende a um excesso interpretativo em suas explicações, às vezes descobrindo padrões onde eles talvez não existam e supondo, com notório exagero, que a forma deve ser sempre enfaticamente expressiva. Por fim, o estudioso israelense Shimon Bar-Efrat tentou redigir, em *Narrative art in the Bible*,* a primeira introdução séria, em qualquer idioma, à poética peculiar da narrativa bíblica. Seu esforço pioneiro é valioso e proporciona algumas interpretações esplêndidas de cenas isoladas e comentários primorosos sobre certos princípios gerais da narrativa bíblica. No entanto, talvez pelo público a que se dirige, talvez por sua abordagem peculiar do tema, o autor dedica um espaço excessivo a pormenorizar o óbvio, especialmente no que diz respeito a aspectos básicos dos procedimentos da narrativa literária. Essas publicações recentes indicam, portanto, que ainda estamos nas etapas iniciais de uma mudança no campo dos estudos bíblicos propriamente ditos e que ainda há muita estrada pela frente nessa disciplina.

    Uma razão óbvia para a ausência de interesse científico na análise literária da Bíblia reside no fato de que, ao contrário da literatura grega e latina, a Bíblia foi considerada durante muitos séculos, por cristãos e judeus, como fonte primordial e única da verdade divina revelada. Essa crença ainda tem influência profunda, tanto naqueles que a refutam como naqueles que a perpetuam. As primeiras ondas de crítica bíblica moderna, a partir do século XIX, consistiram, por um lado, num constante ataque ao caráter supostamente uniforme da Bíblia, numa tentativa de fragmentá-la no máximo de partes possível, para depois vincular essas partes a seus

---

* Shimon Bar-Efrat, *Narrative art in the Bible* (Tel Aviv, 1979; tradução inglesa: Sheffield, 1989).

contextos originais, resgatando assim para a história um corpo de textos que a tradição religiosa havia santificado na eternidade, para além de considerações históricas exatas. O impulso para esse empreendimento continua inquebrantável, de modo que à maioria dos estudiosos do campo ainda parece muito mais urgente investigar, por exemplo, como um determinado salmo terá sido usado num hipotético ritual religioso do que como ele funciona como peça de poesia refinada. Ao mesmo tempo, a força remanescente da antiga crença na Bíblia como revelação da verdade suprema é perceptível na tendência dos pesquisadores a indagar sobre a visão bíblica do homem, a noção bíblica da alma, a visão bíblica da escatologia, em detrimento de fenômenos como a construção dos personagens, as motivações e a estrutura narrativa, como se fosse inadequado considerar tais aspectos no estudo de um documento essencialmente religioso. O fato de que uma parte considerável dos estudos acadêmicos sobre a Bíblia se dê em seminários teológicos, tanto neste país como na Europa, reforça no plano institucional essa atenção à análise de fragmentos, de um lado, e a concepções gerais, de outro, com pouco lugar para o plano intermediário da abordagem literária.

As raras exceções a essa regra geral costumam ocorrer quando, por exemplo, um especialista em literatura que conhece o hebraico antigo, como Hrushovski, analisa os materiais bíblicos a partir de uma perspectiva literária mais ampla. O exemplo célebre dessa estratégia é o primeiro capítulo, imensamente sugestivo, de *Mimesis*,* em que Erich Auerbach analisa em profundidade os modos antitéticos de representar a realidade no Gênese e na *Odisséia*. Auerbach mostrou, com mais clareza que qualquer outro antes dele, que o laconismo hermético da narrativa bíblica é uma expressão profunda de arte e não de primitivismo, mas sua percepção provém de uma arguta

---

* Erich Auerbach, *Mimesis*, tradução de Willard Trask (Princeton, 1953) [*Mimesis — A representação da realidade na literatura ocidental*, São Paulo, Perspectiva, 1998].

intuição crítica que não se fundamenta num método concreto para o tratamento das características específicas das formas literárias da Bíblia. O conceito básico de Auerbach — a narrativa bíblica como texto sumário carregado de "alusão" — é a um só tempo inequivocamente correto e demasiado geral. É preciso diferenciar as narrativas de diferentes escritores em diferentes períodos históricos, escritas para atender a diferentes requisitos de gênero e de tema. A notável sobriedade do primeiro plano e a enorme carga alusiva são primorosamente ilustradas pela história do sacrifício de Isaac, analisada por Auerbach, mas esses termos teriam de ser muito modificados para dar conta do ciclo psicologicamente mais complexo das histórias de Davi, da estrutura propositadamente esquemática do Livro de Jó ou de uma narrativa posterior (e em parte satírica) como a de Ester, na qual existe, de fato, um alto grau de especificação em primeiro plano de artefatos, vestuário, costumes cortesãos e coisas semelhantes.

Quatro importantes ensaios tentam ir além das idéias de Auerbach e convergem para uma definição da poética específica da narrativa bíblica: foram escritos por Menakhem Perry e Meir Sternberg, jovens pesquisadores israelenses, e publicados na revista trimestral *Ha-Sifrut*. O primeiro, intitulado "O rei através de olhos irônicos",[*] contém uma brilhante análise, versículo por versículo, da história de Davi e Betsabá, e demonstra (a meu ver, definitivamente) a habilidosa construção de um complexo sistema de lacunas entre o que se relata e o que se deve inferir, um sistema destinado a nos enredar em pelo menos duas interpretações conflitantes e emaranhadas sobre os motivos e o nível de consciência dos protagonistas. Essa leitura, que insiste na existência de uma analogia estrutural entre a história de 2 Samuel e a deliberada ambigüidade de Henry James em *A volta do parafuso*, causou uma enorme onda de protestos quando de sua pri-

[*] *Ha-Sifrut* 1, 2 (verão de 1968), pp. 263-92.

meira publicação. O tema recorrente dos críticos diz respeito ao caráter essencialmente religioso, moral, e à intenção didática dessa narrativa bíblica, que não lhe permitiria entregar-se às inúmeras ironias imaginárias que nós, modernos, tanto amamos (essa alegação supõe uma noção um tanto restritiva do que seja uma narrativa "religiosa" ou de como a visão artística poderia ligar-se a uma concepção religiosa do mundo; esse problema é fundamental, e retornarei a ele mais adiante). Perry e Sternberg responderam com uma réplica de mais de 50 mil palavras em que argumentam de modo convincente que não haviam imposto critérios literários modernos ao estudo da Bíblia, mas tão-somente feito minuciosas observações acerca das normas gerais da narrativa bíblica em si, bem como acentuado os modos significativos pelos quais a história em questão diverge de tais normas.*

Recentemente, Sternberg assinou sozinho um ensaio em que fez uma análise penetrante da história do rapto de Diná e apresentou uma descrição geral do espectro de recursos retóricos, dos mais explícitos aos predominantemente indiretos, por meio dos quais a narrativa bíblica enuncia juízos morais acerca de seus personagens.** Finalmente, em outro ensaio extenso, Sternberg catalogou, com explicações ilustrativas, o repertório de recursos repetitivos empregados pelos escritores bíblicos.*** Quem quer que se interesse pela arte da narrativa bíblica tem muito a aprender com esses quatro ensaios. O rigor e a sutileza das leituras de Perry e Sternberg fundamentam a afirmação programática com que terminam sua resposta aos críticos: "A perspectiva dos estudos literários é a única relevante para a consideração da Bíblia como *literatura*. Qualquer outra disciplina, real ou imaginária, corre o perigo de inventar hipóteses infundadas e perder a noção da *força* literária da narrativa bíblica real".

* *Ha-Sifrut* 2, 3 (agosto de 1970), pp. 608-63.
** *Ha-Sifrut* 4, 2 (abril de 1973), pp. 193-231.
*** *Ha-Sifrut* 25 (outubro de 1977), pp. 110-50.

Apesar do muito que Perry e Sternberg me ensinaram, eu gostaria de fazer duas pequenas ressalvas à sua abordagem — uma delas talvez seja apenas uma pequena discordância terminológica, e a outra, um questionamento metodológico. A noção de "Bíblia como literatura", embora particularmente contaminada pelo uso do termo como rubrica de cursos universitários superficiais e de duvidosos pacotes editoriais, é desnecessariamente frouxa e condescendente com a literatura em geral (seria no mínimo fútil falar de "Dante como literatura", dado o reconhecido valor literário da *Divina comédia*, embora esse grande poema seja mais explicitamente teológico ou "religioso" que a maior parte da Bíblia). Em resposta a seus críticos, Perry e Sternberg caracterizam a narrativa bíblica como uma "convergência de propósitos que dão origem a relações de complementaridade e tensão". "Um desses propósitos", dizem eles, "é o objetivo 'estético'", para o qual pelo menos um de seus críticos fez uma concessão. Em vez de considerar o caráter literário da Bíblia como um de seus muitos "propósitos" ou "tendências" (*megamot*, no original hebraico), prefiro insistir na idéia de uma fusão completa de uma arte literária com um modo teológico, moral ou histórico-filosófico de ver o mundo, sendo que a plena percepção do segundo depende do pleno entendimento da primeira. Esse argumento foi proposto com muita competência por Joel Rosenberg, um jovem poeta e estudioso norte-americano, numa defesa inteligente e admirável da perspectiva literária para os estudos bíblicos publicada em *Response*: "O valor da Bíblia como documento religioso está estreita e inseparavelmente ligado a seu valor como literatura. Essa proposição exige o desenvolvimento de uma compreensão diferente do significado da literatura, o qual poderia — e deveria — nos causar problemas".*
Poderíamos acrescentar que a proposição também exige, inversa-

---

* "Meanings, morals, and mysteries: Literary approaches to the Torah", in *Response* 9, 2 (verão de 1975), pp. 67-94.

mente, o desenvolvimento de uma compreensão um pouco mais problemática do que seja um documento religioso.

Um dos principais argumentos levantados no ensaio de Rosenberg chama a atenção para o que me parece ser uma deficiência metodológica das análises de Perry e Sternberg, que no mais são muito competentes. Os dois autores tendem a escrever sobre a narrativa bíblica como se ela fosse uma produção homogênea, assim como o romance moderno, inteiramente concebida e executada por um único escritor independente, capaz de supervisionar sua obra original, do rascunho preliminar às provas de autor. Isso quer dizer, em outras palavras, que Perry e Sternberg desconsideram o que a pesquisa histórica já nos ensinou acerca das condições específicas em que se desenvolveu o texto bíblico e sua natureza quase sempre de composição a partir de elementos heterogêneos. Rosenberg, ao contrário, tem profundo conhecimento da pesquisa histórica e, à diferença de muitos pesquisadores, considera suas descobertas como aspectos do meio de expressão dos escritores bíblicos. Veja-se este seu comentário sobre o Pentateuco, o conjunto de histórias que os pesquisadores mais relacionam com fontes antecedentes:

> Ter em mente que a Torá *cita* documentos talvez ajude a aprimorar nosso entendimento do livro; em outras palavras, há uma *montagem* documental propositada que deve ser percebida como unidade, pouco importa o número e os tipos de unidades menores que constituem os elementos básicos dessa composição. No caso, o interesse literário recai em peso na atividade do *redator* final, cuja habilidade artística requer uma atenção muito mais cuidadosa do que até hoje tem sido concedida a essa figura.

A última condição é no mínimo uma atenuação dos fatos, pois a maioria dos críticos costuma pressupor, com base numa vaga concepção sobre o modo de transmissão de textos em culturas "primitivas", que os redatores eram tomados por uma espécie de pulsão tribal maníaca, sempre compelidos a incluir unidades de material que não faziam sentido algum, por razões que eles próprios não saberiam explicar.

Certamente não faz nenhum sentido imaginar que todas as contradições entre as diversas fontes dos textos bíblicos podem ser tranqüilamente harmonizadas pela percepção de algum desígnio habilidoso. Contudo, também é razoável pensar que não somos capazes de captar perfeitamente o que pareceria ou não contraditório aos olhos de um escritor hebreu inteligente no início da Idade do Ferro; é possível que versões aparentemente contraditórias de um mesmo acontecimento, longe de inquietar o público original, fossem inteligíveis a partir de uma lógica que não podemos mais apreender (examinarei esse fenômeno mais de perto no capítulo 7). Seja como for, creio que é possível demonstrar a validade da proposta geral de Rosenberg por meio de uma leitura cuidadosa de incontáveis narrativas bíblicas. Gênese 38, que já examinamos, é geralmente classificado pelos especialistas como um documento javista — ou *J* —, após a fusão de *J* com *E* (documento eloísta) no episódio antecedente. Mas mesmo que o texto seja realmente de origem heterogênea, acho que já fornecemos provas suficientes da brilhante composição da história como uma complexa totalidade artística.

Habituados que somos à leitura de narrativas em que se faz uma especificação muito mais densa dos dados ficcionais, temos de aprender, como demonstraram Perry e Sternberg, a reparar com mais sutileza na complexidade e na economia de detalhes expressivos do texto bíblico (a exegese tradicional esteve atenta a isso, à sua maneira, mas recorreu a pressuposições mais extensas e literais a respeito do texto como revelação do que a maioria de nós se dispõe a aceitar hoje). A narrativa bíblica é lacônica, mas nunca de modo uniforme ou automático. Por que, por exemplo, o narrador atribui motivos ou sentimentos a seus personagens em certas situações e prefere silenciar em outras? Por que certas ações são descritas sumariamente, ao passo que outras são amplificadas por meio de sinônimos e detalhes? O que explica as mudanças radicais na escala temporal de alguns acontecimentos? Por que se introduzem diálogos em algumas circunstâncias, e qual é o princípio de seleção que governa a atribuição de palavras específicas aos personagens? Num texto tão econômico no uso de epítetos e descrições, por que a identidade singular de alguns atores é registrada pelo narrador em certos momentos da história? A repetição é uma característica bem conhecida da Bíblia, mas não é absolutamente um recurso automático: quando se dá a repetição literal, e quais são as variações relevantes nas fórmulas verbais repetitivas?

Por último, para compreender uma arte narrativa tão avessa a adornos e comentários, temos de estar constantemente alertas para duas características: o uso repetido da analogia narrativa, por meio da qual uma parte do texto faz um comentário indireto a outro; e a função ricamente expressiva da sintaxe, que muitas vezes tem a força significativa das imagens num romance de Virginia Woolf, por exemplo, ou da digressão analítica num romance de George Eliot. A atenção a esses atributos não conduz a uma leitura mais "imaginativa" das histórias bíblicas, mas a uma leitura mais precisa; e, uma vez que todas essas características estão ligadas a detalhes discerníveis no texto hebraico, a abordagem literária acaba sendo muito *menos* conjectural do que a pesquisa histórica que se dedica a saber se um versículo contém palavras emprestadas do idioma acadiano, se reflete práticas sumérias de parentesco ou se foi alterado por um erro do copista.

Sobretudo, o fato de estarmos diante de um texto antigo, cujos processos narrativos típicos diferem em muito dos métodos modernos, não nos autoriza a considerá-lo, num gesto condescendente, como rudimentar ou simples. Tzvetan Todorov argumentou de modo sagaz que a noção de "narrativa primitiva" é uma espécie de miragem mental engendrada por uma estreiteza de horizontes moderna, pois, quanto mais de perto se examina uma dada narrativa antiga, mais se deve reconhecer a complexidade e a sutileza de sua organização formal e de sua exploração temática, mais se verifica até que ponto o próprio texto é consciente de sua condição de discurso engenhoso. A confiança com que os estudiosos modernos declaram que certas partes de um texto antigo não podem ter relação com outras só se explica, afirma Todorov, pela imposição de uma estética própria e simplista: os pesquisadores subordinam a narrativa pretensamente primitiva a leis tácitas como a da unidade estilística, da não-contradição, da não-digressão, da não-repetição, e, sob a luz mortiça mas supostamente universal de tais parâmetros, afirmam que o texto é uma montagem, lacunar ou incoerente (se essas quatro leis fossem aplicadas a romances como *Ulisses*, *O som e a fúria*, *A vida e as opiniões do cavalheiro Tristram Shandy* e *O ciúme*, todos teriam de ser jogados em alguma lata de lixo literário como obras "mal escritas"). Todorov prega que a atenção à consciência que a narrativa antiga tem de suas próprias operações demonstrará a irrelevância desses critérios autocomplacentes.* Todorov fundamenta sua argumentação em exemplos tirados da *Odisséia*, mas suas dúvidas quanto à existência de uma narrativa "primitiva" poderiam igualmente apoiar-se num exame da Bíblia hebraica.

O que precisamos compreender melhor é que a visão religiosa da Bíblia adquire profundidade e sutileza justamente por ser apresentada mediante os mais sofisticados recursos da prosa de ficção. No exemplo que acabamos de estudar, Judá e Jacó-Israel não são unicamente epônimos contrários num relato etiológico

---

* Tzvetan Todorov, *The poetics of prose*, tradução de Richard Howard (Ithaca/Nova York, 1977), pp. 53-65 [*Poética da prosa*, São Paulo, Martins Fontes, 2003].

(este é o efeito de aplainamento de certa modalidade de pesquisa histórica), mas personagens individuais cercados de múltiplas ironias, engenhosamente delineados tanto em suas imperfeições como em sua grandeza. Um Jacó histriônico, enganado por excesso de amor e, talvez, por amar o excesso; um Judá impetuoso, às vezes insensível, que ainda assim é capaz de agir com sinceridade quando confrontado com a adversidade; Tamar, uma mulher decidida, de nervos de aço — todas essas façanhas sutis de construção dos personagens ficcionais sugerem os infinitos desdobramentos e contradições que se dão quando um princípio de eleição divina intervém na ordem social e natural. Com a mais rigorosa economia de meios, a narrativa bíblica nos leva muitas vezes a refletir sobre a complexidade das motivações e a ambigüidade do caráter, pois estes são aspectos essenciais de sua visão do homem — criado por Deus e desfrutando ou suportando todas as conseqüências da liberdade humana. No caso da poesia bíblica, seria necessário ponderar outros fatores. Mas quase todas as formas de narrativa bíblica encarnam essa percepção básica de que o homem deve viver em face de Deus, no tempo que se transforma, em incessante e complicado relacionamento com os outros; e uma visão literária das operações narrativas pode nos ajudar, mais que qualquer outra coisa, a ver de que maneira essa percepção se traduziu em histórias que exerceram influência tão poderosa e duradoura em nossa imaginação.

2. A história sagrada e as origens da prosa de ficção

A Bíblia hebraica é geralmente lida, com muita justiça, como história sagrada, e os dois termos da fórmula têm sido evocados com freqüência para criticar a possibilidade de aplicar os métodos de análise literária ao seu estudo. Se o texto é sagrado, se os públicos para os quais foi elaborado compreenderam-no como revelação da vontade de Deus, talvez mesmo como registro literal das palavras Dele, como se pode pensar em explicá-lo usando categorias desenvolvidas para compreender uma atividade de natureza tão secular, individual e estética quanto a literatura ocidental moderna? E, se o texto é histórico, destinado seriamente a explicar a origem das coisas e a experiência nacional dos israelitas tal qual se deu, não seria muita presunção analisar essas narrativas com os termos que costumamos aplicar à prosa de ficção, uma modalidade de escrita que tomamos como invenção arbitrária do escritor, não obstante as correspondências que essa obra possa exibir em relação à realidade cotidiana ou mesmo à realidade histórica? No caso de um romance de Flaubert, Tolstói ou Henry James, que sabemos ser um artefato ficcional deliberadamente criado, às vezes a partir de uma documentação abundante registrada na correspondência ou nos cadernos do autor, é perfeitamente adequado discutir as técnicas de construção dos personagens, os diálogos, a ordenação dos elementos mais gerais da composição; mas não estaríamos forçando a Bíblia a ser "literatura" quando tentamos transferir essas categorias à análise de um conjunto de textos de motivação teológica, de sentido histórico e decorrentes, em certa medida, de um trabalho de composição coletiva?

Pelo menos algumas dessas objeções podem ser rebatidas pelo reconhecimento de que a história tem relações muito mais estreitas com a ficção do que em geral se supõe, conforme recentemente afirmaram vários historiadores. É importante levar em conta a existência de uma base comum às duas modalidades de narrativa (a histórica e a ficcional), tanto do ponto de vista formal como do ontológico, mas me parece um erro insistir na tese de que escrever história é, ao fim e ao cabo, idêntico a escrever ficção. É evidente que essas duas atividades literárias compartilham toda uma gama de estratégias narrativas e que o historiador se aproxima do autor de ficção por empregar — como de certa maneira ele é obrigado a fazer — uma série de construções imaginativas. Subsiste, porém, uma diferença qualitativa entre, por exemplo, o retrato de Robert Walpole feito por G. M. Trevelyan, que, apesar de ser uma interpretação e por isso mesmo conter um certo grau de projeção imaginativa, se mantém dentro dos limites de fatos históricos reconhecidos, e o Jonathan Wild de Fielding, um personagem que alude satiricamente a Walpole, mas tem dinâmica própria como criação ficcional independente.

O caso da Bíblia como história sagrada é, no entanto, bem diferente da situação da historiografia moderna. Para começar, há todo um espectro de relações com a história nas diversas narrativas bíblicas, como tentarei mostrar mais adiante, mas nenhuma delas supõe a necessidade de fatos documentáveis que caracteriza a história em sua acepção moderna. É comum afirmar que o escritor bíblico, ao contrário, estava preso aos materiais estabelecidos pela tradição oral ou escrita que lhe fora transmitida. Essa afirmação é difícil de verificar ou refutar, porque não há como saber quais eram os conteúdos exatos da tradição hebraica no começo do primeiro milênio antes da era cristã. Um exame acurado dos textos que chegaram até nós pode despertar certo ceticismo quanto à noção acadêmica de autoridade absoluta da tradição e pode até nos levar a concluir que os escritores bíblicos se valeram de grande liberdade na articulação das tradições disponíveis.

Por estranho que pareça a princípio, vou sustentar que a prosa de ficção é a melhor rubrica geral para classificar as narrativas bíblicas. Ou, para ser mais exato, e tomando emprestado um termo fundamental do estudo de Herbert Schneidau, *Sacred discontent*, uma obra especulativa, às vezes questionável, mas sempre estimulante, talvez pudéssemos falar da Bíblia como prosa de ficção *historicizada*. Um exemplo claro são as narrativas patriarcais, que podem ser vistas como ficções compósitas, baseadas em tradições nacionais heterogêneas; mas a recusa dos autores a conformá-las às simetrias da expectativa, somada a suas contradições e anomalias, sugere o caráter insondável da vida na história sob um Deus inescrutável. "No Gênese e em partes da história de Davi", observa Schneidau, "assistimos ao nascimento de um novo tipo de ficção historicizada, que se distancia constantemente dos temas e usos do universo da lenda e do mito."* A generalização pode ser estendida, para além do Livro do Gênese e da história de Davi, à maioria das narrativas bíblicas, inclusive a algumas partes

---

* Herbert Schneidau, *Sacred discontent* (Baton Rouge, La., 1977), p. 215.

do Livro dos Reis, em que há uma evidente riqueza de material lendário. Como a tese central do livro de Schneidau é a insubordinação da literatura bíblica contra a visão de mundo pagã, confinada a um eterno movimento cíclico, a ênfase recai na historicização, embora a ficção receba atenção equivalente. Aliás, como teremos ocasião de ver, talvez seja mais correto descrever o que acontece na narrativa bíblica como história ficcionalizada, principalmente quando se entra no período dos Juízes e dos Reis. Mas, antes de passarmos à discussão do tema "história ou ficção", é preciso considerar o elemento prosaico da prosa de ficção, que é muito mais que uma questão de conveniência na classificação para uso dos bibliotecários.

É um fenômeno peculiar e culturalmente significativo que, entre os povos antigos, somente o de Israel tenha escolhido expressar suas tradições nacionais em prosa. Dentre os muitos termos nebulosos aplicados à Bíblia, os estudiosos costumam falar de uma "epopéia nacional" israelita; mais especificamente, eles tendem a especular sobre a existência de um poema épico da Criação e do Êxodo, transmitido pela tradição oral, que teria servido de base para os livros do Pentateuco. Mas, conforme a arguta observação do especialista israelense em estudos bíblicos Shemaryahu Talmon, o que a Bíblia parece demonstrar é, muito pelo contrário, uma fuga deliberada ao modo épico, que se evidencia na adoção da prosa nas narrativas hebraicas:

> Os antigos escritores hebreus cultivaram e desenvolveram de caso pensado a narrativa em prosa em substituição ao gênero épico, que, por seu conteúdo, estava estreitamente ligado ao mundo do paganismo e que parece ter tido um lugar importante nos cultos politeístas. A recitação dos poemas épicos equivalia a uma reencenação de eventos cósmicos à maneira da magia simpática. No processo de rejeição integral das religiões politeístas e de suas expressões rituais

no culto, as canções épicas e o gênero épico em si foram eliminados do repertório dos escritores hebreus.*

Fundamental para um estudo literário da Bíblia é que essa rejeição ao politeísmo tenha tido conseqüências positivas importantes para a nova forma de expressão que os antigos escritores hebreus adotaram na formulação de seus propósitos monoteístas. A prosa, que deu aos escritores uma extraordinária flexibilidade e ampla diversidade de recursos narrativos, podia ser usada para libertar os personagens ficcionais da rígida coreografia de acontecimentos atemporais e fazer da narrativa não mais uma repetição ritual, mas uma exploração das sendas imprevistas da liberdade humana, das peculiaridades e contradições de homens e mulheres considerados como agentes morais e focos complexos de razão e sentimento.

Em uma generalização antropológica que complementa com perfeição a proposta histórica de Talmon, Herbert Schneidau capta, apesar de certas imprecisões que vou tentar corrigir, o impulso básico para toda essa prodigiosa transição de formas literárias. Schneidau fala de um "mundo de analogias e correspondências interligadas" que se manifesta na imaginação primitiva e nas formas divinatórias de expressão:

> Uma cosmologia de continuidades hierárquicas, como no pensamento mitológico, revela fortes tendências metafóricas. O emaranhado de estruturas entrelaçadas se expressa de modo coerente na evocação poética de qualidades e nomes transferíveis e substituíveis. Nesse mundo, o movimento tende a girar sobre si mesmo rumo à totalização, impelido pelo princípio de circularidade.

---

* Shemaryahu Talmon, "The 'comparative method' in Biblical interpretation — Principles and problems", *Göttingen Congress volume* (Leiden, 1978), p. 354.

Em contraste com esse mundo mitológico dominado pela metáfora, Schneidau vê a metonímia — a ligação das coisas antes pela simples contigüidade do que pela semelhança, como na metáfora —, com seu movimento paulatino a sugerir as formas prosaicas da narrativa e da história, como chave para o entendimento da literatura da Bíblia. Por se tratar de uma literatura que rompe com as velhas hierarquias cósmicas, a Bíblia transita da metáfora para a metonímia. Schneidau tenta resumir todo esse contraste num aforismo: "Se o mito é [fruto de] metáforas hipotáticas, a Bíblia é [constituída de] metonímias paratáticas".* Em outras palavras, se o mito supõe um conjunto de equivalências arranjadas em um sistema de subordinação, a Bíblia oferece uma série de termos contíguos arranjados em seqüência sem uma definição clara da ligação entre um termo e outro.**

Essa comparação geral oferece-nos uma intuição profunda sobre a natureza inovadora da experiência literária da Bíblia, mas alguns de seus conceitos são um tanto equivocados. Para começar, há muitas narrativas antigas do Oriente Próximo que são obras literárias refinadas e eminentemente seculares, embora Schneidau e Talmon tendam a considerar os poemas mitológicos como paradigmas da literatura pagã da qual a Bíblia se afasta. A função paradigmática desse tipo particular de narrativa pré-

---

* *Sacred discontent*, p. 292.
** Cabe lembrar que parataxe significa dispor os principais elementos de um enunciado numa seqüência de orações paralelas ligadas por um "e", enquanto a hipotaxe dispõe os enunciados em orações principais e subordinadas, especificando as relações entre estas por meio de conjunções subordinativas como "quando", "porque", "embora". Assim, a oração "José foi trazido ao Egito e Potifar o comprou" é paratática. Os mesmos fatos seriam expressos de modo hipotático da seguinte forma: "Quando José foi trazido ao Egito, Potifar o comprou" (meu exemplo é uma versão resumida do versículo de Gênese 38, 1; a primeira versão é a oração original, a segunda é a versão que consta de traduções modernas que evitam a parataxe).

israelita poderia muito bem justificar a ênfase na rejeição hebraica do mito, mas outros termos adotados por Schneidau são problemáticos. Os conceitos de hipotaxe e parataxe têm de fato uma relação lógica com os de metáfora e metonímia, respectivamente, mas os padrões sintáticos reais das narrativas mitológicas em verso do Oriente Próximo parecem ser paratáticos, ao passo que a prosa narrativa bíblica mostra uma grande variação entre a parataxe e a hipotaxe, segundo os objetivos do escritor e as necessidades do contexto. Ademais, a distinção entre metáfora e metonímia que Roman Jakobson esboçou só vale no caso da Bíblia num sentido vagamente figurativo, pois a metáfora propriamente dita (mais que as "correspondências" metafísicas) não é predominante nos poemas mitológicos do antigo Oriente Próximo que chegaram até nós. A percepção mais valiosa de Schneidau, de qualquer forma, não depende desses conceitos, pois sua intuição mais importante diz respeito ao vigoroso movimento pelo qual a escrita bíblica recusa a circularidade estável do mundo mitológico e se abre à indeterminação, às variáveis causais, às ambigüidades de uma ficção elaborada para se aproximar das incertezas da vida na história. E eu acrescentaria que, nesse movimento, a flexibilidade da prosa como meio narrativo era indispensável, pelo menos no contexto do Oriente Próximo.

Cabe fazer uma última ressalva quanto a essa oposição esclarecedora, mas um pouco exagerada, entre mito e "ficção historicizada". Culturas diferentes por vezes adotam vias distintas para atingir um fim que é, em essência, o mesmo; e, se formos além do Crescente Fértil em direção à Grécia, encontraremos em elaboradas narrativas mitográficas em verso, como em Hesíodo e nos episódios mitológicos de Homero, muitas formas de tratamento dos temas, dos personagens e da causalidade que são análogas à percepção bíblica da indeterminação e da ambigüidade. No entanto, os escritores hebreus se valeram com muito proveito da prosa em que passaram a trabalhar, e isso merece mais atenção do que geralmente se concede.

Como ilustração inicial da operação de modalidades da prosa de ficção nas narrativas bíblicas, eu gostaria de examinar uma passagem da chamada história primeva, a criação de Eva (Gênese 2). O exemplo pode nos servir de teste, porque o relato das origens, com suas figuras humanas generalizadas, sua divindade antropomórfica e seu pano de fundo mesopotâmico, já foi classificado de várias maneiras pelos comentadores modernos, seja como mito, como lenda ou como folclore, e tende a nos parecer distinto do que nos vem à mente quando se fala de ficção artisticamente concebida. Lembremos que, no versículo imediatamente anterior, Deus advertira Adão, sob pena de morte, a não provar da Árvore do Conhecimento. A resposta do homem a essa imposição não é registrada. Em vez disso, a narrativa segue adiante — talvez para fazer desse hiato uma insinuação antecipatória da ligação entre a futura parceira de Adão e o contato com o conhecimento proibido — e registra em discurso direto a preocupação de Deus com a solidão de Sua criatura:

> 18. O Senhor Deus disse: "Não é bom que o homem esteja só; farei para ele alguém que o auxilie". 19. E o Senhor Deus formou da terra todos os animais do campo e todas as aves do céu, e Ele os trouxe ao homem para ver como este os chamaria; e o nome que o homem desse a cada ser vivo, esse seria seu nome. 20. O homem deu nomes a todos os rebanhos, às aves do céu e a todos os animais do campo, mas não se encontrou para o homem alguém que o auxiliasse. 21. E o Senhor Deus fez o homem cair em profundo sono e ele dormiu; e Ele tirou-lhe uma das costelas e fechou a carne nesse lugar. 22. E o Senhor Deus fez da costela que tirara do homem uma mulher e a levou até o homem. 23. O homem disse:
>
> > Esta sim é
> > osso dos meus ossos

e carne da minha carne.
Ela será chamada mulher,
porque do homem foi tirada.
24. Por isso, o homem deixará pai e mãe e se unirá à sua mulher, e eles se tornarão uma só carne. 25. E os dois estavam nus, o homem e sua mulher, e não sentiam vergonha.

A costumeira abordagem taxonômica da Bíblia explica essa passagem inteira como peça de folclore antigo, um conto etiológico destinado a explicar a existência da mulher, sua posição subordinada e a eterna atração que ela exerce sobre o homem. A inserção em verso formal (convenção muito comum na narrativa bíblica para o discurso direto que tem um significado sintético ou cerimonial) parece realmente um arcaísmo e pode ter sido uma expressão etiológica usual e corrente durante séculos, bem antes da formulação dessa passagem. É bem possível que haja tradições folclóricas por trás desse texto, mas não creio que essas tradições expliquem satisfatoriamente o complexo engenhoso que o escritor forjou a partir desses materiais. Nossos primeiros ancestrais não tinham direito a muita individualidade e, portanto, não eram exatamente "personagens de ficção" da mesma forma que figuras posteriores do Gênese, como Jacó, José e Tamar, virão a ser. Entretanto, o escritor concede a Adão e Eva, mediante uma sutil manipulação da linguagem e da exposição narrativa, um grau de interioridade moralmente problemática que não se esperaria de uma narrativa folclórica sobre a origem do mundo. Antes de entrar em detalhes, é interessante contrastar a impressão geral que essa passagem suscita com o relato da criação da humanidade (não há uma explicação específica para a criação da mulher) no *Enuma elish*, poema épico da antiga Babilônia sobre a criação do mundo. Depois de derrotar a mãe primordial, Tiamat, o deus Marduk anuncia:

Juntarei sangue e criarei ossos.
Farei um selvagem, "homem" será seu nome.
Verdadeiramente, criarei um selvagem-homem.
Ele será encarregado do culto dos deuses
para que estes possam descansar.*

Marduk compartilha com o Deus de Israel o trabalho antropomórfico do esculpir em carne e osso; no entanto, o homem da narrativa acadiana é tão-somente um objeto da ação, sua única razão de ser é suprir as necessidades materiais dos deuses. A humanidade é concebida exclusivamente para fins rituais — o homem é criado para oferecer sacrifícios aos deuses; dessa maneira, as esferas altamente diferenciadas da história e da ação moral não têm lugar no relato da criação do homem. É a isso que Schneidau se refere quando fala de uma humanidade confinada a um conjunto de hierarquias predeterminadas na visão mitológica do mundo. Assim concebido, o homem não pode ser protagonista de prosa de ficção: o meio narrativo adequado é a epopéia mitológica, em que a progressão majestosa do verso paralelístico — na verdade, predominantemente paratático e não metafórico — reitera de modo enfático o lugar do homem numa trama cósmica absoluta. (É claro que poucos poemas mitológicos correspondem tão rigidamente a essas noções de fixidez e circularidade; mas o modelo do *Enuma elish* é crucial para nosso estudo, pois reflete a norma de narrativa sagrada com a qual o escritor bíblico rompeu.) Se voltarmos agora a Gênese 2, veremos com mais clareza como o escritor monoteísta trabalha não só com pressupostos teológicos diferentes, mas também com uma noção radicalmente distinta de forma literária.

* Cf. J. B. Pritchard (org.), *Ancient near eastern texts relating to the Old Testament* (Princeton, 1969), p. 68.

Contrapondo-se à fala exortadora de Marduk e de seus companheiros do panteão babilônico, Deus expressa Sua percepção da condição do homem e Sua intenção de modo notavelmente direto: "Não é bom que o homem esteja só; farei para ele alguém que o auxilie" (Sua fala, contudo, é bastante próxima de um verso de paralelismo complementar para sugerir um toque de elevação formal). Dá-se então uma interrupção peculiar. A versão anterior da cosmogonia nos leva a supor um ato imediato de criação seguindo-se ao pronunciamento divino, sempre introduzido pela fórmula "E Deus disse". Aqui, porém, temos de esperar dois versículos para a prometida criação de uma companheira enquanto acompanhamos o homem ocupado em dar nomes a todas as criaturas vivas. Esses versículos (Gênese 2, 19-20) são marcados, como um selo formal de sua integração à história, por uma estrutura circular, que é imediatamente precedida pela expressão temática crucial, *'ezer kenegdo* (ao pé da letra, "uma auxiliar ao lado dele"), e que se fecha com a mesma frase. Um comentário sucinto desses dois versículos no Midrash exprime sua utilidade estratégica: "Ele os fez passar em pares. E disse: 'Tudo tem seu par, mas eu não tenho meu par'" (*Bereshit Rabba* 17, 5). Vale a pena indagar que parte do texto suscitou essa pequena dramatização do Midrash, uma vez que as percepções literárias desses exegetas geralmente decorrem de sua sensibilidade a pistas verbais — a recorrência de uma palavra-chave, a escolha matizada de um elemento léxico, um jogo fonético significativo, e assim por diante. Neste caso, porém, parece que o Midrash responde não a uma palavra em especial na passagem, mas a um aspecto do texto que hoje chamaríamos de estratégia de exposição narrativa. Eva foi prometida. Ela então fica em suspenso durante dois versículos cuidadosamente elaborados, enquanto Deus permite que o homem cumpra sua função singular de dar nome às coisas. Há uma ironia implícita nessa ordem de narração dos acontecimentos. O homem é superior às demais criaturas vivas porque somente ele pode inventar a linguagem, somente ele é possuidor do nível de consciência que o capacita à ordenação lingüística. Mas essa mesma consciência faz com que ele se dê conta de sua solidão, em contraste com todo o reino zoológico (essa solidão talvez seja mitigada, mas não inteiramente eliminada, pela criação da mulher: para criá-la, será preciso infligir-lhe uma espécie de ferida, e depois, no tempo histórico, ele deverá persegui-la, esforçando-se para se tornar "uma só carne" com ela, como se quisesse reaver uma parte perdida de si mesmo). O contraste entre o homem sem parceira nomeando as coisas num mundo silencioso de criaturas emparelhadas é realçado por um refinamento sintático que é impossível de traduzir. O versículo 20 nos diz que o homem deu nomes aos "rebanhos [...] aves [...] animais [...] para o homem"; por um momento, parece que Adão faz parte de uma série anafórica junto a todas as criaturas vivas; mas essa incipiente interpretação é logo revertida pela forma verbal "não se encontrou", que opõe o homem a tudo que o precedeu. É plausível alegar, portanto, que não foi por um desvario que o Midrash imaginou Adão confessando sua solidão enquanto nomeava as criaturas que desfilavam à sua frente.

Quando finalmente Deus começa a cumprir Sua promessa, no começo do versículo 21, o homem, sob efeito de um anestésico divino, é rebaixado da condição de agente consciente a objeto inerte da ação divina, mais ou menos como ocorre no *Enuma elish*. Mas a óbvia diferença temática reside no fato de que essa imagem do homem como matéria passiva é posta entre parênteses por sua atuação como senhor da linguagem. Logo que o homem acorda e vê a mulher, ele lhe dá um nome — assim como os partos bíblicos são normalmente seguidos pela cerimônia de dar um nome ao novo ser —, adotando a ênfase formal de um poema. Seja ou não seja obra original do escritor bíblico, o poema (versículo 23) encaixa-se maravilhosamente no argumento temático da narrativa. Escrito na forma de um duplo quiasmo, refere-se à mulher recém-nomeada por um demonstrativo, *zot*, "esta", que é a primeira e última palavra, bem como o pivô do poema hebraico. O homem designa os nomes dos animais sobre os quais tem domínio e agora nomeia a mulher sobre a qual exercerá domínio. Mas, no poema, o homem e sua carne e osso são sintaticamente rodeados por essa nova presença feminina, uma configuração retórica que faz todo sentido à luz da história subseqüente de ambos.

A explicação constante do versículo 24, que começa com a expressão "por isso" (*'al-ken*), uma fórmula fixa para a introdução de asserções etiológicas, pode muito bem fazer parte de uma expressão proverbial adotada *ipsis litteris* pelo escritor; contudo, mesmo que se admita tal hipótese, é notável a arte com que o autor tece o enunciado etiológico à textura de sua própria prosa. A esplêndida imagem do desejo satisfeito e, por extensão, do estado conjugal — "eles se tornarão uma só carne" — é a um só tempo uma vívida sugestão do ato em si e uma hipérbole ousada. Eu diria que o escritor bíblico tem tanta consciência do aspecto hiperbólico da imagem quanto Platão em *O banquete*, ao atribuir a Aristófanes a noção de que os amantes são metades bifurcadas de um ser primordial, tentando recapturar a impossível unidade primitiva. Pois, assim que a idéia de uma só carne é enunciada (e a última palavra do versículo hebraico é "uma"), a narrativa prossegue da seguinte maneira: "E os dois estavam nus, o homem e sua mulher, e não sentiam vergonha". Depois de evocados como modelo atemporal da união conjugal, são imediatamente vistos como dois seres, condição acentuada pela duplicação sintática, deliberadamente tosca e atípica, no sintagma apositivo "o homem e sua mulher" — pequena ilustração de como a flexibilidade da prosa permite ao escritor introduzir distinções psicológicas e inversões dialéticas da direção temática que não seriam factíveis nas narrativas em verso do antigo Oriente Próximo. Assim, o primeiro homem e a primeira mulher são agora dois seres vulneráveis, em sua dualidade, à tentação da serpente, que conseguirá seduzir primeiro um e, por meio deste, o outro: nus (*'arumim*), livres da vergonha, eles estão prestes a ser expostos ao animal mais astucioso (*'arum*), que lhes dará motivo para sentirem vergonha.

A distância que nos separa dessa narrativa torna impossível determinar em que medida ela se deve a uma tradição oral sacralizada, à crença popular corrente em várias versões, à imaginação do escritor. O que uma leitura cerrada do texto nos permite dizer é que, mesmo no contexto de uma história primitiva, o escritor pôde manejar com suficiente liberdade e firmeza autoral os materiais herdados e definir motivos, relações e desdobramentos temáticos com a mesma força sutil que associamos à arte consciente que chamamos de prosa de ficção (ao me referir a "arte consciente", aqui e nas reflexões que se seguem, presumo a existência, no ato de criação artística, de uma interação complexa entre intenção deliberada e intuição inconsciente; nesse aspecto, o escritor bíblico não se diferencia de seu equivalente moderno). Nesses capítulos iniciais do Gênese, Adão e Eva não são as figuras fixas da lenda ou do mito, mas são delineados pela imaginação particularizante do escritor por meio do diálogo curto mas revelador que ele inventa para o casal e por meio das várias estratégias de apresentação que ele adota para relatar seus atos imemoriais.

Faço questão de dizer desde logo que, ao atribuir tamanha importância ao teor ficcional, não tenho a intenção de diminuir o impulso histórico que permeia a Bíblia hebraica. O Deus de Israel, como tantas vezes já se observou, é acima de tudo o Deus da história: a realização dos Seus desígnios na história é um processo que cativa a imaginação dos hebreus e desperta nela um interesse fundamental pela natureza concreta e diferenciada dos acontecimentos históricos. O fato é que a ficção era o principal recurso à disposição dos escritores bíblicos para compreender a história.* Examinada mais de perto, a narrativa bíblica ora se mostra como ficção que reivindica um lugar na cadeia de causalidades e no universo das conseqüências morais que pertencem à história — como na história da criação, nas histórias dos patriarcas e em boa parte do Êxodo, no relato da primeira Conquista —, ora como história dotada da mesma nitidez imaginativa da ficção, como na maior parte das narrativas que se iniciam no período dos Juízes. Esse esquema é decerto mais elegante que a realidade sempre mais misturada das várias narrativas bíblicas. O que a Bíblia nos oferece é uma seqüência irregular e um constante entrelaçamento de detalhes factuais (sobretudo, mas não exclusivamente, nos períodos tardios) com uma "história" puramente lendária; aqui e ali, vestígios enigmáticos de tradições mitológicas; relatos etiológicos; ficções arquetípicas sobre os pais fundadores da nação; histórias folclóricas sobre proezas fabulosas de heróis e homens de Deus; personagens totalmente fictícios associados ao progresso da história nacional sob uma capa de verossimilhança; e personagens históricos tratados de forma ficcional. Todas essas narrativas são apresentadas como história, isto é, como fatos que realmente se deram e que tiveram alguma conseqüência importante para o destino da humanidade ou do povo de Israel. As únicas exceções a essa regra são as figuras de Jó, cuja evidente estilização aproxima-o de uma fábula filosófica (daí o

---

* Em seu livro recente, *Storytelling in the Bible* (Jerusalém, 1978), Jacob Licht propõe que o "aspecto histórico" e o "aspecto de narrativa ficcional" ou "estético" dos textos bíblicos sejam pensados como funções inteiramente distintas, que podem ser claramente separadas para fins analíticos — à maneira dos filamentos de diferentes cores de uma fiação elétrica. Essa separação cômoda do inseparável é uma indicação da pouca atenção que os especialistas na Bíblia têm dado ao papel da arte literária nos estudos bíblicos.

ditado rabínico de que "não houve uma criatura como Jó; ele é uma parábola"), e de Jonas, que lembra, com seus exageros satíricos e fantásticos, uma ilustração alegórica da vocação profética e da universalidade de Deus.

Apesar da diversidade dessas narrativas, escritas por muitas mãos ao longo de vários séculos, gostaria de propor uma generalização um tanto grosseira a respeito do tipo de projeto literário que elas compõem. Os antigos escritores hebreus, conforme já sugeri, buscavam revelar, mediante o processo narrativo, a realização dos propósitos divinos nos acontecimentos históricos. Contudo, a realização da vontade divina é continuamente embaraçada pela percepção de duas tensões dialéticas, quase paralelas. De um lado, a tensão entre o propósito divino e a natureza desordenada dos fatos históricos reais ou, traduzindo essa oposição em termos especificamente bíblicos, entre a promessa divina e seu manifesto fracasso em se cumprir; de outro lado, a tensão entre a vontade de Deus, a condução da Providência divina, e a liberdade humana, a natureza refratária do homem.

Se podemos nos permitir tal redução de grandes realizações a um denominador comum, talvez pudéssemos afirmar que a profundidade com que a natureza humana é imaginada na Bíblia se deve ao fato de o texto bíblico imaginar o homem como enredado no jogo poderoso dessa dupla dialética de desígnio e desordem, Providência e liberdade. De fato, é proveitoso considerar as várias narrativas bíblicas como um espectro entre os extremos opostos da desordem e do desígnio. No pólo da desordem das coisas, em que devem ser incluídos os fatos recalcitrantes da história conhecida, entre eles movimentos políticos específicos, vitórias e derrotas militares e coisas do gênero, estão os livros dos Juízes, de Samuel e dos Reis. Nesses livros, os narradores e às vezes alguns personagens lutam explicitamente para conjugar seu conhecimento da promessa divina com a consciência do que se passa efetivamente na história. No lado oposto do espectro, próximo do pólo do desígnio, poderíamos situar o Livro de Ester. Essa história que se desenrola após o exílio, e que se apresenta como parte da história política da principal comunidade da diáspora, consiste, na realidade, numa espécie de conto de fadas — a linda donzela, guiada por um sábio padrinho, se torna rainha e salva seu povo — ricamente embelezado pela imaginação satírica; seu aspecto cômico diverge da verossimilhança histórica de um modo raras vezes encontrado na narrativa hebraica anterior ao exílio, e o relato demonstra o poder da Providência divina na história com uma limpidez distinta das formas anteriores de ficção historicizada da Bíblia.

Mais ou menos no meio desse espectro ficaria o Livro do Gênese, no qual o caráter rudimentar dos materiais históricos conhecidos abre um considerável espaço para a elucidação de um plano divino, ainda que a percepção desse desígnio seja várias vezes contrabalançada pela consciência da natureza incontrolável do homem, da individualidade perigosa e arrogante dos vários agentes humanos envolvidos na experimentação divina. A individualidade se confronta com os desígnios divinos de outra maneira no Livro de Rute. Rute, Noemi e Boaz são criaturas ficcionais, provavelmente baseadas tão-somente em nomes guardados na memória nacional, se tanto. Nos limites de uma narrativa curta, esses personagens exibem, em suas palavras e atos, traços de caráter que os tornam memoráveis e os distinguem do esboço mais esquemático das figuras de Ester e Mardoqueu. Mas em sua individualidade plausível os três personagens também se tornam figuras exemplares, conquistando para si um lugar na história nacional. Rute, por sua tenacidade, e Boaz, por sua bondade e respeito aos procedimentos da sucessão legítima, tornam-se os justos progenitores da linhagem de Davi. Assim, o Livro de Rute, que poderíamos situar, ao lado do Gênese, no pólo do desígnio divino em nossa dialética imaginária, é uma ficção verossímil historicizada, pelo seu tratamento realista da psicologia dos personagens e de instituições sociais realmente existentes, enquanto o Livro de Ester parece mais próximo de uma fantasia cômica construída sobre materiais pseudo-históricos.

Permitam-me arriscar uma hipótese mais geral, que talvez nos ajude a ter uma visão mais clara do fenômeno em exame. Pode ser que a percepção da existência de uma razoável tensão dialética entre as contradições do desígnio divino e as condutas desordenadas dos homens na história tenha sido usada como critério implícito para a decisão sobre quais narrativas deviam ser consideradas canônicas. Contamos apenas com informações esparsas sobre a antiga literatura hebraica não canônica, mas o fato é que as poucas pistas proporcionadas pela própria Bíblia parecem apontar para duas direções opostas. Por um lado, o Livro dos Reis repete insistentemente que os detalhes omitidos no relato desse capítulo da Bíblia podem ser descobertos nas Crônicas dos Reis da Judéia e nas Crônicas dos Reis de Israel. Presume-se então que esses dois livros tenham sido excluídos da tradição nacional autorizada e, por esse motivo, não tenham sido conservados porque eram histórias de corte, provavelmente de caráter partidário, e ainda por cima equivocados, porque arrolam os acontecimentos históricos sem se inspirar na perspectiva da realização dos desígnios de Deus através da história. Por outro lado, há breves e misteriosas referências indiretas, com citações, em Números, Josué e Samuel ao Livro de Yashar e ao Livro das Batalhas de Jeová. Este último dá a impressão de ser uma lista de vitórias militares em que Deus é protagonista; o primeiro, a julgar pelos dois fragmentos citados (Josué 10, 13 e 2 Samuel 1, 18-19), era provavelmente uma narrativa em versos, talvez um poema épico marcial cheio de elementos miraculosos. Atrevo-me a sugerir que os dois livros tenham sido considerados demasiado fantasiosos, excessivamente comprometidos com uma narrativa direta de reconstituição dos planos de Deus, sem oferecer o necessário contrapeso de uma experiência histórica reconhecível.

Vamos nos concentrar agora nas narrativas históricas propriamente ditas para esclarecer de maneira mais concreta as implicações do componente ficcional na descrição desses acontecimentos como ficção historicizada. O grande ciclo das histórias de Davi, seguramente uma das peças mais estupendas da imaginação literária antiga, é um exemplo esclarecedor do entrelaço de história e ficção. Essa narrativa, apesar de enriquecida por elementos folclóricos (como a vitória de Davi sobre Golias), baseia-se em fatos históricos consistentes com as afirmações da pesquisa moderna: houve realmente um Davi, que lutou contra a casa de Saul, impôs sua soberania incontestável sobre as doze tribos, conquistou Jerusalém, fundou uma dinastia, criou um pequeno império e foi sucedido por seu filho Salomão. Afora essas linhas gerais, é bem possível que muitos detalhes contidos nos relatos sobre Davi, inclusive os referentes à sua conturbada vida conjugal e seu relacionamento com os filhos, sejam autênticos.

Entretanto, rigorosamente falando, essas histórias não são historiografia, mas uma recriação imaginativa da história feita por um escritor talentoso que organizou os materiais disponíveis segundo determinados eixos temáticos, de acordo com sua notável intuição da psicologia dos personagens. Cabe lembrar que ele se sentia inteiramente livre para criar monólogos interiores de seus personagens; para atribuir-lhes sentimentos, intenções ou motivações a seu bel-prazer; para inventar diálogos (e o escritor é, sem dúvida, um dos mestres do diálogo na literatura) em ocasiões nas quais ninguém mais, senão os próprios atores, tinha conhecimento exato do que fora dito. O autor das histórias de Davi tem para com a história israelita a mesma posição de Shakespeare para com a história inglesa em suas peças históricas. É verdade que Shakespeare não podia fazer com que Henrique V perdesse a batalha de

Agincourt, ou apresentar um outro personagem que liderasse os soldados ingleses nesse lugar, mas, utilizando-se de certas insinuações da tradição histórica, pôde inventar uma espécie de *Bildungsroman* para o jovem príncipe Hal; Shakespeare teve liberdade para representar o rei cercado de personagens fictícios que lhe serviam de contraponto, espelho, estorvo e apoio em seu desenvolvimento; pôde criar para a figura do rei uma linguagem e uma psicologia que são produtos da inventividade do dramaturgo, servindo-se dos materiais históricos para elaborar uma poderosa projeção das potencialidades humanas. É exatamente isso que o escritor do ciclo de Davi cria para as figuras de Davi, Saul, Abner, Joab, Jônatas, Absalão, Mical, Abigail e vários outros personagens.

Um exemplo memorável entre muitos outros da transformação da história em ficção é o grande confronto com Saul dentro da caverna no deserto de Engadi (1 Samuel 24). Cabe recordar que o rei desvairado, durante sua perseguição ao jovem Davi, entra numa caverna para se aliviar — justamente onde Davi e seus soldados estão escondidos. Então Davi corta sorrateiramente uma ponta do manto de Saul. Depois, sentindo remorso por ter cometido essa mutilação simbólica do rei ungido pelo Senhor, Davi detém com firmeza seus soldados, enquanto Saul, sem saber de nada, sai da caverna e segue seu caminho, sem nada sofrer. Quando o rei já vai longe, Davi sai da caverna e corre atrás de Saul. Segurando a ponta do manto que havia cortado, ele chama o rei e profere diante de seu perseguidor uma de suas falas mais admiráveis, na qual expressa sua fidelidade e reverência ao ungido do Senhor, nega que pretenda fazer-lhe mal (acenando com a ponta do manto para demonstrar o que poderia ter feito mas não fez) e proclama sua condição humilde: "Contra quem saiu o rei de Israel?", diz Davi, numa seqüência de frases simétricas quase versificadas, "A quem está perseguindo? A um cão morto, a uma pulga?" (1 Samuel 24, 15).

No fim dessa fala relativamente longa, o narrador nos mantém em suspense por mais um tempo, precedendo a resposta de Davi de uma série de frases introdutórias: "E aconteceu que, quando Davi acabou de falar essas palavras, Saul disse" — e então as palavras do rei, de surpreendente brevidade após a torrente de palavras proferidas por Davi, produz uma daquelas incríveis inversões que tornam tão fascinante o desenho dos personagens nessas histórias: "'É tua voz, Davi, meu filho?', e Saul levantou a voz e chorou" (1 Samuel 24, 17). O ponto aqui não é que o autor tenha imaginado um diálogo sobre o qual não tinha "documentos"; afinal, Tucídides fazia a mesma coisa como técnica elaborada de representação das opiniões de diferentes personagens históricos. Na narrativa bíblica, o diálogo inventado expressa a maneira como o autor imagina seus personagens enquanto figuras psicológicas e morais diferenciadas, sua concepção dramática das emoções que regem as interações entre seres humanos. E esse processo imaginativo não é outra coisa, essencialmente, senão a criação de personagens ficcionais.

Como em outros livros da Bíblia, também aqui os personagens são caracterizados com notável economia artística: a especificação das circunstâncias exteriores, o cenário e as ações restringem-se ao mínimo necessário, e boa parte do sentido se concentra nos diálogos. À retórica conscienciosa e apaixonada com que Davi se defende, Saul responde com uma espécie de grito abafado: "É tua voz, Davi, meu filho?". Pode ser que a pergunta de Saul se devesse ao espanto diante das palavras que acabara de ouvir, à distância que não lhe deixava ver o rosto de Davi ou às lágrimas que lhe embaçavam os olhos, o que seria emblemático da condição de cegueira moral que o impedira de ver Davi como ele realmente era. Quanto a essa última possibilidade, suponho encontrar aí um eco deliberado, ainda que aproximativo, das palavras que Isaac, cego, dirige a seu filho Jacó — depois de perguntar "Quem és tu, meu filho?" (Gênese 27, 18), Isaac declara: "A voz é a voz de Jacó"

(Gênese 27, 22). Essa alusão, que complica o sentido do encontro entre o velho e o jovem, não é tal que o verdadeiro Saul, como figura histórica, pudesse ter recordado na hora, mas um escritor brilhante, escorado no privilégio da invenção ficcional, poderia tê-la concebido para um rei acossado pela premonição de que seu filho primogênito não o sucederá no trono.

Seria possível objetar que as histórias de Davi não passam de exceções que confirmam a regra — um clarão de inventividade literária numa série de livros históricos que, ao fim e ao cabo, são crônicas de fatos conhecidos, recheadas de folclore e amplificadas para fins teológicos. Vejamos, então, uma passagem desse extenso catálogo de insurreições militares que é o Livro dos Juízes, sobre o qual não haveria como dizer que se destaca pela complexidade dos personagens ou pela sutileza do desenvolvimento temático, para verificar se também nele é possível constatar a existência de modalidades de prosa ficcional no que é narrado e no modo de narrar. Gostaria de destacar a história do assassinato de Eglon, rei de Moab, por Aod, filho de Gera (Juízes 3). Na falta de provas em contrário, vamos supor que o fato histórico é verídico, uma hipótese bastante plausível: Aod, líder guerrilheiro, violento e esperto, da tribo de Benjamin (famosa por suas habilidades marciais), mata Eglon com um punhal, mais ou menos como relatado no capítulo; depois, Aod reúne os soldados israelitas nos montes de Efraim e os lidera numa rebelião vitoriosa, à qual se segue um longo período de desafogo da dominação moabita. Apenas a fórmula de quarenta vezes dois no final do capítulo ("E a terra teve paz durante oitenta anos", Juízes 3, 30) parece não corresponder a um fato histórico. Sendo assim, como se poderia falar em prosa de ficção nessa crônica política tão sucinta? A parte principal do relato diz o seguinte:

15. Os israelitas clamaram ao Senhor, que lhes deu um libertador, Aod, um homem canhoto, filho do benjaminita Gera. Ora, os israeli-

tas mandaram-no entregar os tributos devidos a Eglon, rei de Moab. 16. Aod fez para si um punhal de dois gumes, de um *gomed* de comprimento, e o amarrou à coxa direita, debaixo da roupa. 17. Ele entregou o tributo a Eglon, rei de Moab — que era um homem muito robusto. 18. E, depois de entregar o tributo, Aod dispensou os carregadores. 19. E ele vinha de Pesilim, perto de Guilgal. Então ele se voltou e disse: "Tenho uma mensagem secreta para ti, ó rei". O rei respondeu: "Silêncio!", e todos os ajudantes dele se retiraram. 20. Aod aproximou-se do rei, que estava sentado sozinho no salão superior do palácio, que era mais fresco, e disse: "Tenho uma mensagem de Deus para ti", e o rei se levantou de seu trono. 21. Aod então pegou com a mão esquerda o punhal que estava sobre sua coxa direita, e cravou-o no ventre do rei. 22. O cabo penetrou com a lâmina e a gordura se fechou sobre ela, porque ele não retirou o punhal do ventre e [os excrementos saíram].* 23. Aod saiu pelo vestíbulo, depois de fechar e trancar as portas atrás de si. 24. Logo que ele saiu, os servos voltaram e encontraram as portas do salão trancadas. "Ele deve estar se aliviando no sossego do salão", disseram. 25. Esperaram durante muito tempo e ele não abria as portas do salão. Então, eles pegaram a chave e abriram-nas e eis que seu senhor estava caído no chão, morto.

Cabe observar, desde logo, que a descrição minuciosa encontrada nesses versículos sobre a execução e o método do assassinato, normal na *Ilíada*, não é característica da Bíblia hebraica. É de presumir que a audaciosa habilidade demonstrada por Aod na execução do assassinato, que causou enorme confusão entre os moabitas e propiciou o sucesso da insurreição posterior, deve ter parecido tão extraordinária aos olhos do cronista que ele quis relatá-la em detalhes. Todos os pormenores da ação contribuem, portanto, para um

---

* Há uma ambigüidade nesse ponto do texto hebraico. Daqui em diante, as ambigüidades contidas nas citações do texto bíblico serão indicadas por colchetes.

entendimento mais claro de como o ato foi executado (mais claro para o público da Antigüidade porque, evidentemente, não sabemos grande coisa sobre a planta baixa de uma residência de verão em Canaã ao gosto dos reis moabitas e, assim, temos dificuldade em reconstituir as entradas e saídas usadas por Aod). Os guerreiros canhotos da tribo de Benjamin eram famosos por sua valentia, mas Aod também se vale do uso preferencial da mão esquerda como parte de sua estratégia de ataque: um movimento súbito da mão esquerda não seria entendido rapidamente pelo rei como movimento de uma mão armada. Ele também contava com a probabilidade de que Eglon tendesse a confiar nele, um vassalo que lhe trazia os tributos, e que o "segredo" que ele prometera confidenciar ao rei fosse entendido como uma informação secreta oferecida por um colaborador israelita. É evidente que o punhal ou pequena espada (ḥerev) preso à coxa direita de Aod tinha o objetivo de facilitar sua retirada com a mão esquerda; a arma é bastante pequena para ficar escondida sob suas vestes, bastante comprida para que o assassino não tivesse de se postar muito perto da vítima, e é feita com dois gumes para assegurar o efeito letal de um golpe rápido. O excesso de gordura de Eglon torna-o uma presa fácil, porque ele tem dificuldade para se levantar da cadeira, e é possível que Aod tenha deixado a arma enterrada na carne do rei para evitar que o sangue respingasse nele, de modo a poder escapar pelo vestíbulo sem provocar suspeitas. Um comentador do texto bíblico levanta a engenhosa hipótese de que até o detalhe sórdido do relaxamento do esfíncter anal no espasmo da morte tem uma função na mecânica do assassinato: os servos, do lado de fora da sala, notando o odor, presumiram que Eglon havia trancado a porta para evacuar e, assim, ficaram esperando por tempo suficiente para permitir a fuga tranqüila de Aod.*

Mas, se tudo isso corresponde ao relato escrupuloso de um

---

* Yehezkel Kaufmann, *O livro dos juízes* (em hebraico) (Jerusalém, 1968), p. 109.

ato histórico de terrorismo político, o escritor deu a esses dados históricos uma vigorosa configuração temática pelo manejo habilidoso da prosa narrativa. O que resulta desse tratamento não é tão-somente um relato circunstanciado da morte do rei de Moab, mas uma interpretação satírica do fato, a um só tempo arguta e jubilosa. A maneira como o escritor imagina o acontecimento é moldada por uma sugestão etimológica implícita no nome de Eglon, que sugere a palavra *'egel* (bezerro), em hebraico. O senhor de Moab aparece como um bezerro gordo, pronto para ser abatido, e talvez o epíteto *bari*, "gordo" ou "robusto", seja um trocadilho com a palavra *meri*, "animal engordado para o sacrifício". A gordura de Eglon é um símbolo de sua obesidade física, de sua vulnerabilidade ao punhal veloz de Aod, um emblema de sua régia obtusidade; talvez seja até uma insinuação de efeminação grotesca do líder moabita: Aod "aproxima-se" do rei, uma expressão idiomática também usada com o sentido de penetração sexual; há algo de terrivelmente sexual na descrição da punhalada. Pode-se pensar também numa nuança sexual na "coisa secreta" que Aod traz ao rei, no modo como os dois se trancam sozinhos dentro da sala e na repentina abertura de entradas trancadas à chave no fim da narrativa.*

Aod alega trazer uma mensagem secreta para o rei, e este aceita o pretexto de imediato, sem fazer nenhuma pergunta, dizendo-lhe que faça "Silêncio!" (a palavra poderia ser traduzida por um onomatopaico *shhh!*); o moabita, por outro lado, não repara que Aod se dirige a ele bruscamente como "rei", em vez de usar a forma polida de "meu senhor" (*'adoni*), ou interpreta essa omissão como sinal da premência de Aod. Quando os dois ficam a sós, Aod dirige-se novamente a Eglon e deixa completamente de lado a forma de tratamento, para afirmar, sem mais rodeios: "Tenho uma men-

---

* George Savran me chamou a atenção para os possíveis significados dos atos de trancar e destrancar na história.

sagem de Deus para ti". Essa frase contém uma ironia dramática, um tanto óbvia, mas eficiente: a coisa secreta — *davar* quer dizer palavra, mensagem ou coisa — oculta sob as vestes de Aod é, de fato, a palavra divina que o libertador benjaminita está prestes a transmitir de modo implacável ao corpulento rei. Ao ouvir que o segredo político prometido é, na verdade, um oráculo, Eglon levanta-se, talvez ansioso para conhecer a revelação, ou talvez num gesto convencional de respeito diante de uma manifestação oracular, e agora Aod pode cravar-lhe o punhal no ventre.

A suposição dos servos de que o volumoso monarca estava apenas usando o penico sem pressa é um motejo escatológico à custa tanto do rei como dos criados, já que os envolve na representação satírica da credulidade do soberano. Este último efeito é reforçado por sua fala em discurso direto no fim do versículo 24 e pela transição para o seu ponto de vista nos versículos 23 e 24. Uma tradução literal desses trechos, tentando reproduzir o efeito imediato da cena vista da perspectiva dos criados do rei, segundo o texto original em hebraico, soaria assim: "Os criados vieram e viram, eis que as portas da sala superior estão trancadas. [...] Eles esperaram por um longo tempo e, vejam, ele não abre as portas do salão superior, e pegaram as chaves e as abriram, e, vejam, seu senhor estatelado no chão, morto". A sintaxe da frase final acompanha habilmente os rápidos estágios da percepção dos criados até que por fim sua ilusão é desfeita: primeiro, eles vêem o rei prostrado, e então compreendem, no momento culminante, que ele está morto. A estupidez do inimigo é sempre um alvo convidativo para a sátira em tempos de guerra, mas, aqui, a demonstração da estupidez dos moabitas tem uma dupla função temática: mostrar a impotência do opressor pagão quando confrontado por um libertador criado pelo onisciente Deus de Israel, e demonstrar que os crédulos moabitas, privados de seu líder, não terão como enfrentar a guerra que se travará logo depois.

De fato, muitos moabitas são mortos nos vaus do rio Jordão; o lugar onde se dá a derrocada já sugere que eles se deixaram atrair para uma emboscada ou correram estupidamente para os locais onde os israelitas se entrincheiravam e onde podiam mantê-los numa situação desvantajosa do ponto de vista estratégico. O assassinato de Eglon por Aod tem uma relação de causalidade não só com a subseqüente derrota dos moabitas, mas é também uma espécie de prefiguração emblemática desse fracasso. A associação entre o regicídio e a guerra de libertação é reforçada por dois jogos de palavras: Aod enfia (*tqʻ*) o punhal no ventre de Eglon (versículo 21) e, assim que foge (versículo 27), ele toca a trombeta — o mesmo verbo, *tqʻ* — para reunir seus soldados.* Os israelitas matam 10 mil moabitas, "todos robustos e valentes" (versículo 29), mas a palavra "robusto", *shamen*, também significa "gordo", de modo que os moabitas são "subjugados pela mão de Israel" (versículo 30), em claro paralelo com a sorte de seu obeso senhor, abatido pelo golpe ágil da mão esquerda de Aod. Como já disse, pode ser que tudo isso seja um relato fidedigno dos acontecimentos históricos, sem acréscimos ou retoques significativos aos fatos. Mas a organização da narrativa, as escolhas lexicais e sintáticas, os pequenos deslocamentos de ponto de vista, o uso estratégico do diálogo, ainda que com frases curtas, resultam numa reconstituição criativa do fato histórico, conferindo-lhe coerência humana e descobrindo um padrão de sentido. Talvez se trate menos de uma ficção historicizada que de uma história ficcionalizada, uma história em que o teor e o sentido dos acontecimentos se realizam concretamente por meio dos recursos técnicos da prosa de ficção.

---

* O jogo de palavras foi observado por Luis Alonso Schökel, que também comenta sobre o jogo com a palavra ʻ*egel* no nome de Eglon. Ver "Erzählkunst im Buche der Richter", *Biblica* 42 (1961), pp. 148-58.

Para fechar esse panorama do espectro de modalidades ficcionais na história sagrada da Bíblia, gostaria de voltar ao Livro do Gênese para uma última ilustração — agora tirada das narrativas patriarcais, que, ao contrário da história dos primeiros ancestrais da humanidade, vinculam-se estreitamente à história nacional israelita. É claro que esse vínculo é antes obra do escritor que produto de tradições históricas confiáveis. Muitos estudiosos modernos partem do princípio de que os patriarcas são figuras do antigo folclore hebreu, posteriormente desenvolvidas por escritores bíblicos a fim de explicar os arranjos políticos entre os descendentes das doze tribos, depois da Conquista. E, mesmo que se admita a tendência de alguns especialistas contemporâneos a encontrar um núcleo histórico em muitas dessas narrativas, é evidente que, em contraste com os exemplos já citados do Livro dos Juízes e da história de Davi, os autores bíblicos, escrevendo séculos depois dos supostos acontecimentos, dispunham de poucos dados históricos sobre os quais se basear. Não está claro até que ponto eles mesmos acreditavam que as tradições históricas herdadas correspondiam a fatos reais, mas, se a prudência nos impede de qualificar sua atividade como "invenção", ainda assim nos parece provável que tenham exercido uma boa dose de inventiva sobre os materiais que tinham à mão. O ponto central, contudo, é que as invenções e projeções imemoriais da tradição popular não bastam para constituir uma prosa de ficção, que depende da imaginação particularizante de um escritor individual. Os autores das narrativas patriarcais mostram exatamente esse tipo de imaginação ao transformar enredos arquetípicos numa interação dramática de personagens complexos e explorados em profundidade. Digo que essas narrativas são "historicizadas" tanto porque são apresentadas como parte de nexos causais em circunstâncias históricas bem conhecidas, quanto porque têm algo do caráter irregular e "metonímico" de uma concatenação histórica de fatos reais, como quer Schneidau;

são obras de ficção porque os arquétipos nacionais assumem os contornos distintivos de seres humanos individuais.

De fato, a narrativa bíblica nos proporciona um exemplo particularmente instrutivo do nascimento da ficção, pela transição, muitas vezes cativante, do enunciado genérico, da lista genealógica, do sumário de personagens e atos à cena bem delineada e à interação concreta de personagens. Especificando detalhes narrativos e inventando diálogos que individualizam os personagens e dão foco a suas relações, os escritores bíblicos conferem aos acontecimentos que relatam um tempo e um lugar ficcionais.

Vejamos um exemplo sucinto, o momento em que Esaú cede seu direito de primogenitura a Jacó (Gênese 25):

> 27. Os rapazes cresceram, Esaú tornou-se um hábil caçador, um homem dos campos, e Jacó era um homem tranqüilo, que ficava nas tendas. 28. Isaac preferia Esaú, pois gostava de carne de caça, mas Rebeca preferia Jacó. 29. Certa vez, quando Jacó estava cozinhando um ensopado, Esaú chegou dos campos, morrendo de fome. 30. Esaú disse a Jacó: "Dá um pouco dessa coisa vermelha, vermelha, porque estou morrendo de fome" — por isso era chamado de Edom. 31. Jacó disse: "Primeiro vende o teu direito de primogenitura para mim". 32. E Esaú disse: "Estou quase morrendo, de que me serve esse direito?". 33. E Jacó disse: "Jura primeiro", e ele jurou e vendeu o direito de primogenitura a Jacó. 34. Então Jacó lhe deu pão e ensopado de lentilhas; e ele comeu e ele bebeu e ele se levantou e ele foi embora e Esaú desprezou o direito de primogenitura.

Ora, Esaú ou Edom e Jacó ou Israel são os epônimos fundadores de dois povos rivais e vizinhos, como o texto nos forçou a lembrar com a resposta do oráculo que antecede o nascimento dos dois ("Há duas nações em teu útero. / Dois povos separados ainda em teu ventre. / Um povo irá suplantar o outro, / O mais velho servirá ao mais novo" — Gênese 25, 23). A história dos dois irmãos rivais praticamente pede para ser lida como uma alegoria política, para que cada um dos gêmeos seja visto como encarnação das características nacionais de seus descendentes, e para que o curso da luta entre eles seja entendido como um esboço dos destinos de suas futuras nações. O corado Esaú, ávido de comer o ensopado vermelho, é o progenitor de Edom segundo a etimologia popular associada com *'adom*, a cor vermelha, de modo que o povo recebe uma espécie de vínculo emblemático nacional com a animalidade e o apetite grosseiro. Essa caracterização negativa é provavelmente aguçada, como sugere E. A. Speiser, por um empréstimo da tradição literária do Oriente Próximo: o vermelho Esaú, que nasceu "todo coberto de um manto de pêlos", parece aludir a Enkidu, personagem do *Gilgamesh*, o poema épico acadiano, cujo nascimento é descrito da mesma forma e que também é retratado como um homem rude do campo.* Os comentários rabínicos exemplificam admiravelmente o que acontece quando se lê esse poema pela ótica de um conflito entre arquétipos nacionais: interpretando Edom como precursor tipológico de Roma, são implacáveis na caracterização de Esaú como um homem selvagem e violento, enquanto Jacó, o que permanecia nas tendas, é transformado no modelo da nação israelita virtuosa, que pondera as complexidades da revelação de Deus pelo estudo da Lei. O anacronismo dessas interpretações nos interessa menos que a maneira como projetam no texto, a partir de seus pressupostos histórico-nacionais, uma perfeita polaridade moral entre irmãos. O texto em si, ao conceber seus personagens por meio de uma imaginação ficcional plenamente desenvolvida, expõe as coisas de modo um tanto diferente, como indica esse breve trecho da história de Esaú e Jacó.

O episódio começa com uma oposição esquemática entre

* *Genesis* (Nova York, 1964), p. 196.

Esaú, o caçador, e Jacó, o sedentário. Essa oposição aparentemente límpida esconde uma possível ironia no misterioso epíteto *tam*, que qualifica Jacó no versículo 27. A maioria dos tradutores interpreta-o, como eu mesmo fiz, relacionando-o ao contexto imediato, e por isso usam palavras como "tranqüilo", "simples" ou mesmo "retraído". É possível que essa fosse realmente uma das acepções conhecidas da palavra, mas é preciso notar que *todas* as outras ocorrências do vocábulo na Bíblia — e seu uso é muito freqüente, seja na forma adjetiva, seja na forma nominativa — referem-se a inocência ou integridade moral. Um pouco antes, no Gênese (Gênese 20, 5-6), Abraão declara a "inocência de seu coração" (*tom-levav*); em contraposição, Jeremias anunciará (Jeremias 17, 9) que o "coração é traiçoeiro" (*'aqov ha-lev*), usando a mesma raiz verbal que Esaú vê no nome de Jacó (*Ya'aqov*) como assinatura etimológica de sua traição. Esse uso abre a possibilidade de que se trate de antônimos reconhecidos e comumente ligados em compostos idiomáticos à palavra que significa "coração". Jacó, *Ya'aqov*, cujo nome será logo interpretado como aquele que engana (a expressão em hebraico poderia ser traduzida como "ele vai enganar"), está para perpetrar um ato, se não de trapaça, pelo menos de cálculo astuto, e a escolha de um epíteto de inocência como introdução ao episódio força-nos a uma pausa, para decifrarmos a natureza moral de Jacó — um enigma que ainda estamos tentando compreender, vinte capítulos depois, quando ele já é um velho cansado, que finalmente reencontra seu filho perdido, José, e é recebido na corte do faraó.

O versículo seguinte (Gênese 25, 28) ilustra de modo quase diagramático o engenhoso processo pelo qual a narrativa bíblica apresenta ou suprime motivos da ação a fim de provocar inferências morais e sugerir ambigüidades.* A preferência de Isaac por Esaú é

---

* Para uma discussão detalhada desse aspecto fundamental da narrativa bíblica, leia-se o capítulo 6.

explicada por uma causa tão específica que beira a sátira: ele prefere o mais velho de seus filhos gêmeos porque gosta de carne de caça. A preferência de Rebeca por Jacó, ao contrário, é simplesmente afirmada, sem explicação alguma. É de presumir que isso indique que sua afeição não depende de um conforto puramente material que seu filho lhe pudesse proporcionar, que a predileção tem razões mais justas. A solicitude maternal de Rebeca não deixa de ter, porém, seu lado preocupante, porque logo iremos nos deparar com um Jacó passivo e tímido, facilmente manobrado pela mãe para receber as bênçãos de Isaac. Essa breve declaração das preferências paternas é ao mesmo tempo uma interessante caracterização do casal e um momento de exposição reticente na história dos dois irmãos.

Os gêmeos ganham vida como personagens de ficção quando passamos da narração para o diálogo (Gênese 25, 30-33). Até onde podemos saber, a Bíblia hebraica não incorpora níveis diferentes de expressão no discurso direto, nem desvios da gramática ou dialetos regionais e de classe; mas os escritores, ainda que fazendo seus personagens falarem um "hebraico-padrão", encontram maneiras de diferenciar as falas segundo o caráter de cada um. Esaú pede um pouco do ensopado usando um verbo aplicado à alimentação de animais (*hil'it*) — a força da expressão poderia ser traduzida por alguma coisa como "encher o bucho"; tomado de apetite, não consegue nem se lembrar da palavra "ensopado" e apenas aponta com avidez para "essa coisa vermelha, vermelha". A explicação que ele acrescenta, "porque estou morrendo de fome", é factualmente exata, uma vez que reproduz de modo literal o que o narrador acabara de nos contar. Esaú não está exagerando, como no versículo 32, mas apenas afirma sua real condição: criatura de apetites, está aflito com as pontadas de fome. Esaú fala dominado pelo rugir do estômago diante do cheiro de ensopado que lhe entra pelas narinas. Jacó fala a partir de uma clara percepção das formas legais e dos efeitos futuros, dirigindo-se ao irmão, por duas vezes, no imperativo—

"Primeiro vende [...] Jura primeiro"—, sem usar a partícula respeitosa de súplica, *na*, que Esaú havia usado em suas palavras iniciais ao irmão. Quando Jacó pede a Esaú que venda seu direito de primogenitura, guarda as palavras cruciais "para mim" até o final de sua proposta, num prudente cálculo retórico. Felizmente para Jacó, Esaú está preocupado demais com sua ansiedade imediata — "Estou quase morrendo"— para prestar muita atenção ao egoísmo do irmão. Feita a negociação, quando o texto retorna à narração ininterrupta, o temperamento precipitado de Esaú se reflete estilisticamente na rápida sucessão de verbos — "e ele comeu e ele bebeu e ele se levantou e ele foi embora", indicando a rude presteza com que "desprezou", ou menosprezou, seu direito de primogenitura.

Que conclusão se pode tirar dessa vívida cena ficcional no que diz respeito à sua evidente significação histórica e nacional? Os dois aspectos, histórico e nacional, não se contradizem, mas o processo de representação ficcional introduz certos elementos complicadores do significado. O episódio deixa claro que Esaú não tem as condições espirituais necessárias para ser o veículo da escolha divina, para ser o portador do direito de primogenitura da linhagem de Abraão. Escravo do momento e da tirania do corpo, Esaú não pode tornar-se o genitor do povo a quem se prometeu, num pacto divino, que terá um grande destino histórico a cumprir. O fato de ter vendido seu direito de primogenitura nas circunstâncias que o episódio descreve é por si só uma prova de que não é digno de conservar esse direito.

Contudo, à medida que o escritor imagina concretamente a figura de Jacó, o que surge em cena é mais do que mera apologética israelita (e antiedomita). Jacó é um homem que pensa no futuro, a rigor, um homem que muitas vezes parece preocupado com o futuro, e mais adiante nós o veremos estabelecer prudentes acordos em termos legais ou quase-legais com Deus, com Labão, com seu adversário misterioso. Isso o qualifica a ser portador do direito de primogenitura: o destino histórico não se dá por acaso, é preciso saber como propiciá-lo, como manter os olhos fixos no horizonte distante dos acontecimentos imediatos. Mas essa virtude cautelosa e previdente não faz de Jacó uma personalidade necessariamente atraente; aliás, pode até levantar algumas dúvidas morais sobre ele. O contraste entre o impetuoso Esaú, desgraçadamente faminto, e a atitude pragmática e astuta de Jacó não é de todo favorável a este. O episódio, por sinal, lança dúvidas sobre a "inocência" que o narrador atrelara como epíteto ao gêmeo mais novo. Na seqüência do episódio, o subterfúgio usado por Jacó para roubar a bênção do pai, fingindo ser Esaú (Gênese 27), lança uma luz ainda mais ambígua sobre o caráter do irmão mais novo. Além disso, o juízo de que Jacó fez mal ao tomar o que, em certo sentido, era seu é confirmado posteriormente em Gênese 29, 26, conforme observaram Umberto Cassuto e outros comentadores: Jacó torna-se vítima de uma justiça poética simétrica, ao ser enganado, na escuridão da noite, por Lia, que se faz passar por Raquel, e ao ser censurado, na manhã seguinte, por quem o enganara, seu sogro Labão: "Não é costume em nossa região casar-se a mais nova antes da mais velha".

Se quiséssemos insistir que as narrativas patriarcais são paradigmas estritos da história ulterior dos israelitas, teríamos de concluir que as pessoas que conceberam e escreveram a história de Jacó eram subversivas, interessadas em levantar dúvidas indiretas e danosas acerca da missão nacional desse povo. Na verdade, talvez existam boas justificativas teológicas para a introdução de ambigüidades na história do herói epônimo de Israel: na perspectiva do monoteísmo ético, privilégios concedidos não garantem automaticamente a perfeição moral, e talvez fosse justamente essa a advertência que os escritores quisessem fazer ao seu público. Não creio, porém, que todos os detalhes e inflexões dos personagens e do enredo possam ser justificados em termos morais e teológicos ou nacionais e históricos. Essa talvez seja a diferença essencial entre uma abordagem hermenêutica da Bíblia e a abordagem literária que estou propondo: a perspectiva literária contempla o exercício do prazer da invenção por si mesmo, de detalhes "microscópicos", como o jogo fonético, a aspectos "macroscópicos", como a psicologia de cada personagem.

Não se trata de apagar as necessárias distinções entre literatura sagrada e literatura secular. Os escritores bíblicos têm consciência constante de estar contando uma história no intuito de revelar a verdade imperativa das obras de Deus na história e das esperanças e debilidades de Israel. A observação atenta das estratégias literárias por meio das quais essa verdade se expressa pode nos ajudar a compreendê-la melhor e permitir que vejamos os menores elementos de construção da história sagrada na Bíblia. Mas também me parece importante assinalar que a imaginação literária tem seu próprio ímpeto, mesmo numa tradição de escritores tão imbuídos de propósitos teológicos. O Livro do Gênese não é *Fogo pálido*, mas toda ficção, inclusive a Bíblia, é em certo sentido uma forma de jogo. Na acepção que tenho em mente, o jogo amplia, em vez de estreitar, a gama de significados do texto. Pois os clássicos da ficção, antigos e modernos, encarnam do modo mais variado uma certa disposição ao jogo sério, no qual as permutações de convenções narrativas, propriedades lingüísticas e construções engenhosas de personagens e circunstâncias cristalizam verdades sutis e permanentes da experiência humana em formas agradáveis, cativantes ou divertidas. A Bíblia defronta-nos com uma literatura cujo impulso inicial parece meramente educativo ou informativo, sem lugar para o simples deleite. Se, no entanto, não nos dermos conta de que os criadores da narrativa bíblica eram escritores que, como quaisquer outros, entregavam-se à exploração dos recursos formais ou imaginativos de seu meio ficcional — às vezes captando a plenitude de seu tema em meio ao próprio jogo da exploração —, perderemos grande parte do que as histórias bíblicas têm a nos dizer.

3. As cenas-padrão e os usos da convenção na Bíblia

Uma leitura coerente de qualquer obra de arte, seja em que meio for, exige uma atenção minuciosa à trama de convenções com as quais, e contra as quais, uma determinada obra se constitui. Só em momentos excepcionais da história cultural essas convenções foram explicitamente codificadas — no neoclassicismo francês, na poesia árabe ou na poesia judaica da idade de ouro andaluza —, mas, em todas as épocas, um conjunto intrincado de acordos tácitos entre o artista e o público relacionados com a organização interna da obra de arte medeia o complexo processo de comunicação da arte. O conhecimento das convenções nos permite identificar padrões significativos, ou simplesmente agradáveis, de repetição, simetria e contraste; diferenciar o verossímil do fantástico; compreender os sinais de orientação numa obra narrativa, verificar o que é inovação e o que é deliberadamente tradicional em cada nexo da criação artística.

Uma das principais dificuldades com que nós, leitores modernos, esbarramos para ver com nitidez a dimensão artística da narrativa bíblica é justamente o fato de que perdemos as chaves das convenções que a enformam. Os especialistas no estudo da Bíblia, por sua vez, não nos têm ajudado muito a reavê-las, porque o máximo que se aproximam de uma pesquisa das convenções é a crítica formal direcionada para o estudo de padrões recorrentes e não para as múltiplas variações sobre um padrão que todo sistema de convenção literária suscita. Mais ainda, a crítica formal se vale desses padrões para fins arqueológicos — para apoiar hipóteses acerca das funções sociais do texto, de sua evolução histórica, e assim por diante. Antes de começar a descrição do que me parece ser uma convenção crucial e, até onde sei, não reconhecida da narrativa bíblica, gostaria de usar uma analogia para esclarecer o dilema que nos aflige, como estudiosos modernos, na abordagem de um corpo literário antigo soterrado sob comentários não literários.

Suponhamos que, daqui a muitos séculos, somente uma dúzia de filmes tenha sobrevivido entre todos os faroestes de Hollywood. Como estudiosos do cinema do século XX interessados em esquadrinhar esses filmes recorrendo a um projetor arcaico engenhosamente reconstruído, notamos uma peculiar repetição: em onze dos doze filmes, o herói-xerife apresenta sintomas de uma mesma anomalia neurológica, chamada hiper-reflexia: qualquer que seja a situação em que os adversários o desafiem, o xerife sempre consegue sacar o revólver do coldre e disparar antes que os inimigos, com as armas já apontadas, puxem o gatilho. No décimo segundo filme, o xerife tem um braço atrofiado e, em vez de um revólver, carrega um rifle nas costas. Ora, encontrar onze xerifes hiper-reflexivos é algo extremamente improvável por qualquer critério realista — embora, certamente, algum acadêmico haverá de propor que no Velho Oeste a função de xerife costumava ser exercida por membros de uma casta hereditária que tinha, de fato, esse traço genético. Os especialistas se dividirão então entre uma maioria que postula uma fonte original de todos os filmes de faroeste (designada como Q), imitada ou imperfeitamente reproduzida em toda uma série de versões posteriores (Q1, Q2, Q3 etc., isto é, os filmes que estamos examinando), e uma minoria, mais dada a especulações, que propõe a hipótese de um antigo mito indígena da Califórnia sobre um deus celeste de braços relampejantes, do qual se teriam originado, como adaptações profanas e diluídas, todas aquelas fitas. O décimo segundo filme, na opinião das duas escolas, deve ser atribuído a uma tradição cinematográfica distinta.

É evidente que o problema fundamental, ao qual nenhuma dessas hipóteses estritamente históricas sequer alude, é a existência da convenção. Nós, espectadores contemporâneos dos filmes de faroeste do século XX, identificamos de imediato a convenção, sem precisar nomeá-la como tal. Boa parte do prazer de assistir aos faroestes decorre de sabermos que a vida do herói, por terríveis que sejam os perigos que o rondam, está protegida por um feitiço ou encantamento, que ele sempre acabará demonstrando ser mais viril que os bandidos que o espreitam, e que o sinal dessa indomável virilidade é sua invariável e muitas vezes misteriosa rapidez no gatilho. Para nós, a recorrência da figura do xerife hiper-reflexivo não é um mistério a ser explicado; ao contrário, é uma condição necessária para que se possa contar no cinema uma história de faroeste como manda o figurino. Dada a facilidade com que reconhecemos essa convenção, vemos com a mesma naturalidade um aspecto do décimo segundo filme, a exceção à regra que escapa aos historiadores. Pois identificamos ali a convenção do herói rápido no gatilho justamente por sua supressão deliberada. Diante de um xerife que parece carecer da habilidade esperada para o exercício de sua função, assistimos à ousadia de uma vontade máscula que se afirma contra todas as adversidades na luta do herói para se arranjar com o que tem, treinando o braço esquerdo para apontar o rifle com rapidez comparável à do mais rápido atirador do Oeste.

Passados três milênios, algumas das convenções que os narradores bíblicos usaram para pôr em prática seu acordo tácito com os leitores de seu tempo talvez não sejam mais recuperáveis. Vale sublinhar aqui, com toda franqueza, qual é a dificuldade inerente ao nosso projeto. O problema maior não diz respeito unicamente aos séculos que se passaram desde a criação desse corpo literário, mas ao conjunto reduzido de textos que sobreviveram ao tempo. Dentro desse corpo reduzido, é possível identificar com bastante segurança, no nível "microscópico" do texto, determinadas convenções que se observam em cerca de quinze, vinte ou mais exemplos em toda a Bíblia, tais como os padrões de abertura e conclusão das unidades narrativas. Outras convenções, que determinam grandes padrões de recorrência nos aspectos "macroscópicos" das histórias e que não se vinculam estritamente a fórmulas estilísticas (como a convenção que tentarei examinar adiante), tendem a ser mais conjecturais, porque o conjunto limitado de textos com que temos de trabalhar apenas nos permite localizar umas cinco ou seis ocorrências. Ainda assim, creio ser possível recuperar alguns elementos essenciais das convenções antigas e compreender a narrativa bíblica de modo mais preciso — contanto que nossas indagações pressuponham um grau razoável de intencionalidade literária da parte dos escritores bíblicos.

O melhor exemplo é o fato desconcertante de que, nas narrativas bíblicas, uma mesma história parece ser contada duas ou três vezes com personagens diferentes ou com o mesmo personagem em circunstâncias diferentes. Por três vezes um patriarca é compelido pela fome a fugir para o sul, onde finge que sua irmã é sua esposa, evita por pouco que um governante local viole o vínculo conjugal e é mandado embora coberto de presentes (Gênese 12, 10-20; Gênese 20; Gênese 26, 1-12). Por duas vezes, Agar foge para o deserto para se proteger da hostilidade de Sara e descobre um poço milagroso (Gênese 16; Gênese 21, 9-21), numa história que parece ser tão-somente uma variação especial do enredo recorrente em torno da rivalidade e do ressentimento entre uma esposa preferida e estéril e uma segunda esposa (ou concubina) fértil. Essa situação, por sua vez, sugere a história muito repetida na Bíblia da mulher estéril há muito tempo, a quem Deus, um mensageiro divino ou um oráculo promete filhos, e que então dá à luz um herói.

Episódios diferentes suscitaram explicações diversas, mas a estratégia mais comum entre os estudiosos da Bíblia é atribuir toda duplicação ostensiva das narrativas a uma duplicação das fontes, a uma espécie de repetição espasmódica durante o processo de transmissão, oral ou escrita, da história. O mais novo enunciado desse tipo de explicação encontra-se na monografia de Robert C. Culley, *Studies in the structure of Hebrew narrative*,* que examina alguns estudos etnográficos recentes sobre as narrativas orais da região do Caribe e da África, e avança a hipótese de que o mesmo mecanismo esteja presente na Bíblia. Com base em estudos da narrativa oral, que mostram como uma história contada centenas de vezes se modifica nesse processo de transmissão boca a boca, afetando mesmo a identidade de seus personagens, Culley sugere que o mesmo fenômeno pode ter ocorrido com a Bíblia e que as duplicações distorcidas de narrativas na Sagrada Escritura poderiam ser vistas como prova de transmissão oral. Para ilustrar essa hipótese, o autor elabora uma série de tabelas de episódios semelhantes em que os mesmos elementos do enredo reaparecem em circunstâncias diversas e com personagens distintos. Olhando as tabelas de Culley, vi que ele havia feito uma descoberta sem se dar conta, pois o que suas tabelas na realidade mostram são os contornos de uma convenção literária manejada de caso pensado. As variações de episódios não são *aleatórias*, como seria o caso se fossem misturas desordenadas decorrentes da transmissão oral, e as próprias repetições não são "duplicações" de uma única história originária —

---

* Robert C. Culley, *Studies in the structure of Hebrew narrative* (Filadélfia, 1976).

assim como nossos onze filmes sobre um xerife rápido no gatilho não são duplicações de um único filme original.

Para definir essa convenção básica da narrativa bíblica, vou recorrer a um conceito utilizado pelos estudiosos dos poemas homéricos, embora seja necessário fazer uma ou duas modificações importantes em sua definição. Os estudiosos de Homero geralmente admitem que nas duas epopéias gregas há elementos de composição reiterativa que constituem uma convenção conscientemente seguida e que atendem pelo nome de "cena-padrão".* O conceito foi desenvolvido por Walter Arend em 1933 (*Die typischen Szenen bei Homer*), antes que se compreendesse o caráter oral e formular da poesia de Homero. Desde então, tem-se admitido uma associação entre a cena-padrão e as necessidades específicas da composição oral, e boa parte da pesquisa científica recente tem se dedicado a mostrar a existência de elaboradas variações sobre as cenas-padrão homéricas. Resumidamente, a cena-padrão de Arend refere-se à expectativa de que o poeta inclua em sua narrativa certas situações predeterminadas, que devem ser apresentadas segundo uma ordem fixa de tópicos — situações como a chegada, a mensagem, a viagem, a assembléia, o oráculo, a preparação do herói para a guerra e meia dúzia de outras. A cena-padrão da visita, por exemplo, deve se desenrolar de acordo com o seguinte padrão fixo: um visitante se aproxima; alguém o reconhece, levanta-se e vai cumprimentá-lo; o visitante é tomado pela mão, guiado até a sala, convidado a sentar-se na cadeira de honra; o visitante é convidado a participar do banquete; segue-se uma descrição do cardápio. Em Homero, quase todas as descrições de uma visita reproduzem aproximadamente essa seqüência, não por uma sobreposição de fontes, mas porque a convenção exige que assim seja.

* Agradeço a meu amigo e colega Thomas G. Rosenmeyer pelo auxílio na pesquisa bibliográfica acerca das cenas-padrão em Homero.

É claro que parte do conceito não pode ser aplicada à narrativa bíblica, pois a cena-padrão implica detalhes descritivos, e a Bíblia não é descritiva; além disso, a cena-padrão apresenta uma situação da vida cotidiana, e a Bíblia somente alude ao cotidiano para tratar de ações portentosas: se alguém está preparando um ensopado de lentilhas, o leitor pode ter certeza de que não se tratará aqui do sabor pungente da antiga cozinha hebréia, mas de alguma ação funesta envolvendo o ensopado de lentilhas, que, aliás, vem a ter uma cor simbolicamente adequada — como se viu no capítulo 2.

Feita essa ressalva, eu gostaria de sugerir que há uma série de episódios recorrentes na vida dos heróis bíblicos que são análogos às cenas-padrão dos poemas homéricos, na medida em que dependem da manipulação de uma constelação fixa de motivos predeterminados. Como na Bíblia a narrativa geralmente flagra seus protagonistas em momentos críticos e reveladores de suas vidas, a cena-padrão bíblica não transcorre na prática dos rituais da existência cotidiana, mas em situações críticas da vida dos heróis, da concepção ao nascimento, do compromisso de casamento à morte. Nem toda cena-padrão ocorrerá na vida de todo grande herói, embora muitas vezes a ausência de uma dessas cenas tenha em si um significado relevante. Entre as cenas-padrão que pude identificar com mais freqüência na Bíblia estão as seguintes: a anunciação (e adoto aqui o termo da iconografia cristã justamente para sublinhar os elementos convencionais) do nascimento do herói à mãe estéril; o encontro com a futura noiva perto de um poço; a epifania no campo; a prova iniciática; os perigos no deserto e a descoberta de um poço ou de algum outro meio de subsistência; o testamento do herói moribundo.

Creio que a utilidade dessa ordem de idéias para uma compreensão mais profunda da dimensão artística da narrativa bíblica pode se tornar mais evidente por meio da análise exaustiva de uma dessas cenas. Escolhi concentrar-me na situação do compromisso de casamento, porque ela oferece variações especialmente interessantes e engenhosas sobre o padrão básico. De resto, essa cena é um exemplo das "duplicações" que Culley sistematiza em suas tabelas. Quero sugerir que, quando um narrador bíblico — que bem pode ter sido, na origem, um narrador oral, embora isso seja matéria de especulação — chega ao momento do compromisso matrimonial do herói, tanto o narrador como o público sabem que a cena deve se desenrolar em circunstâncias singulares, seguindo uma ordem predeterminada. Se algumas dessas circunstâncias fossem alteradas ou suprimidas, ou se a cena inteira fosse omitida, podemos ter certeza de que esse fato pareceria tão significativo para o público de então quanto o braço atrofiado do nosso décimo segundo xerife para os espectadores do filme. Assim, a cena-padrão do compromisso matrimonial deve se passar numa ocasião em que o futuro esposo (ou seu substituto) está em viagem por uma terra estrangeira. Lá, ele encontra por acaso uma moça — a palavra *na'arah* invariavelmente aparece, a não ser que a donzela seja identificada como filha de alguém em particular — ou várias moças perto de um poço. Alguém, o homem ou a moça, tira água da fonte; depois a moça ou as moças correm para casa, para dar a notícia da chegada do estrangeiro (os verbos "correr" e "apressar-se" geralmente são enfatizados nesse momento da cena); por fim, celebra-se o compromisso matrimonial entre o estrangeiro e a moça, na maioria das vezes depois que o herói é convidado para uma refeição.

O valor arquetípico de toda a cena é bastante evidente. A saída do círculo familiar imediato — embora duas cenas famosas sublinhem a endogamia (Gênese 24, 10-61, e Gênese 29, 1-20) — e o encontro com uma companheira no mundo exterior é representado pela jornada de um jovem a uma terra estrangeira; ou talvez a terra estrangeira seja um correlato geográfico para a diferença absoluta que a condição feminina da futura esposa representa para o herói. A fonte num oásis é um símbolo óbvio da fertilidade e, muito provavelmente, um símbolo da mulher. Tirar água da fonte é o ato que estabelece de modo emblemático um vínculo — homem/mulher, anfitrião/hóspede, benfeitor/beneficiado — entre o estrangeiro e a moça, e sua conseqüência são a corrida excitada das jovens para dar a notícia em casa, os gestos de hospitalidade e a própria cerimônia do contrato de casamento. O enredo da cena-padrão dramatiza a união pelo matrimônio de partes que não se conhecem. Pode ser que a trama tenha origem em tradições folclóricas anteriores à Bíblia, mas essa é uma questão conjectural secundária para a compreensão de seu uso *literário*. Seja como for, e como se passa com toda arte original, o que interessa não é o modelo da convenção, mas o que se faz em cada aplicação individual do modelo para lhe conferir um súbito viés inovador ou mesmo reformulá-lo completamente, de modo a atender aos propósitos imaginativos em questão.

A primeira ocorrência na Bíblia da cena-padrão do compromisso matrimonial é também a versão mais elaborada: o encontro na fonte de Aram Naaraim entre o servo de Abraão e Rebeca (Gênese 24, 10-61). Todos os elementos da convenção que acabamos de descrever estão presentes. O servo, como substituto de Isaac, fora enviado por Abraão até a casa de sua família na Mesopotâmia à procura de uma noiva para o filho do seu senhor. O servo — numa combinação, por assim dizer, de conhecimento dos costumes e dos requisitos da convenção literária — instala-se, à tardinha, junto à fonte onde as jovens do lugar vêm buscar água. A *na'arah* que aparece logo depois é, naturalmente, Rebeca. Ela tira água para o estrangeiro e seus camelos. Logo que o servo toma conhecimento da família a que ela pertence, cobre-a de jóias; ela corre para casa com a notícia; o irmão da jovem, Labão, sai para cumprimentar o estrangeiro, prepara-lhe uma refeição, e começam as negociações, que culminam na celebração dos esponsais de Rebeca e Isaac.

O que mais chama a atenção nessa versão da cena-padrão é seu andamento lento, vagaroso, efeito obtido pelo uso extenso do diálogo, pelo detalhamento além das normas da narrativa bíblica e, sobretudo, pelo uso primoroso da repetição literal das frases, que é um recurso muito comum dos escritores bíblicos.* Essas estratégias de retardamento são importantes porque, no caso em questão, o compromisso matrimonial é estabelecido de modo *cerimonioso*, como uma aliança formal entre dois ramos do clã Nahor; por isso, o episódio detalha a concessão de presentes bem como a linguagem diplomática exata com que as negociações do compromisso são realizadas. Há também uma caracterização sucinta, mas demolidora, de Labão — "Quando viu o anel de nariz e os braceletes nos braços da sua irmã [...] ele disse: 'Vem, abençoado pelo Senhor'" (Gênesis 24, 30-31) —, pois seu caráter matreiro, astuto, será muito importante quando, uma geração mais tarde, Jacó retornar a Aram Naaraim em busca de *sua* própria noiva, nas proximidades de um poço local.

Todos esses traços são meras extensões ou acréscimos à constelação convencional dos assuntos. O papel do noivo e da noiva, por outro lado, está em flagrante divergência da convenção. Chama a atenção a ausência de Isaac na cena: esta é, na verdade, a única ocorrência em que um substituto vai ao encontro da jovem perto da fonte. Essa substituição corresponde perfeitamente à história de vida de Isaac, porque ele é, sem dúvida, o mais passivo dos patriarcas. Já o vimos antes na condição de vítima cuja vida é salva com a oferenda em sacrifício de um carneiro; mais tarde, na condição de pai, ele prefere o filho que sai pelos campos e lhe traz provisões, e na cena mais longa de que participa ele está deitado no leito, fraco e cego, enquanto se deixa levar pelos outros.

---

* Esse recurso à repetição literal será analisado com mais profundidade no capítulo 5.

Completando a ausência do noivo, essa é a única cena dessa espécie em que a jovem, e não o estrangeiro, tira água da fonte. Na realidade, o narrador se esforça para sublinhar esse ato, apresentando Rebeca como uma jovem cheia de iniciativa. Em quatro versículos curtos (Gênese 24, 16 e 18-20), ela é sujeito de onze verbos de ação e de uma fala direta: desce até a fonte, tira água, enche o cântaro, verte a água e dá de beber. Note-se que os verbos equivalentes a correr e apressar-se (*rutz* e *maher*), geralmente reservados para trazer notícias da chegada do estrangeiro, são também associados repetidas vezes às ações de Rebeca na fonte, e o efeito de enérgica agitação é reforçado pela recapitulação desse momento, com todos os seus verbos (versículos 45-46), no relato do servo a Labão. Mais tarde, no momento crucial da história, Rebeca tomará a iniciativa de obter a bênção do pai a seu filho preferido, Jacó, e mais uma vez será sujeito de uma seqüência de verbos de ação, tomando e cozinhando e vestindo e servindo, tudo rapidamente, antes que Esaú volte do campo. Rebeca vai se tornar a mais astuta e mais poderosa das matriarcas, de modo que é bem pertinente que seja a figura dominante na cena de seu compromisso de casamento. No versículo 16, ela é identificada, de maneira explícita e pouco usual, como a noiva adequada, por sua beleza e virgindade. Em seguida, nas suas ações e palavras, constatamos sua energia, sua cortesia respeitosa, sua compostura. Excepcional e convenientemente, a partida da futura matriarca, no final da cena, é marcada pelo ressoar da bênção versificada que lhe dão os membros da família: "Tu és nossa irmã:/ sê tu milhares de miríades,/ que tua posteridade conquiste/ a porta de teus inimigos" (Gênese 24, 60).

A ocorrência seguinte da cena-padrão do compromisso de casamento, quando Jacó se encontra com Raquel à beira da fonte (Gênese 29, 1-20), mostra bem os usos diversos dos mesmos temas convencionais. No caso, o estranho não chega como emissário oficial, mas como fugitivo da ira do irmão, trazendo não camelos e presentes, mas, como ele mesmo recordará depois, apenas o seu cajado. Entramos na cena pelos olhos de Jacó, e literalmente (versículo 2): "Ele olhou e, vejam [*vehinneh*], havia um poço no campo e, vejam, três rebanhos de ovelhas deitadas ao lado".* Essa cerimônia de casamento faz parte da história pessoal de Jacó e implica um apego emocional profundo, em vez de uma aliança formal entre famílias — "Jacó serviu então, por Raquel, durante sete anos, que lhe pareceram alguns dias, de tal modo a amava" (Gênese 29, 20); assim, é adequado que cheguemos ao poço do ponto de vista dele. A cena se passa perto de um poço no campo, não de um poço na cidade, como em Gênese 24, pois toda a história de Jacó, suas duas esposas, suas duas concubinas e seu sogro calculista, se dá no contexto da atividade pastoril e leva em conta a economia e a ética do pastoreio de rebanhos.

Jacó pergunta aos pastores que estavam perto do poço sobre o nome do lugar e sobre seu tio, Labão. Em claro contraste com o movimento majestoso do diálogo em Gênese 24, com seus modos formais de tratamento e sua ampla sinonímia, o diálogo nesse capítulo se reduz a uma troca rápida de perguntas e respostas curtas, quase coloquial, e constitui um prelúdio adequado à narrativa acelerada da história de Jacó, cheia de ações, engodos e confrontações desencadeados com energia. A fórmula anteriormente usada para indicar uma concatenação imediata dos acontecimentos na hora que a futura noiva aparece — "*Mal havia ele* [o servo] *acabado de falar* [com Deus] *quando* eis que saiu Rebeca" (Gênese 24, 15)

---

* Em seu admirável livro *Narrative art in Genesis* (Assen/Amsterdã, 1975), J. P. Fokkelman fez a arguta observação de que a partícula *hinneh* (traduzida na versão King James por "*behold*", "vede") é usada com freqüência para assinalar a mudança de um ponto de vista onisciente em terceira pessoa para uma percepção direta do personagem.

— interrompe o diálogo entre Jacó e os pastores: "*Conversava ainda* com eles *quando* Raquel chegou" (Gênese 29, 9).

Agora, o noivo não somente se encarrega de tirar a água como tem de superar um obstáculo — a pedra que fecha a boca do poço. Essa pequena variação da convenção contribui para uma caracterização coerente de Jacó, porque já o conhecemos como o "que agarra o calcanhar" ou o "lutador", conforme a etimologia do nome que recebeu ao nascer (*Ya'aqov*) e que já conhecemos. E continuaremos a vê-lo como o lutador, o homem que agarra o destino e ataca os adversários com as próprias mãos. Se o poço costuma ser associado à mulher e à fertilidade, é particularmente pertinente que esse poço esteja bloqueado por um obstáculo, porque Jacó somente obterá a mulher que deseja depois de trabalho árduo e obstinado; mesmo assim, Deus irá — segundo a expressão bíblica — "fechar o ventre" dela durante anos, até que finalmente Raquel conceba José. É também pertinente que o obstáculo seja uma pedra, pois, como observou J. P. Fokkelman, as pedras são um motivo que acompanha toda a trajetória de Jacó: em Betel, ele põe uma pedra sob a cabeça como travesseiro; após a epifania, ele usa uma pedra como marco comemorativo; e, quando volta da Mesopotâmia, sagra um pacto de não-agressão com o sogro erguendo entre eles uma pilha de pedras à guisa de testemunho. Não se trata de símbolos, mas há algo de metafórico nessas pedras: Jacó é um homem que dorme sobre pedras, que fala em pedras, luta com pedras, bate-se contra a natureza inflexível das coisas, enquanto, em agudo contraste, seu filho predileto percorrerá o mundo como conhecedor de verdades entrevistas em meio à nebulosa insubstancialidade dos sonhos.

No caso particular desse encontro à beira do poço, a narrativa não registra nenhum diálogo entre o estrangeiro e a moça, apenas um resumo conciso do que aconteceu no contato entre ambos. O nome da jovem já fora mencionado pelos pastores, bem como sua condição de filha de Labão, antes mesmo que ela chegasse ao local do poço, e por essa razão ela não é chamada de *na'arah*, mas pelo seu nome próprio, Raquel, em todo o episódio. Jacó cai em soluços e beija a moça como sua parente, revela-lhe os laços familiares que os unem, e ela, cumprindo os requisitos da cena-padrão, corre então (o verbo é *rutz*) para dar a notícia ao pai. Labão reage correndo ao encontro de Jacó, para apertá-lo em seus braços e beijá-lo. Mas a memória que temos do brilho faiscante dos olhos de Labão diante dos braceletes dourados nos faz duvidar de que sua pressurosa hospitalidade seja realmente desinteressada. Se a primeira frase de Labão para Jacó (versículo 14) é uma afirmação do parentesco que os une, a frase seguinte (versículo 15) inicia uma negociação, que demonstra que o anfitrião já vinha se beneficiando do trabalho de seu hóspede e parente havia um mês.

É só então que sabemos que Raquel é bonita, ao passo que, no caso de Rebeca, o texto diz que a moça era muito bonita tão logo ela chega ao poço. Essa pequena diferença na estratégia expositiva entre as duas versões é uma primorosa ilustração de como materiais rigorosamente semelhantes podem servir a fins distintos. A beleza de Rebeca faz parte de sua identidade objetiva numa cena em que ela é a figura dominante, um item a mais, ao lado da virgindade, em sua condição de jovem núbil de boa estirpe, e por isso a beleza é anunciada no momento mesmo em que ela entra na cena. A beleza de Raquel, por sua vez, aparece como fator causal do afeto que Jacó sente por ela e como elemento que embaralha terrivelmente a relação entre as duas irmãs em sua competição por Jacó. Assim, o texto esconde o fato crucial da beleza física de Raquel até que as duas irmãs, Lia e Raquel, sejam formalmente apresentadas (versículos 16-17) como preâmbulo à negociação do valor do dote, quando então a beleza interfere nas prerrogativas da mais velha sobre a mais nova e contrasta com os "olhos ternos" de Lia (possivelmente tudo o que ela tem de apreciável ou, talvez, algo a ser interpretado como uma deformação, como "vista fraca"). Nota-se claramente que a cena-padrão dos esponsais, longe de ser um mecanismo de pré-fabricação da narrativa para transportar o leitor da imagem de um herói celibatário para a de um herói casado, é tratada com uma flexibilidade que a torna um instrumento maleável de caracterização e prefiguração.

A próxima ocorrência notória dessa cena é uma versão mais compacta (Êxodo 2, 15b-21), que confirma a força da convenção ao mostrar, no espaço de rápidos seis versículos e meio, todos os elementos necessários a esse tipo de situação. Moisés, nascido no Egito, foge para o estrangeiro, para a terra de Madiã, onde se encontra por acaso com as sete filhas do sacerdote local, Ragüel, que vêm buscar água no poço. O estrangeiro é obrigado a expulsar um bando de pastores hostis antes de tirar água e dar de beber aos rebanhos, como requer a convenção. As jovens saem correndo para contar a novidade ao pai, um fato que, nessa versão acelerada da cena-padrão, não é descrito pelo narrador, mas insinuado por Ragüel nas primeiras palavras de um vívido diálogo com as filhas: "Por que voltastes mais cedo [*miharten*] hoje?" (versículo 18). Com igual economia de palavras, o banquete de recepção ao estrangeiro não é narrado diretamente, mas sugerido pelas palavras finais de Ragüel no diálogo: "Por que deixastes ir esse homem? Chamai-o para comer" (versículo 20). As duas frases seguintes nos informam sucintamente que Moisés foi morar com Ragüel, que lhe deu uma de suas filhas, Séfora, como esposa.

Esses poucos versículos talvez pareçam dar um tratamento parcimonioso demais à convenção, a ponto de torná-la indefinida; mas, na realidade, essa é justamente a cena-padrão de compromisso de casamento de que Moisés precisava. Para começar, qualquer apresentação de Séfora que lhe conferisse mais relevo que o de ser tão-somente uma filha núbil entre outras sete tiraria o equilíbrio do episódio, pois ela e suas relações com Moisés não terão papel significativo na narrativa subseqüente (o papel de Séfora no episódio enigmático do Esposo de Sangue é a única exceção). Essa versão, que parece ser um resumo sucinto da convenção, é pertinente porque resguarda sob certa estilização a figura de Moisés, o homem. Em toda a sua história, omitem-se aqueles detalhes íntimos e domésticos do tipo que geralmente nos é oferecido nas narrativas sobre os patriarcas ou nas histórias do rei Davi. Esse efeito de estilização é sem dúvida acentuado pela introdução do simbolismo convencional do número sete a propósito das filhas de Ragüel, detalhe que ajuda a dar ao texto de um escritor refinado o feitio deliberadamente arcaizante de uma lenda popular. Por outro lado, a maneira de tirar água do poço nesse episódio é congruente com Moisés, pois ele se depara não só com um obstáculo, mas também com inimigos que ele deve afugentar — nada de surpreendente para quem matará o feitor egípcio e será o libertador e o comandante militar de seu povo durante os quarenta anos da guerra no deserto. O narrador usa o verbo *hoshi'a*, "salvar", para o resgate das sete moças, uma pista lexical sobre o futuro papel de Moisés como *moshi'a*, redentor da nação. Tirar água do poço tem de qualquer modo uma ressonância especial na vida de Moisés, e as filhas de Ragüel ressaltam o gesto físico de apanhar a água. Eis aqui, na íntegra, como as jovens relatam o incidente ao pai delas (versículo 19): "Um egípcio nos salvou dos pastores e, além disso, tirou água para nós [*daloh dalah*, repetição intensificadora do infinitivo ao lado do verbo no pretérito] e deu de beber ao rebanho". Moisés, criança, foi salvo da água e recebeu um nome que supostamente significa "tirado da água"; Moisés, o líder, conduzirá seu povo milagrosamente através de um mar, que depois se fechará sobre os inimigos; e, no deserto, ele fará surgir água de pedra, num rompante de impaciência pelo qual será repreendido. A cena-padrão do casamento de Moisés pode não nos dizer muita coisa, mas nos informa sobre tudo que precisamos saber a respeito do protagonista nesse ponto da narrativa.

O que estou sugerindo é que os públicos da época, bem familiarizados com a convenção, devem ter experimentado um prazer especial em ver como, a cada exemplo, a perícia artística do narrador seguia fielmente os ditames da convenção e os renovava de acordo com as necessidades específicas do herói em cena. Em alguns casos, além disso, os escritores bíblicos, confiando na familiaridade do público com as características e a função da cena-padrão, permitiam-se meramente aludir a ela ou apresentar uma versão transfigurada da situação. Alusão e transfiguração não se limitam necessariamente aos livros tardios da Bíblia, e outras cenas-padrão, como a da anunciação a uma esposa estéril de que irá ser mãe, aparecem várias vezes em sua forma integral nas narrativas posteriores ao Pentateuco. Mas, no caso da cena de casamento que estamos examinando, todas as três ocorrências estão no Pentateuco, ao passo que narrativas tardias — tardias com relação à data da composição e ao contexto histórico, eu diria — transfiguram ou simplesmente aludem à cena original. Vejamos dois breves exemplos.

Uma narrativa bíblica que em certo sentido é inteiramente dedicada às circunstâncias que levam ao casamento encontra-se no Livro de Rute. Quando a história inteira narra um casamento, não é muito fácil que um segmento isolado configure uma cena-padrão de casamento, mas o escritor do episódio de Rute, um dos mais brilhantes mestres da técnica formal entre os escritores bíblicos, descobre um modo engenhoso de aludir à cena-padrão. O primeiro encontro de Rute com seu futuro marido, Boaz, se passa no campo onde ela fora recolher as espigas que sobraram após a colheita (Rute 2). Boaz pergunta a um dos ceifadores: "A quem pertence aquela moça [na'arah]?", ao que eles lhe respondem que é Rute, a moabita que regressara com Noemi das terras de Moab. Então Boaz diz a Rute, diretamente (versículos 8-9): "Ouve bem, minha filha: não vás colher em outra lavoura e não te afastes daqui. Fica com as minhas servas [na'arotai]. Observa o terreno que os homens estiverem ceifando e vai atrás deles, porque ordenei aos servos [*neʻarim*] que não te molestem. Quando tiveres sede, vai até os cântaros e bebe da água que eles tiraram". Nessa versão elíptica, a cena-padrão do casamento sofre uma rotação de 180 graus quanto ao sexo e à geografia. O protagonista é uma heroína, não um herói, e sua terra de origem é Moab, de modo que "o solo estrangeiro" em que ela conhece seu futuro marido perto de um poço é a Judéia (boa parte da temática geral da história se apóia nas complexas ambigüidades causadas pelo uso repetido do verbo "retornar": diz-se que Rute "retornou" para Belém, um lugar estranho para ela, quando na realidade somente sua sogra havia regressado, e aos poucos percebemos que, de fato, Rute volta à terra desconhecida de seu novo destino). De início, Boaz se engana ao identificar Rute como uma *naʻarah*, porque ela é, na verdade, uma jovem viúva. Ele a convida a seguir suas *neʻarot*, que na cena-padrão tradicional sairiam para tirar água do poço. Como, nesse episódio, é uma protagonista do sexo feminino que vem à terra estrangeira para encontrar um esposo, os correspondentes masculinos das servas, os *neʻarim*, tomam a si a função tradicional de tirar água do poço. A existência da convenção pode até ter levado o público a cogitar a possibilidade de que Rute viesse a escolher um consorte entre os *neʻarim*.

O diálogo subseqüente entre Rute e Boaz reforça a inversão literária dos sexos ao fazer uma alusão incisiva (versículo 11) a Abraão, quando Boaz diz: "Deixaste pai e mãe e tua terra natal e vieste morar no meio de um povo que antes não conhecias" (cf. Gênese 12, 1, "Sai da tua terra, do teu lugar natal e da casa de teu pai"). O escritor imagina Rute como uma espécie de matriarca por adoção. Essa alusão liga Rute ao deslocamento do Oriente para Canaã, no começo da aventura patriarcal, enquanto a invocação da cena do casamento sugere uma associação com as matriarcas. A afirmação da genealogia da jovem encontrada perto do poço assume grande importância nos casos de Rebeca e Raquel, mas em seu diálogo com Rute (versículo 11) Boaz afirma, em essência, que a coragem da jovem e sua lealdade à sogra suprirão largamente a genealogia. No fim do diálogo, ele a convida (versículo 14) a tomar um repasto camponês simples, de polenta de grão torrado e pão molhado em vinagre — a refeição hospitaleira que, de acordo com a convenção, deve seguir-se à coleta da água e à conversa entre os dois futuros cônjuges à beira do poço. Nessa versão, não há ninguém correndo para levar a notícia — o fato é que o léxico do Livro de Rute abandona a repetição de verbos que indicam ir e retornar, substituindo-os por palavras que sugerem apego e descanso —, porque Rute não é uma jovenzinha dependente das decisões paternas e, além disso, porque a celebração do casamento terá de ser adiada para o último capítulo da história, quando será precedida pela cerimônia legal de rejeição da obrigação do levirato por parte de um parente mais próximo de Noemi. De qualquer maneira, o público da época deve ter admirado a inventividade e a economia de alusões com que a cena-padrão do casamento entrou na história de Rute, e deve ter se divertido em identificar as pistas temáticas que o episódio proporciona.

É preciso lembrar, porém, que tudo isso não nos mostra apenas a manipulação técnica de uma convenção literária pelo puro prazer de jogar com a convenção, muito embora, como anotei no final do capítulo anterior, não se deva minimizar uma parcela significativa de jogo no trabalho dos escritores hebreus, mesmo em textos sagrados. A cena-padrão não é uma simples maneira de reconhecer formalmente uma espécie particular de episódio narrativo; é também um meio de ligar esse episódio a um padrão de significado histórico e teológico maior. Se Isaac e Rebeca, como o primeiro homem e a primeira mulher oriundos da aliança de Deus com Abraão e sua descendência, propiciam alguns traços paradigmáticos para o destino histórico de Israel, qualquer associação de figuras posteriores com os momentos críticos dessa primeira história — o casamento, a prova no deserto, a enunciação da bênção — trará implicitamente alguma conexão de sentido, algum desdobramento da aliança original. Na discussão anterior, ressaltei os pontos de divergência entre as várias invocações da convenção, a fim de mostrar que ela pode ser um instrumento maleável de expressão. Contudo, a repetição é tão importante quanto a inovação no emprego da cena-padrão, e a própria convenção, cujas origens podem muito bem ser anteriores ao monoteísmo bíblico, serve aqui a um propósito eminentemente monoteísta: reproduzir na narrativa o ritmo recorrente de um destino designado por Deus na história dos hebreus. Dessa forma, a comparação entre a história de Rute e a cena-padrão do casamento no Pentateuco torna-se um indício do prodigioso futuro que a espera como ancestral materna da linhagem escolhida por Deus, a casa de Davi.

Um exemplo bem mais simples de alusão à cena do casamento ocorre no começo da história de Saul (1 Samuel 9, 11-12). Depois de partir junto com seu servo no encalço de suas jumentas perdidas, Saul resolve consultar o vidente local, que é Samuel, o homem que deverá ungi-lo como rei. "Eles subiam a ladeira quando cruzaram com algumas moças [*ne'arot*] que saíam para buscar água e lhes perguntaram: 'Há algum vidente aqui?'" O que esse versículo exibe, a meu ver, são os componentes de uma cena de casamento: um herói, no início de seu trajeto por uma região estrangeira (Saul havia ultrapassado os limites do território de sua tribo), encontra algumas moças que vêm buscar água num poço. Tal como o público familiarizado com a convenção, poderíamos esperar que ele tirasse água para as moças, que elas corressem para casa e contassem a notícia da chegada do estranho e tudo o mais. Em vez disso, o que acontece é o seguinte: "Elas responderam: 'Há, sim. Acaba de chegar, um pouco antes de ti. Apressa-te [*maher*], ele veio hoje à cidade, porque hoje será oferecido um sacrifício no altar do ritual'".

A cena-padrão foi abortada. O herói dá meia-volta, afasta-se das moças que estavam perto do poço para ir atrás do homem de Deus que irá iniciá-lo em seu destino de desgraça. É provável que esta seja uma estratégia intencional de prefiguração. Nega-se a esse protagonista o desfecho já implícito no casamento do herói; o desvio da cena-padrão isola Saul, faz soar uma leve nota de agouro que começa a nos preparar para a história do rei que perde seu reino, que não será um veículo para os futuros governantes de Israel e que acaba se jogando contra sua própria espada. Se essa interpretação parece um exagero a partir de mera meia dúzia de palavras do texto hebraico, é preciso ter em conta o caráter rigorosamente econômico da narrativa bíblica; não fosse assim, o detalhe do encontro do herói com as donzelas à beira do poço num território desconhecido seria gratuito. O escritor poderia muito bem fazer com que o protagonista saísse diretamente à procura de Samuel ou, como se passa em outras narrativas bíblicas, fazer com que se encontrasse com um "homem" anônimo e pedisse informações sobre o vidente. O fato de que, em vez disso, o escritor tenha optado por fazer Saul se encontrar com as moças perto do poço e dar ênfase ao verbo "correr", quando elas começam a responder ao estranho, já é, provavelmente, uma alusão significativa.

Finalmente, a supressão total de uma cena-padrão pode ser uma estratégia intencional de caracterização de personagens e temas. O caso de Davi, cujas relações com pelo menos três de suas esposas são bastante complicadas, pode ser ambíguo: talvez o escritor, trabalhando com dados históricos sobre Davi, não se sentisse à vontade para impor a estilização de uma cena-padrão, sabendo que as circunstâncias de cada casamento tinham sido diferentes. Seja como for, deve-se notar que os três episódios pré-maritais do ciclo de Davi envolvem derramamento de sangue, em ordem crescente de moralidade duvidosa: os duzentos filisteus que ele mata numa batalha como dote para Mical; a ameaça de mandar matar Nabal, o marido de Abigail, que convenientemente morre de susto; e a morte do inocente Urias, a mando de Davi, que já havia cometido adultério com Betsabá. Seriam esses matrimônios violentos um contraponto deliberado ao motivo pastoral do casamento após o encontro junto ao poço? Pode bem ser, mas é difícil afirmar com certeza, a tanta distância daqueles tempos.

É mais fácil indicar a razão da omissão da cena do compromisso de casamento na história de Sansão (Juízes 14). No começo do relato das aventuras de Sansão, ele desce a Tamna, terra dos filisteus. Temos assim um jovem herói em solo estrangeiro, mas não há poço nem ritual de hospitalidade. Em vez disso, ele repara numa mulher, começa a desejá-la, volta para casa e intempestivamente anuncia aos pais que espera que providenciem seu casamento com ela. A contragosto, eles acompanham Sansão de volta a Tamna para as negociações do casamento, e no caminho o herói se depara com um leão, que ele despedaça com as mãos. A assombrosa morte do leão e, mais tarde, a retirada do mel da carcaça do leão podem ser substitutos do gesto mais inofensivo e pacífico de tirar água do poço. Em todo caso, a índole impetuosa da história de Sansão já se manifesta em seu movimento impaciente de ver uma mulher e tomá-la para si sem a mediação cerimoniosa da cena do compromisso matrimonial, e todos sabemos das calamidades que esse casamento está por gerar.

O processo de criação literária, conforme a crítica tem reconhecido desde os formalistas russos, consiste numa incessante dialética entre a necessidade de usar formas estabelecidas, a fim de estabelecer uma comunicação coerente, e a necessidade de romper e refazer essas mesmas formas, tanto porque são restrições arbitrárias como porque elementos repetidos mecanicamente deixam de transmitir qualquer mensagem. "Quanto maior a probabilidade da ocorrência de um símbolo em qualquer situação dada", observa E. H. Gombrich em *Arte e ilusão*, "menor será seu conteúdo de informações. Quando podemos antecipar, não precisamos ouvir".* Ler qualquer corpo de literatura supõe um modo especializado de percepção em que toda cultura treina seus membros desde a infância. Na condição de leitores modernos da Bíblia, temos de reaprender um pouco desse modo de percepção que era uma segunda natureza para seu público original. Em vez de relegar toda repetição observada nos textos ao limbo das fontes duplicadas ou dos arquétipos folclóricos, podemos começar a entrever que a reiteração de certos padrões evidentes em momentos críticos da narrativa era ditada pela convenção e mesmo esperada pelo público, e que foi contra esse fundo de antecipação que os escritores bíblicos elegeram suas palavras, motivos, temas, personagens e ações, numa dança primorosa de inovações significativas. Pois muito da arte está na distância variável entre a pré-imagem nebulosa na mente antecipadora do observador e a imagem reveladora na própria obra — e é isso que precisamos aprender a perceber com mais apuro na Bíblia.

---

* E. H. Gombrich, *Art and illusion* (Nova York, 1961), p. 205 [*Arte e ilusão — Um estudo da psicologia da representação*, São Paulo, Martins Fontes, 2007].

4. Entre a narração e o diálogo

De que maneira os escritores bíblicos criam um evento narrativo? Por "evento", entendo um momento significativo da seqüência narrativa que se distingue do sumário — por sua vez, uma forma de narração fartamente usada na Bíblia para articular um evento a outro e para a exposição autônoma do material considerado indigno de realce. Vejamos um exemplo extremo de sumário: seria difícil interpretar uma linha genealógica — "E Arfaxad gerou Salé e Salé gerou Héber" — como um evento narrativo, pois, por mais que se trate do relato de algo que aconteceu, a notação extrai um único dado essencial de toda uma existência, e a relação entre o tempo narrativo e o tempo narrado é radicalmente desproporcional. Um evento narrativo propriamente dito ocorre quando o ritmo da narração se desacelera o suficiente para que captemos uma cena singular, para que tenhamos a ilusão de que a cena se desenrola em "tempo real" e para que imaginemos a interação dos personagens ou grupos de personagens, com toda a sua carga de motivações, objetivos, traços de personalidade, condicionamentos políticos, sociais ou religiosos, e significados morais e teológicos que emanam de suas falas, gestos e atos. (Em certos romances, o sumário às vezes se funde com o evento, mas na Bíblia as duas categorias tendem a ser bem distintas.) São esses os momentos em que a imaginação ficcional, conforme a defini no capítulo 2, atua livremente, por mais que um dado evento tenha por base um fato histórico real.

A forma típica de apresentação de eventos narrativos na Bíblia é muito diferente da que se verifica nos poemas épicos gregos, nos romances e em boa parte da prosa literária ocidental posterior. É importante não esquecer as peculiaridades da maneira hebraica de narrar, porque isso nos ajudará a entender onde devemos buscar os indícios de significado, tanto os mais indiretos e matizados como os mais enfáticos e manifestos. A história do encontro de Davi com Aquimelec no templo sagrado de Nob (1 Samuel 21) é bem representativa da apresentação bíblica de um evento. Alertado por Jônatas sobre os planos homicidas de Saul, Davi foge sozinho para Nob, sem mantimentos ou armas.

> 2. *Então Davi chegou a Nob, ao sacerdote Aquimelec, e Aquimelec veio correndo ao encontro de Davi* e lhe disse: "Por que estás sozinho e não há ninguém contigo?". 3. E Davi disse ao sacerdote Aquimelec: "O rei me encarregou de uma missão e me disse: 'Que ninguém saiba nada da missão em que te envio e que te ordenei'. E, quanto aos meus rapazes, marquei um encontro com eles em tal e tal lugar. 4. Ora pois, o que tens à mão? Cinco pães, dá-nos ou o que houver". 5. O sacerdote respondeu a Davi e disse: "Não tenho à mão nenhum pão comum, só há pão consagrado, caso os jovens tenham ficado longe de mulheres". 6. Davi respondeu ao sacerdote e disse: "Certamente, as mulheres ficam longe sempre que parto em campanha, de modo

que os [vasos] dos jovens estejam consagrados, ainda mais hoje, que alimento consagrado pode estar em seus vasos".* 7. *Então o sacerdote lhe deu o pão consagrado, porque não havia outro pão lá, salvo os pães de oblação, que tinham sido retirados do Senhor para ser trocados imediatamente por pão quente.* 8. *Ora, naquele mesmo dia, estava ali um dos servos de Saul, retido perante o Senhor, e seu nome era Do'eg, o edomita, chefe dos pastores de Saul.* 9. E Davi disse a Aquimelec: "Tens aí à mão uma lança ou uma espada? Não trouxe comigo nem minha espada nem minhas armas, porque a ordem do rei era urgente". 10. O sacerdote disse: "A espada de Golias, o filisteu, que mataste no vale de Elá, está ali, embrulhada num manto, atrás da veste sacerdotal. Se quiseres tomá-la, toma, não há nenhuma outra por aqui". E Davi disse: "Não existe outra igual; dá-me esta". 11. *E Davi se levantou e fugiu de Saul, e foi a Aquis, rei de Gat.*

Destaquei com itálico todos os trechos do episódio que podem ser interpretados como narração, excetuando as fórmulas introdutórias do discurso direto ("e ele disse", "e respondeu e disse"), que a convenção estabelecida da literatura bíblica exige para indicar pergunta e resposta. Esse simples realce tipográfico evidencia de imediato o papel extremamente subsidiário da narração sumarizante em comparação com a fala dos personagens. O episódio se desenvolve entre um meio versículo introdutório, que informa de maneira lacônica sobre a fuga de Davi para Nob e sua acolhida por Aquimelec, e um breve versículo conclusivo que narra como Davi, agora equipado de armas e víveres, prossegue sua fuga até a cidade de Gat, na terra dos filisteus. O público hebreu da Antigüidade deve ter prontamente reconhecido nesse último versículo a conclusão do episódio, porque ali está o fecho formu-

---

* O significado do hebraico é obscuro. A palavra "vasos" (*kelei*) também pode referir-se a armas, sentido que o mesmo vocábulo tem no versículo 9.

lar do personagem que se levanta e parte para um lugar diferente, uma das convenções bíblicas predominantes para marcar o fim de um segmento narrativo.*

No espaço entre esses dois versículos — a introdução em 1 Samuel 21, 2, e a conclusão em 1 Samuel 21, 11 —, o fluxo do diálogo só é interrompido uma vez, nos versículos 7-8. Note-se que o primeiro repete quase literalmente a declaração de Aquimelec no versículo 5 sobre a inexistência no santuário de outros pães salvo os de oblação, acrescentando apenas um comentário explicativo sobre a substituição desses pães por pães quentes, de modo a deixar claro que Davi não estava levando o pão necessário ao ritual religioso. De qualquer modo, o versículo 7 exemplifica um traço geral da narrativa bíblica: a primazia do diálogo é tão acentuada que muitos trechos narrados em terceira pessoa, quando bem examinados, acabam se revelando dependentes do diálogo, refletindo verbalmente elementos do diálogo que os precede ou que introduzem. Assim, a narração é muitas vezes relegada à função de confirmar afirmações feitas no diálogo — eventualmente, como nesse caso, acrescido de uma observação explicativa.

Quanto às dimensões da narrativa, a narração em terceira pessoa geralmente é apenas uma transição entre unidades mais extensas em discurso direto; quanto à perspectiva, a reafirmação em terceira pessoa do que foi dito em diálogo direciona a atenção para os interlocutores, as ênfases, as divergências entre o que eles dizem e o relato do narrador (no próximo capítulo, examinaremos duas ocorrências especialmente esclarecedoras dessa espécie de divergência: a história de José e a esposa de Potifar e a história da sucessão dinástica de Salomão quando da intervenção de Betsabá

---

* Shimon Bar-Efrat fez um excelente comentário sobre como as variações dessa fórmula constituem uma inegável convenção para a conclusão de narrativas; veja-se Shimon Bar-Efrat, *Narrative art in the Bible*, pp. 142-3.

e Natã). Em outras palavras, os escritores bíblicos muitas vezes estão menos interessados nas ações enquanto tais do que em como os personagens as praticam ou reagem a elas; e o discurso direto é o principal instrumento para a revelação das respostas, variadas e às vezes sutis, dos personagens às ações em que estão envolvidos.

Se o versículo 7 da passagem acima é uma transição entre dois momentos do diálogo dramático de Davi e Aquimelec, preenchendo a informação sobre a comida e nos levando à questão da arma, o versículo 8, que denuncia a presença no santuário de um possível delator, Do'eg, é uma clara intromissão no diálogo. Do'eg não é sujeito de nenhuma ação propriamente dita — na verdade, em hebraico, ele não está associado a verbo algum, porque o verbo "ser" não tem presente ou particípio, e a afirmação de que Do'eg está no santuário equivale a um longo predicado nominal. Com isso, a frase dirige o foco mais para o homem do que para qualquer coisa que ele pudesse fazer. O fato de que seja identificado como edomita e servidor de Saul não traz bons presságios quanto ao papel que irá desempenhar no curso da história.

A presença de Do'eg no santuário não é mencionada quando se narra a chegada de Davi ao lugar. A narrativa bíblica muitas vezes guarda certas informações até o momento da história em que elas são diretamente relevantes. Mas qual é a relevância direta neste caso? Nada no episódio explica por que razão a presença de Do'eg deve ser mencionada justo nesse ponto, de modo que a interrupção do diálogo é percebida exatamente como uma interrupção, talvez enigmática ou um tanto agourenta. A inferência de que há alguma coisa funesta em jogo é reforçada imediatamente após a menção a Do'eg: Davi pede a Aquimelec que lhe consiga alguma arma. A entrega da espada de Golias a Davi é o elemento mais deletério da denúncia contra Aquimelec que Do'eg fará a Saul (1 Samuel 22, 10), a qual, além da comida, inclui um terceiro elemento que parece imaginado na medida para agravar a culpa do sacerdote — uma suposta consulta de Davi ao oráculo, coisa que só poderia ser feita por intermédio de Aquimelec. A denúncia de Do'eg vai ser o estopim de um massacre dos sacerdotes de Nob, no qual o edomita será ao mesmo tempo delator e executor. Assim, o aparecimento de Do'eg na passagem citada, logo antes de uma conversa sobre espadas e lanças, constitui por si só um item de mau agouro (em todo esse trecho, o escritor parece jogar com a raiz verbal *d'g*, que se repete no nome do edomita e que significa "preocupar-se"). Em todo caso, o modo como a informação sobre a presença de Do'eg no santuário tensiona o contexto dialógico é um bom exemplo de como, nessa história bíblica, a narração se orienta pelo diálogo.

De modo geral, os escritores bíblicos preferem evitar o discurso indireto. Na passagem que estamos examinando, por exemplo, até as supostas ordens de Saul a Davi (1 Samuel 21, 3) são referidas numa citação embutida na fala de Davi, e não numa passagem recapitulativa ou em discurso indireto. A regra geral é que, quando a fala diz respeito a um evento narrativo, usa-se o discurso direto. Por exemplo, se o narrador informa que "Davi foi castigado pelo remorso por ter cortado a ponta do manto de Saul", ele não prossegue dizendo, como faria um narrador ligado a outra tradição, "e ele disse então aos seus homens: que Deus não permitisse que ele fizesse isso a seu senhor, o ungido de Deus, levantar sua mão contra ele, pois ele era o ungido de Deus". Em vez disso, o narrador muda para o discurso direto: "Não permita Deus que eu faça isso a meu senhor, o ungido de Deus, levantar minha mão contra ele, pois ele é o ungido de Deus" (1 Samuel 24, 5-6). A diferença entre as duas formas de apresentação não é trivial, porque a versão usada na Bíblia traz o ato narrado para o primeiro plano: desenha com nitidez a figura de Davi dirigindo-se aos seus homens e usando as palavras tanto para produzir um determinado efeito sobre eles como para deixar clara sua relação com Saul. Aliás, por mais que, em minha versão hipotética em discurso indireto, eu tenha tentado conservar os termos usados por Davi e a ordem em que ele os pronunciou, o fato é que a própria sintaxe de sua declaração ganha forma sob a pressão do momento dramático. Davi começa com uma declaração solene — "Não permita Deus que eu faça isso" — e depois começa uma enfiada de informações, como se tateasse para produzir um efeito cumulativo, um clímax enfático, fugindo ao modo normal da sintaxe da narrativa bíblica: "a meu senhor, o ungido de Deus, levantar minha mão contra ele, pois ele é o ungido de Deus". A forma da declaração nos faz sentir a presença insistente e imediata de Davi que diz: eu sou um vassalo do rei, ele é meu senhor, é o ungido por Deus, cuja inviolável escolha me inspira temor e reverência, não vou fazer isso que você e eu vemos, aqui e agora, como uma possibilidade iminente, não levantarei esta mão que você vê segurando o punho da espada contra aquele que foi ungido por Deus. A vantagem de apresentar as palavras de Davi em discurso direto não se limita apenas à força imediata, mas também à ambigüidade. Uma confissão de Davi perante seus homens, se feita em terceira pessoa, poderia se revestir de um pouco da autoridade do narrador confiável; da forma como as coisas são apresentadas, presenciamos Davi no ato de fazer sua declaração pública e isso, como em outras ocasiões, nos induz a cogitar as diversas conexões possíveis entre as palavras que ele diz e seus verdadeiros sentimentos ou intenções.

A preferência bíblica pelo discurso direto é tão evidente que o pensamento é quase sempre falado, isto é, apresentado como citação de um monólogo interior. É claro que os sentimentos — como amor, ódio, medo ou ciúme — podem ser indicados meramente por um verbo cabível, sempre que se trata apenas de uma síntese de vivências interiores e não de uma encenação narrativa dessas mesmas vivências. Mas sempre que um processo real de cogitar possibilidades, esmiuçar sentimentos, ponderar alternativas ou tomar decisões constitui o momento crítico do evento narrativo, usa-se o discurso direto. Veja-se, por exemplo, o relato de como Davi avalia os riscos a que está exposto devido à conduta quase sempre imprevisível de Saul (1 Samuel 27, 1): "Davi disse para si mesmo: Algum dia serei morto pelas mãos de Saul. O melhor é fugir sem demora para a terra dos filisteus, então Saul desistirá de me perseguir por todo Israel e escaparei dele". A fórmula introdutória ("Davi disse para si mesmo" ou, numa tradução literal, "disse ao seu coração") reforça a semelhança formal entre o discurso falado e o pensamento não falado; em muitas outras situações, o verbo "dizer" simplesmente significa "pensar", e somente o contexto poderá nos esclarecer se se trata de um diálogo ou de um monólogo interior.

Não é fácil determinar em cada caso por que o pensamento deve ser expresso como fala. Há sempre a tentação de concluir que os escritores bíblicos não distinguiam as duas coisas em sua concepção das relações entre a mente e a realidade. Pode ser que uma forte convicção sobre o primado da linguagem na ordem das coisas criadas tenha levado à idéia de que o pensamento não é inteiramente consciente enquanto não for expresso como discurso falado. De qualquer modo, a reiterada tradução do pensamento pela palavra falada permite certa estilização esclarecedora, um efeito de vivacidade dramática e simetria. Essas características são observáveis mesmo no breve contexto da ponderação de Davi sobre a fuga para a terra dos filisteus. Ele começa seu monólogo interior com um termo indicativo de ênfase, meio temporal, meio modal, 'atah (traduzido na versão King James por "*now*", "ora", provavelmente no sentido de "ora pois" ou de "sendo assim"), que chama a atenção para o momento de decisão ao final de uma seqüência em que ele teve de fugir para não morrer nas mãos de Saul e duas vezes reconciliou-se precariamente com o rei maníaco. O termo 'atah, que introduz o monólogo interior de Davi, anuncia de maneira dramática o momento decisivo da narrativa: Davi foge de Saul, a quem nunca mais voltará a ver e que se encaminha para o encontro macabro com o fantasma de Samuel e, depois, para a morte. O monólogo interior de Davi também exibe a transparência temática do discurso simetricamente organizado. Sua fala começa com a perspectiva de ser morto pelas mãos de Saul e termina com a idéia de fugir dessas mesmas mãos. O verbo "escapar" ou "fugir" é a palavra-chave desse pequeno segmento narrativo e toma vulto no monólogo de Davi mediante o recurso retórico do hebraico de enfatizar o infinitivo antes do verbo conjugado (*himmalet 'immalet*, literalmente "escapar vou escapar") e repeti-lo na conclusão do monólogo: "escaparei de suas mãos". A fala contém ainda uma antítese perfeita entre a terra dos filisteus e o território dos israelitas, que acentua a penosa e talvez ambígua condição do futuro rei de Israel, obrigado a procurar refúgio entre os inimigos mais odiados de seu próprio povo.

O pendor estilizante do compromisso bíblico com o diálogo talvez se revele com mais clareza num caso extremo: o relato de uma consulta a um oráculo por meio do diálogo. Eis um exemplo típico (2 Samuel 2, 1): "Passado algum tempo, Davi perguntou ao Senhor: 'Devo ir para uma das cidades de Judá?'. E Deus respondeu-lhe: 'Vai'. E Davi disse: 'Para qual cidade devo ir?'. E Ele disse: 'Para Hebron'". Não está claro qual foi o método de consulta usado por Davi, embora os mais comuns — tirar a sorte, a adivinhação com pedras preciosas incrustadas no peitoral do sacerdote — não fossem de natureza verbal; Davi tampouco é apresentado como um vidente capaz de comunicação direta com Deus, de modo que não há razão para presumir que um diálogo tenha de fato se dado (cabe lembrar que, mesmo quando Deus deseja comunicar a Davi a decisão divina de que não será ele, mas seu filho, que construirá a casa de Deus em Jerusalém, Ele não fala diretamente a Davi, mas lhe envia uma mensagem detalhada por meio de um sonho de Natã, o profeta). No caso da consulta ao oráculo, portanto, o escritor com certeza confiava no entendimento público de que Deus, na realidade, não respondera a Davi dessa maneira, que a própria pergunta não fora feita em palavras, e sim por meio da manipulação de algum objeto de culto, e que a narrativa exprime não a forma da consulta, mas o significado. Esse procedimento vai de encontro à nossa concepção geral do funcionamento da mimese: por que representar uma ação em termos que são claramente distintos dos termos da ação em si?

Penso que a resposta deve ser procurada no que chamei de pendor estilizante da narração-via-diálogo. O método de consulta ao oráculo é uma questão trivial aos olhos do escritor e não merece ser representado na narrativa. O que importa é o confronto da vontade humana com as alternativas que ela pode escolher por conta própria ou submeter à deliberação divina. A linguagem falada proporciona o modelo indispensável para a definição desse movimento rítmico de possibilidades políticas ou históricas, pergunta e resposta, incerteza da criatura e revelação intermitente dos desígnios do Criador — pois, para a visão bíblica, as palavras são o fundamento da realidade. Deus criou o mundo com palavras; foi a capacidade de usar a linguagem que desde o começo distinguiu o homem das demais criaturas; é com palavras que cada qual revela sua natureza singular, sua disposição para estabelecer pactos com os homens e com Deus, seu poder de controlar os outros, de enganá-los, de se solidarizar com eles e de lhes ser sensível. A linguagem falada perfaz o substrato de tudo que ocorre de humano e de divino na Bíblia, e a tendência dos escritores hebreus a transpor o que é pré-verbal ou não-verbal para o discurso falado é, em última análise, uma técnica para chegar à essência das coisas, para penetrar em seu substrato.

Numa modalidade de narração tão dominada pelo discurso falado, é inevitável que elementos visuais sejam pouco representados. Mesmo nas situações excepcionais em que a cena é concebida visualmente, o escritor pode articulá-la relatando o que se vê por meio do que se diz. Comentadores modernos têm admirado, por exemplo, o momento em que Davi, sentado junto aos portões da cidade, espera o desfecho da batalha contra as tropas de Absalão (2 Samuel 18) e vê, primeiro, um homem que vem correndo, e depois um segundo homem que ultrapassa o primeiro e atravessa a planície com a terrível notícia. O que se deve observar, porém, é que a descrição desse admirável "plano geral" se dá em duas rodadas de *diálogo* entre Davi e a sentinela de vista aguçada.

Voltemos brevemente ao encontro entre Davi e Aquimelec no santuário de Nob para ver como esse princípio geral para se chegar à essência e penetrar no substrato das coisas aparece na apresentação de um evento narrativo por meio de diálogo. Em primeiro lugar, é importante sublinhar o óbvio: a narrativa não permite na cena nenhum elemento capaz de desviar nossa atenção do diálogo propriamente dito. Não sabemos como Davi e Aquimelec estão vestidos ou que aparência têm, e não sabemos onde ou como Do'eg espreita a conversa entre Davi e Aquimelec (mais tarde, Davi dirá que notou a presença de Do'eg no santuário, mas então por que deixou que o potencial delator escapasse são e salvo?). Em outras palavras, a cena bíblica é quase inteiramente concebida como comunicação oral, a partir do pressuposto de que tudo o que há de significativo num personagem, pelo menos em certo momento crítico da narrativa, pode ser expresso quase exclusivamente pela fala desse personagem.

Gostaria de acentuar que a fala, apesar de muito convincente, não tem a intenção de ser completamente naturalista. É verdade que não temos meios de saber como era o hebraico falado na virada do primeiro milênio antes da era cristã, mas a cena nos oferece alguns indícios — como, de resto, o fazem todos os diálogos bíblicos — de que o mesmo pendor estilizante incide sobre as palavras atribuídas aos interlocutores. Sintoma disso encontra-se na passagem em que Davi diz a Aquimelec que marcou um encontro com seus homens "em tal ou tal lugar". Um escritor mais radicalmente inclinado à mimese teria inventado o nome de um lugar plausível para aquele encontro — note-se que, mais adiante nesse mesmo diálogo, Aquimelec designa um lugar específico, o vale de Elá, como o local da derrota de Golias. Se o escritor tivesse a intenção de esconder de Aquimelec o local exato do suposto encontro, poderia tê-lo apresentado de modo mais naturalista, como "em um lugar que eu lhes indiquei". Escrever "em tal e tal lugar" significa inserir na textura da fala de Davi, sem indicar nenhuma transição, um sinal claro de abstração autoral. O que o escritor parece ter em mente é o desejo manifesto de Davi de montar uma história que tranqüilize as suspeitas de Aquimelec e o ajude a obter o que deseja do sacerdote. Para esse fim, a indicação vaga de "tal e tal lugar" — quer dizer, o local "x" que eu, Davi, inventei para rechear minha história — funciona melhor que mimetizar fielmente o nome de um lugar verdadeiro.

Em todo caso, a estilização está presente desde o começo do diálogo, nas primeiras palavras de Aquimelec a Davi. Com mais freqüência do que geralmente observam os leitores e até os especialistas, a narração e sobretudo o diálogo deslizam para a simetria formal do semiversículo ou do versículo. A primeira pergunta de Aquimelec a Davi é enunciada num versículo hebraico de métrica perfeita, três acentos por hemistíquio, com o paralelismo semântico da poesia bíblica em sua forma paradigmática: "Por que estás sozinho / e não há ninguém contigo?". A dicção formal dessa abertura talvez tenha sido considerada apropriada para Aquimelec, porque o revela de imediato como um homem que fala *ex cathedra*, com o peso e a dignidade conferidos por sua autoridade sacerdotal. Ao mesmo tempo, a repetição, própria da norma do versículo, sugere, no fluxo da prosa dialógica, certa lentidão ou obtusidade por parte de Aquimelec, cujas conseqüências lhe serão fatais. O sacerdote demonstra uma nítida tendência para a reiteração pachorrenta do óbvio: "Não tenho à mão nenhum pão comum, só há pão consagrado", e, já no fim do diálogo, ele diz: "Se quiseres tomá-la, toma, não há nenhuma outra por aqui". A fala de Davi, por oposição, tem um pouco da sofreguidão e da falta de formalidade de palavras pronunciadas num momento de pressão. Os elementos repetitivos em suas falas sugerem uma espécie de tatear e não reproduzem a simetria formal do versículo: "Ora pois, o que tens à mão? Cinco pães, dá-nos ou o que houver". Esse padrão muito plausível de repetição fica ainda mais evidente à medida que Davi se aproxima da pergunta crucial sobre a arma: "Tens aí à mão uma lança ou uma espada? Não trouxe comigo nem minha espada nem minhas armas, porque a ordem do rei era urgente". As últimas palavras de Davi nesse diálogo — quatro apenas, no original hebraico — passam dessa espécie de espalhamento sintático a uma simetria sucinta: "Não existe outra igual; dá-me esta". Mas a frase é curta demais para ser escandida como versículo, como a de Aquimelec no começo do diálogo. Serve, porém, para fixar, ao final da cena, os atributos de impaciência e insistência que caracterizaram as palavras de Davi durante todo o encontro, acrescidas agora, no momento de sua partida para Nob, de um toque de firme resolução.

Pode-se dizer, portanto, que o diálogo oscila entre a estilização formal e a mimese dramática, e revela o personagem no instante exato de uma ação extraordinária. É certo que o episódio inteiro poderia ser relatado na forma de um sumário narrativo, num único versículo, mas ao apresentá-lo por meio do diálogo, como um evento narrativo propriamente dito, o escritor também se permite delinear o cruzamento fatídico de dois tipos humanos díspares: o jovem Davi, que trama astuciosamente as condições de sua sobrevivência, em estado de tensão, consciente que está dos perigos que o rondam, mais imperativo que suplicante, pronto a ser implacável, se necessário; e o velho sacerdote (saberemos depois que ele tem um filho adulto), perplexo diante da invasão súbita e inesperada de seu santuário, talvez um pouco lento e formal, com dificuldade de perceber o destino terrível que está prestes a arrebatá-lo.

Este episódio é regido por um princípio bíblico geral de diferenciação de personagens. Como a norma exige que os escritores façam seus personagens falarem de acordo com as regras convencionais do hebraico literário, admitindo tão-somente indicações fragmentárias e oblíquas de uma linguagem pessoal, com seus tiques e peculiaridades lingüísticas, a diferenciação aparece principalmente nos contrastes. A técnica do diálogo contrastivo funciona bem porque a prática permanente da narrativa bíblica, com algumas raras e marginais exceções, limita a cena a dois personagens de cada vez ou, eventualmente, ao diálogo entre um personagem e um grupo que fala numa única voz, como um interlocutor coletivo. Os aspectos que caracterizam o modo de Davi usar a linguagem tornam-se ainda mais evidentes porque se contrapõem ao modo de falar de Aquimelec e vice-versa.

Os antigos escritores hebreus exploram com muita freqüência as possibilidades reveladoras da técnica do diálogo contrastivo. Vejamos alguns exemplos mais conhecidos: as exclamações desarticuladas de Esaú em oposição aos cálculos legalistas de Jacó no episódio da venda do direito de primogenitura (Gênese 25); a prolixidade com que José, moralmente estupefato, rejeita a proposta sexual, crua e direta, da esposa de Potifar (Gênese 39); o grito sufocado de Saul após a fala emocionada de Davi, do lado de fora da caverna de Engadi (1 Samuel 24). As duas últimas ocorrências mostram que o recurso mais comumente usado no diálogo contrastivo é a justaposição de frases muito curtas a alguma forma de verborragia. Note-se que não há significado temático algum vinculado à prolixidade ou laconismo das frases: tudo depende dos personagens em questão, da maneira como enunciam suas palavras, da situação em que cada um se encontra. A lacônica proposta sexual da esposa de Potifar é uma brilhante estilização — pois, como Thomas Mann observou, ela *deve* ter dito bem mais que duas palavras — da pura luxúria que a impele e ainda, talvez, do tom peremptório que ela pode adotar com seu escravo hebreu. A concisão da frase de Saul "É tua voz, Davi, meu filho?" mostra um personagem tomado por forte emoção, obrigado a parar no meio de uma perseguição insana e voltar ao ponto originário de seu vínculo com Davi.

Permitam-me citar rapidamente mais quatro exemplos da técnica do diálogo contrastivo a fim de demonstrar sua gama de possibilidades expressivas. Em 1 Reis 18, Elias, perseguido por Acab, encontra-se na estrada com Abdias, administrador do palácio de Acab, que havia resgatado secretamente uma centena de profetas do Senhor da ira de Jezebel. Elias pede a Abdias que informe o rei de sua presença ali. O administrador responde com uma fala relativamente longa (1 Reis 18, 9-14), cheia de repetições, com palavras que tropeçam umas nas outras, manifestando seu pavor com o perigo a que estaria exposto por anunciar ao rei a presença de seu inimigo moral, Elias. A resposta de Elias a essa aterrorizada torrente de palavras é uma declaração sucinta, marcada pela determinação inexorável: "Pela vida do Senhor dos Exércitos, a quem sirvo, hoje mesmo me apresentarei a ele" (1 Reis 18, 15). A forma contrastiva do diálogo, que contém certo elemento de comédia macabra, dramatiza a diferença essencial entre os dois interlocutores: de um lado, o homem temente a Deus, que correu certos riscos em virtude de sua consciência, mas que é, afinal de contas, um homem comum, com temores e hesitações compreensivelmente humanas; de outro lado, um agente ardoroso e inflexível da vontade divina, movido pelo senso imperioso de sua autoridade profética.

Na história de Tamar e Amnon (2 Samuel 13), o diálogo entre os dois personagens parece ser uma alusão consciente à técnica usada no episódio de José com a esposa de Potifar. Amnon dirige à meia-irmã palavras exatamente iguais àquelas com que a esposa de Potifar abordou José — "deita comigo" —, acrescentando uma única palavra carregada de significado, "irmã" (2 Samuel 13, 11). E ela reage com um bem elaborado protesto, como fizera José; no caso de Tamar, a resposta relativamente longa é uma espécie de catálogo apavorado de razões para que Amnon desista, uma tentativa desesperada de dissuadi-lo. Amnon não diz mais nenhuma palavra, agora ele só fala através da ação: o estupro. Então, após possuí-la à força, dirige-lhe tão-somente duas palavras finais: *qumi lekhi*, "Vai embora!" (2 Samuel 13, 15).

Há duas outras ocorrências em que concisão e extensão das palavras se correlacionam com a franqueza direta e o cálculo retórico: na moldura narrativa de Jó (Jó 1-2) e no episódio dos conselhos discrepantes dados a Absalão (2 Samuel 17). Na história de Jó, as primeiras palavras que Deus dirige ao Adversário são quase ríspidas — "De onde vens?" (Jó 1, 7) — e Ele só emprega recursos de repetição simétrica quando reproduz *ipsis litteris* a caracterização inicial de Jó feita pelo narrador. O Adversário, por sua vez, demonstra em suas falas relativamente mais longas uma predileção por introduzir citações sagazes de ditos populares nos versículos e elementos sintáticos retorcidos para obter o máximo efeito persuasivo. Em resumo, como bom advogado de acusação, ele se revela um mestre da retórica deliberada, ao lado de quem Deus parece franco e claro.

Na história da revolta de Absalão, os conselhos de Aquitofel, corretos de um ponto de vista militar, tomam cerca de quarenta palavras no original hebraico. Sua fala consiste principalmente numa série de verbos imperativos — "deixa-me escolher homens [...] deixa-me correr [...] deixa-me perseguir Davi esta noite" (2 Samuel 17, 1) — perfeitamente expressivos do conteúdo e do ânimo do conselho de Aquitofel. Não há tempo a perder, a única saída é atacar duramente Davi antes que ele consiga reagrupar suas tropas, e a própria afirmação não tem tempo para manobras retóricas. O conselho de Cusai, ao contrário, é três vezes e meia mais longo e deixa transparecer, praticamente em todos os segmentos, um brilhante artifício retórico, rico em tropos persuasivos (note-se que nas narrativas bíblicas quase sempre são os personagens e não o narrador que introduzem a linguagem figurada), alguns dos quais fazem eco a momentos anteriores da história de Davi. As reações de Absalão às possibilidades militares sugeridas por Cusai são habilmente controladas, frase por frase, pela sutileza do escritor na escolha de cada palavra.* Essa retórica astuciosa vai destruir Absalão, e por isso o diálogo contrastivo contrapõe um Aquitofel sincero, que diz a verdade de maneira concisa, a um Cusai sorrateiro. Contudo, na Bíblia a retórica não é necessariamente um mal, e a técnica de contraste assume nesse momento uma feição dialética, porque, afinal de contas, Absalão é um usurpador, e Cusai, corajosamente leal a Davi, usa de toda a sua habilidade para ludibriar retoricamente, com a finalidade de devolver o trono ao legítimo rei.

De tudo o que se disse sobre a primazia do diálogo, despontam várias regras gerais para uma leitura atenta da narrativa bíblica. Em todo evento narrativo, particularmente no começo de um novo episódio, o ponto em que o diálogo aparece pela primeira vez merece uma atenção especial; na maioria das vezes, as primeiras palavras de um personagem são reveladoras, talvez mais no estilo que no conteúdo, e constituem um momento importante na apresentação de sua figura dramática. O outro lado da necessidade de prestar atenção a quando e como se inicia o diálogo também é de grande interesse: numa tradição narrativa em que o diálogo é preponderante, muitas vezes é esclarecedor perguntar por que o escritor resolveu usar a narração em vez do diálogo em determinada

---

* A extrema habilidade das palavras de Cusai foi ressaltada em uma análise admirável de Shimon Bar-Efrat, *Narrative art in the Bible*, pp. 32-43.

parte ou mesmo num curto segmento de uma cena. Uma visão panorâmica das principais funções da narração na Bíblia permitirá uma compreensão melhor do ritmo especial em que os escritores hebreus nos contam suas histórias: começando pela narração, passam para o diálogo, voltam momentânea ou extensamente à narração, mas sempre salientando a interlocução dos personagens, que atuam uns sobre os outros, se descobrem mutuamente, afirmam ou revelam suas relações com Deus pela força da linguagem.

O uso mais geral da narração provavelmente se dá na crônica — via de regra, um resumo sintético e não uma apresentação cênica — de acontecimentos públicos. Nos Livros dos Reis, por exemplo, há extensas seções dedicadas a uma narração mais ou menos ininterrupta, destinada a fazer a crônica de guerras e intrigas políticas, profanações do culto e supostas conseqüências históricas. A imaginação ficcional, que cria personagens individuais em antagonismo recíproco e em conflito com as circunstâncias para realizar seus destinos, fica diluída nessas passagens.

Mais interessantes são as ocasiões em que um segmento relativamente curto de crônica passa a ser um elemento significativo de estruturação da ficção historicizada. Os capítulos 10 e 11 de 2 Samuel servem de exemplo dessa estruturação contrastiva. O capítulo 10 é um relato da guerra de Israel contra os amonitas e seus aliados arameus. Na primeira metade do capítulo, que começa com o incidente diplomático que desencadeia as hostilidades e termina com a exortação de Joab às tropas israelitas antes da primeira batalha, narração e diálogo se intercalam. A segunda metade, que cobre a vitória inicial de Joab, seu regresso a Jerusalém, as manobras político-militares da aliança oriental contra Israel e uma expedição bem-sucedida dos israelitas ao território de seus inimigos, é uma narração sem interrupções. Chama a atenção a desproporção, nessa segunda metade do capítulo, entre o tempo narrado e o tempo da narração: em poucos versículos, descrevem-se complicadas atividades realizadas ao longo de muitos meses, sem o relato de eventos narrativos propriamente ditos. Assim, a descrição de uma batalha vencida resume-se de maneira genérica às seguintes palavras: "Joab e a tropa que estava com ele avançaram contra os arameus, que fugiram diante dele" (2 Samuel 10, 13).

Mas o que se segue a essa crônica militar é o episódio de Davi e Betsabá, no capítulo 11. História memorável, cheia de sentidos e alusões morais e psicológicas, ela começa pela informação sobre o cerco imposto por Joab à capital dos amonitas, Rabá. O versículo de abertura de 2 Samuel 11 — "E aconteceu que na virada do ano, época em que os reis costumam fazer a guerra [...]" — é um recurso brilhante para marcar uma transição. Serve para articular a história de Davi, adúltero e assassino, com a perspectiva histórica nacional mais ampla da crônica anterior. À medida que o foco da narrativa converge mais de perto para a figura de Davi, o texto nos faz lembrar (como vários comentadores desse episódio sublinharam) que, enquanto o rei de Israel estava em casa, descansando depois do almoço e espiando uma bela mulher que tomava banho no terraço de uma casa vizinha, os guerreiros de Israel — que, no passado, inclusive durante a campanha militar descrita no capítulo anterior, costumavam ser comandados pessoalmente por seu monarca — estavam lutando nas planícies poeirentas de Amnon, arriscando a vida para defender o interesse nacional.

A narração ainda predomina nos primeiros versículos do capítulo 11, embora concentrada em determinadas ações: Davi andando para cima e para baixo no terraço de seu palácio; Betsabá tomando banho no terraço da casa dela; Davi mandando emissários para descobrir quem era aquela linda mulher e depois ordenando que a trouxessem até sua cama. Nesse ponto, fazendo um salto no tempo por meio de um sumário, como é típico dos textos bíblicos, a narrativa pula de uma ação para sua conseqüência: de Davi deitando-se com Betsabá à notícia da gravidez dela. Desse ponto em diante — fim do versículo 6, quando Betsabá envia ao rei uma mensagem de duas palavras, "Estou grávida" —, até a conclusão do capítulo, predomina a narração-via-diálogo. Essa parte principal da história é, na realidade, um dos exemplos mais ricos e complexos, em toda a Bíblia, de como um diálogo é capaz de criar ambigüidades pelo que é dito e pelo que é silenciado, de como os personagens se revelam pelo que repetem, informam ou distorcem o que os outros falam. O sumário do capítulo anterior pode ser tomado como uma espécie de textura contrastante, uma mudança no ritmo da narrativa antes dessa apresentação imensamente complexa, por meio do discurso direto, de uma sucessão de eventos que dará origem a todas as desgraças que cairão sobre a corte de Davi. Contudo, o aspecto mais importante é que o longo panorama registrado na crônica do capítulo 10 proporciona um contexto de significado para a história que lhe sucede: logo de saída, a narrativa nos faz lembrar que a biografia moral e íntima do rei não pode deixar de ter desdobramentos políticos e históricos.

São várias as ponderações que determinam o uso mais enxuto da narração num relato de eventos dominado pelo diálogo. Arrolar aqui uma lista exaustiva dessas ponderações talvez se torne tedioso, mas pode ser útil para uma compreensão mais clara da dinâmica da narrativa bíblica ter em conta a existência de três tipos de funções gerais cumpridas pela narração entremeada ao diálogo. São as seguintes: descrever ações essenciais para o desenvolvimento do enredo (outros tipos de ação raramente são relatados), que não poderiam ser fácil ou adequadamente indicadas no diálogo; comunicar dados secundários que, a rigor, muitas vezes não fazem parte do enredo, uma vez que não envolvem ações (isto é, são dados de natureza essencialmente expositiva); repetir, confirmar, subverter ou focalizar afirmações dos personagens, feitas em discurso direto (uma narração presa ao diálogo). Alguns exemplos rápidos servirão para mostrar como essas diferentes possibilidades se manifestam nos textos. Começarei pela narração presa ao diálogo porque já verificamos anteriormente um exemplo disso no episódio do santuário de Nob.

Quando não há divergência entre uma afirmação registrada na narração e sua recorrência no diálogo, ou vice-versa, a repetição geralmente tem o efeito de dar ênfase aos termos específicos que o falante escolheu. Quando Asael, o irmão mais novo de Joab, cuja rapidez na corrida provocará sua própria morte, sai em perseguição do experiente guerreiro Abner no campo de batalha (2 Samuel 2, 19-21), o narrador diz: "Ele se lançou em perseguição de Abner, e o seguiu sem se desviar nem para a direita nem para a esquerda". Logo depois, Abner, fugindo, reconhece Asael e grita-lhe: "Vai para a direita ou para a esquerda e agarra um dos meus rapazes para ti". Ora, a perseguição é uma ação essencial à trama, e não poderia ser relatada na forma de diálogo sem se tornar um tanto canhestra. No entanto, a frase inteira sobre desviar-se para a direita ou para a esquerda não é estritamente necessária, pelos padrões da economia da narrativa bíblica, e eu diria que sua presença decorre de estar intimamente associada ao trecho de diálogo imediatamente seguinte. Isto é, a antecipação verbal na narração da frase de Abner nos faz sentir toda a urgente dramaticidade de seu apelo ao precipitado Asael, nos termos específicos que ele escolheu para fazê-lo. Aqui está você — é o que sugerem suas palavras concisas —, nessa perseguição inexorável; você terá inúmeras oportunidades de glória se for para um lado ou para o outro; mas, se insistir em seguir essa terrível linha reta em meu encalço, seu fim será a morte. A expressão idiomática "desviar-se para a direita e para a esquerda" converte-se, pela repetição, numa imagem concreta da geometria da sobrevivência.

Com mais freqüência ainda, a narração presa ao diálogo gera uma pequena mas significativa dissonância entre o relato objetivo e os termos com os quais o personagem reafirma os fatos. Quando, por instigação de Jezebel, Nabot é apedrejado até a morte (1 Reis 21, 13-15), os fatos essenciais são relatados na seguinte ordem: primeiro, o narrador informa que "levaram-no para fora da cidade, apedrejaram-no e ele morreu". No versículo seguinte, os criados do rei comunicam o fato laconicamente, como um recado para Jezebel: "Nabot foi apedrejado e está morto". Jezebel, triunfante, comunica a novidade a Acab, mas, antes de fazê-lo, afirma que finalmente ele poderá tomar posse da cobiçada vinha. Na versão de Jezebel, a frase muda para: "Nabot não está vivo, está morto". A pequena tautologia talvez sirva para reassegurar seu hesitante marido de que Nabot não é mais um obstáculo, ou talvez tenha a intenção de adiar por um instante o duro monossílabo *met*, "morto". O que Jezebel omite estrategicamente de sua informação é como se deu a morte — por apedrejamento, conforme a sentença de um julgamento que ela mesma forjara contra ele. Assim, a antecipação pelo diálogo ajuda a sublinhar um traço de caráter do personagem.*

Há uma outra categoria de narração presa ao diálogo que não supõe o espelhamento *ipsis litteris* do diálogo: é o relato do fato de que o diálogo ocorreu. Os exemplos mais simples e ubíquos dessa categoria são as locuções formulares que introduzem o discurso direto de cada interlocutor em um diálogo — "e ele disse", e "ele respondeu, dizendo" —, ainda que, mesmo no caso de uma convenção tão mecânica, um leitor atento devesse levar em conta que as fórmulas mudam de acordo com o tipo de afirmação ou de réplica que o falante vai fazer.

O resumo de uma fala, diferente da citação, é muito comum, embora a citação, como vimos, seja a regra mais geral. De novo, me

---

* Exemplos mais complexos desses usos da repetição discordante serão examinados no capítulo 5.

parece que é útil verificar se num determinado momento da narrativa o escritor escolheu divergir da norma do diálogo e optou por resumi-lo. Dependendo do momento da narrativa, as razões para divergir podem variar: a percepção de que é preciso introduzir um movimento rápido em determinado ponto da narração, o desejo de evitar a excessiva repetição (um escritor que planejou repetir alguma coisa por três vezes talvez queira resistir a fazê-lo uma quarta vez), a importância concedida à ocultação ou ao decoro, ou a desvalorização do que é dito.

Dessa maneira, assim que o jovem pastor Davi chega ao acampamento dos israelitas, trazendo mais víveres para os irmãos mais velhos (1 Samuel 17, 23), o narrador conta, sem fazer menção a um discurso direto anterior, que, "quando *conversava com eles*, eis que apareceu o grande guerreiro, chamado Golias, o filisteu de Gat, que *disse as mesmas palavras de antes*, e Davi as ouviu". Esse versículo faz referência a duas alocuções não citadas, uma no início e outra no fim do texto. Na primeira, está claro que o escritor pouco se importa com uma conversa fortuita entre Davi e seus irmãos. Um instante depois, quando Davi se insurge acalorado contra o filisteu insolente, tomamos conhecimento do diálogo realmente travado entre Davi e seu irmão mais velho, Eliab (versículos 28-29), porque ele dramatiza vivamente a impaciência do mais velho com o impertinente caçula, e essa oposição é um tema relevante para todo o episódio da estréia inesperada de Davi no campo de batalha. No primeiro encontro de Davi com os irmãos, contudo, somente o fato de falar é importante para a história, não o que é dito. As palavras provocadoras de Golias, já mencionadas, são aludidas nessa passagem, mas não citadas, provavelmente porque o autor achou que uma vez era bastante para ofender nossos ouvidos (israelitas) com tais blasfêmias; de qualquer forma, nesse momento é preciso sustentar o foco da narrativa na figura de Davi entre os soldados israelitas, rumo ao instante em que ele fará sua inédita proposta de lutar sozinho contra o gigante filisteu.

Finalmente, a contrapartida desses registros da ocorrência de uma fala ou desses resumos do seu teor é, com menos freqüência, a informação de que um personagem absteve-se de falar num momento em que talvez esperássemos por alguma expressão verbal. A prática mais comum nos textos bíblicos, como teremos ocasião de mostrar em outro lugar, é a de simplesmente silenciar um dos interlocutores num diálogo, sem comentário algum, e nos deixar especular sobre os motivos da conversa interrompida. Quando o silêncio de um personagem é objeto de narração, podemos deduzir que a recusa a falar constitui por si mesma um elo significativo no encadeamento do enredo. Depois que Abner, o comandante-em-chefe da casa de Saul, repreende iradamente Isboset, o herdeiro de Saul, o narrador se esforça para nos informar que "ele não ousou dizer uma palavra em resposta a Abner, pois tinha medo dele" (2 Samuel 3, 11). Esse silêncio, com sua explicação, traz maus prenúncios políticos, porque demonstra a incapacidade do pusilânime Isboset para reinar, o que dará motivos para que Abner aproxime-se de Davi, e por isso é considerado merecedor de ser narrado. É ainda mais curioso que o silêncio tanto de Davi como de Absalão após o estupro de Tamar por Amnon seja destacado na narração (2 Samuel 13, 21-22). No caso do rei, não conseguir falar é um sinal de impotência doméstica e política, que acarretará as desgraças que irão se abater sobre sua casa e seu reino a partir de então. No caso de Absalão, a recusa a dizer qualquer palavra — àquele que perpetrou o crime sexual, como especifica o narrador — é um mau presságio em direção oposta, porque representa um sinal claro de uma decisão macabra de agir no momento oportuno e que acabará resultando em homicídio e rebelião.

No que diz respeito às duas outras categorias gerais de narração encontradas na Bíblia, o relato de dados narrativos essenciais é evidente. Os "motivos livres"* são praticamente inexistentes na narrativa bíblica. O escritor hebreu antigo jamais nos dirá, por exemplo, que um personagem esticou os braços preguiçosamente, pelo simples prazer mimético de retratar um gesto humano familiar; mas ele relata que Jacó, morrendo, cruzou as mãos para abençoar os dois filhos de José, porque se trata de um gesto cheio de significado, que transfere o privilégio (a bênção com a mão direita) do mais velho para o mais jovem. Pode-se pressupor, assim, que tudo o que é relatado é essencial para a história, mas certas pistas especiais são sugeridas pelo ritmo com que se descrevem as ações. Na narração bíblica do essencial, os verbos tendem a ocupar um lugar dominante, e, de vez em quando, nos deparamos com súbitas e densas concentrações ou séries ininterruptas de verbos, geralmente ligados a um único sujeito, indicando uma intensidade, rapidez ou atividade deliberada e obstinada (como Rebeca fazendo preparativos para enganar Isaac ou Davi liquidando Golias na batalha).

A última função geral da narração corresponde ao que podemos chamar de informação expositiva. Uma história bíblica paradigmática — compare-se, por exemplo, o começo dos episódios de Rute, de Jó, de Samuel, da narrativa sobre Saul em 1 Samuel 9, da parábola da ovelha do homem pobre em 2 Samuel 12 — começa com umas poucas frases curtas que nomeiam o personagem ou os personagens principais, situam-nos geograficamente, identificam suas relações familiares mais importantes e, em alguns casos, fazem uma sucinta caracterização moral, social ou física do protagonista. Observamos

---

* A diferença entre motivos livres e motivos associados — isto é, elementos que não podem ser eliminados sem alterar a essência do enredo — foi proposta pela primeira vez por Boris Tomashevsky, em "Thematics", em L. T. Lemon e M. J. Reis (orgs.), *Russian formalist criticism* (Lincoln, Neb., 1965), pp. 66-95.

que, via de regra, essa apresentação é feita sem o uso de verbos, exceto o verbo "ser", que, como assinalei muitas vezes, nem aparece no texto. A exposição inicial é, portanto, pré-temporal, relaciona dados estáticos sem conexão com um momento específico do tempo: são fatos situados antes do tempo em que a história transcorre.

Em muitas versões, a esses versículos pré-temporais segue-se um fragmento de transição no qual verbos genuínos são introduzidos. Entretanto, conforme indicam as locuções adverbiais que os acompanham (não fosse por isso os tempos verbais ficariam ambíguos), esses verbos devem ser interpretados como iterativos ou habituais. Isso quer dizer que, após um início sem ações, os acontecimentos começam a ocorrer, somente de modo repetitivo, como um pano de fundo de comportamentos padronizados e habituais. Por fim, a narração passa ao relato de ações que ocorrem seqüencialmente em pontos específicos do tempo (e que Gérard Genette chama "singulativas", em oposição a ações iterativas),* e daí geralmente transita para o diálogo.

Pequenos segmentos expositivos são reservados para um momento oportuno, no meio da história. A beleza de Raquel não é mencionada quando ela aparece pela primeira vez, mas apenas depois que ficamos sabendo do amor de Jacó por ela. Prefiro considerar como declarações expositivas esses registros explícitos de sentimentos — geralmente na forma simples de que x amava, odiava, temia, reverenciava, tinha compaixão por y, ou em frases não relacionais como x estava aflito ou y alegrou-se. Ou seja, essas declarações não comunicam ações, mas estados de espírito que colorem as ações, exercem influência sobre elas e as explicam. No caso de um romance, poderíamos formular objeções a tal tipo de distinção, está claro, pois o que os personagens sentem quase sempre é basicamente o que

---

* G. Genette, *Figures III* (Paris, 1972), p. 146.

acontece — veja-se Virginia Woolf ou os últimos anos de Henry James —, mas penso que a distinção é válida na narrativa bíblica, dado seu apego invariável aos atos realizados e às palavras pronunciadas.

Um uso análogo do detalhe físico para fins expositivos no meio da narração ocorre na segunda versão (bem diferente da primeira) da chegada de Davi (1 Samuel 17, 42), quando as faces coradas do herói (ou seus cabelos ruivos, o significado é incerto) e sua bela aparência são mencionadas apenas no momento em que Golias põe os olhos nele, em pleno campo de batalha. Nesse instante, esses fatos físicos são percebidos pelo filisteu como mais um insulto, antes do golpe inesperado. Um simples garoto de cabelos ruivos, e além disso um menino bonito (é esta a ordem precisa da sintaxe original, que imita e acompanha a percepção de Golias), foi enviado para lutar contra o mais forte guerreiro dos filisteus. São pouquíssimas as descrições completas, e o próprio Golias é uma das raras exceções. No caso dele, quatro versículos (1 Samuel 17, 4-7) no início do episódio descrevem sua armadura, suas armas, a altura e o peso exato do homem e de seus equipamentos de combate. É claro o objetivo temático dessa atenção excepcional ao detalhe físico: Golias entra na ação como um homem de ferro e bronze, uma encarnação quase grotesca do herói, e esse monumento maciço a uma concepção estúpida e mecânica do poder está predestinado a ser derrubado por um jovem pastor esperto, munido de sua funda.

Para concluir essa visão geral das várias modalidades de apresentação narrativa na Bíblia, proponho seguirmos a seqüência primorosamente calibrada de exposição, narração propriamente dita e diálogo que inicia uma história muito complicada: a do nascimento de Samuel (1 Samuel 1).*

---

* Minha interpretação da apresentação esmeradamente calibrada deste capítulo deve muito a um arguto trabalho preparado para um seminário por minha aluna Chana Kronfeld. A srta. Kronfeld também esmiúça a função da cena-padrão nesse episódio, embora sua ênfase seja diferente da minha.

"Houve certa vez um homem de Ramataim-Safim, das colinas de Efraim, que se chamava Elcana, filho de Jeroam, filho de Eliú, filho de Tou, filho de Suf, um eframita. Ele tinha duas mulheres, uma se chamava Ana e a outra, Fenena. Fenena tinha filhos, mas Ana não tinha nenhum" (versículos 1-2). A história começa com uma versão claríssima de exposição pré-temporal: identifica a protagonista, seu marido, a outra esposa dele, seu lugar de nascimento e a linha genealógica do marido. O único verbo usado é "ser", e o conceito de "ter", no hebreu, se expressa pela locução "ser para". À primeira vista, pode-se pensar que Elcana será o protagonista — a convenção patriarcal da literatura bíblica exige que a fórmula de abertura seja "houve um homem", não uma mulher, e que o homem seja o ponto de referência na definição das relações. Mas a história de Ana, que começa aqui, é uma história matriarcal, e essa orientação especial é assinalada logo no versículo 2, que evoca uma cena-padrão bíblica eminentemente matriarcal: o anúncio do nascimento do herói à mulher estéril (cuja situação difícil pode ser ressaltada, como a de Sara e Agar, de Raquel e Lia, ou ainda de Ana, por justaposição à de uma segunda esposa menos amada, mas fértil). Concluída dessa maneira lacônica a apresentação dos personagens, a narração prossegue (versículo 3) fazendo uma afirmação transicional por meio de um verbo iterativo: "Todos os anos aquele homem subia de sua cidade para adorar e oferecer sacrifícios ao Senhor dos Exércitos em Siló, e os filhos de Eli, Hofni e Finéias eram ali sacerdotes do Senhor". Com essa indicação de atividade habitual, que também introduz os dois sacerdotes corruptos que serão futuramente desafiados por Samuel, parece que a apresentação termina e que a trama principal da história será abordada, pois os versículos seguintes começam com o que parece ser a notação de um momento específico no tempo:

4. Num dia em que oferecia sacrifícios, Elcana tinha o costume de dar porções à sua mulher Fenena e a todos os seus filhos e filhas. 5. Porém, a Ana ele dava [uma porção especial], porque a amava, embora Deus tivesse fechado seu ventre. 6. Sua rival também a irritava, humilhando-a porque Deus tinha fechado seu ventre. 7. E assim acontecia todos os anos, quando ela subia até a casa do Senhor, assim a outra a humilhava e ela chorava e não queria comer. 8. E Elcana, seu marido, lhe dizia: "Ana, por que choras e não te alimentas, por que estás tão triste? Será que não valho mais para ti que dez filhos?".

A frase inicial, "num dia em que" — a mesma fórmula que introduz a cena na corte celestial na moldura narrativa de Jó —, leva-nos a pensar que o episódio afinal começou, mas o versículo 7 anuncia claramente que o pequeno drama das porções do sacrifício e o confronto entre as duas esposas era repetido ano após ano. Esse procedimento situa a ação narrada no que se poderia chamar de tempo verbal pseudo-singulativo. Isso quer dizer que, por um instante, imaginamos que a humilhação da estéril Ana ocorre apenas uma vez, para logo se tornar evidente que, entra ano, sai ano, a pobre Ana tem de passar pelo mesmo tormento. Pode ser que a apresentação em forma de sumário do conflito entre as esposas, matéria perfeita para o diálogo, se deva a seu caráter de evento recorrente. Seja como for, e apesar de ser também um gesto periodicamente repetido, o comovente esforço de Elcana para consolar sua esposa amada é sublinhado em discurso direto no ponto culminante que fecha a exposição, talvez como maneira de dramatizar a terna dedicação de Elcana a sua mulher, antes que ele próprio seja retirado do proscênio para abrir caminho a Eli, o sacerdote, em conformidade com as convenções do diálogo, que só permitem a interlocução de dois personagens a cada vez. Convém notar que Ana supostamente não responde nada ao pleito iterativo de seu marido. Ao longo de toda a exposição, ela permanece calada, uma figura sofredora, alvo dos comentários negativos e positivos de Fenena e de Elcana, respectivamente; quando Ana por fim abre a boca, ela se dirige em primeiro lugar a Deus, no que é uma marca formal de sua dignidade e de seu destino. Sem mais caracterização cênica, a narrativa prossegue então para a ação principal:

> 9. Ana levantou-se, depois de comerem* e beberem em Siló, com o sacerdote Eli sentado em sua cadeira no umbral da porta do santuário do Senhor. 10. Muito amargurada, ela rezou ao Senhor, chorando muito. 11. E fez um voto e disse: "Senhor dos Exércitos, se Tu quiseres dar atenção ao padecimento de tua serva e te lembrares de mim e não esqueceres de tua serva e lhe deres um filho homem, eu o consagrarei ao Senhor por todos os dias de sua vida, e a navalha não passará sobre sua cabeça". 12. E enquanto ela continuava sua prece ao Senhor, Eli observava sua boca. 13. Ana falava em seu coração, somente os lábios se moviam, a voz dela era inaudível, e Eli pensou que estivesse embriagada. 14. Eli disse a ela: "Até quando estarás embriagada? Larga teu vinho!". 15. E Ana respondeu e disse: "Não, meu senhor, eu sou uma mulher muito infeliz. Não bebi vinho nem bebida forte; estou derramando meu coração ao Senhor. 16. Não julgues tua serva uma mulher de pouca virtude; é por causa de minha grande tristeza e aflição que estive falando até agora". 17. E Eli respondeu e disse: "Vai em paz, e que o Deus de Israel atenda ao pedido que Lhe fizeste". 18. E ela disse: "Que teus olhos sejam benevolentes com tua serva". E a mulher seguiu seu caminho, e comeu, e não esteve mais abatida. 19. Na manhã seguinte, eles acordaram cedo, prestaram reverência ao Senhor e voltaram para casa em Ramá. E Elcana conheceu sua mulher, Ana, e o Senhor lembrou-se dela.

---

* Vocalizo "comer" de modo diferente do texto masorético, o qual parece tomar Ana como sujeito, mas isso contradiz a observação de que ela quebra um jejum no versículo 18.

A referência a comer e beber após o sacrifício anual ou sazonal, uma ocasião alegre da qual Ana, como vimos, recusou-se várias vezes a participar, serve para ligar a exposição à narrativa principal. Ou, para evocar outra analogia, a festa do sacrifício funciona como um *faux raccord* entre duas cenas de um filme: primeiro vemos a festa anual e Ana que chora e se recusa a comer como parte do diálogo iterativo de Elcana; depois, sabemos que a família acaba de realizar uma dessas festas e vemos Ana sozinha, chorando e jejuando, mas agora num momento específico, aquele em que ela fará sua entrada na história, orando ao Senhor. O escritor usa apenas dois versículos — um para situar Ana e Eli temporal e espacialmente, o outro para caracterizá-la como amargurada e chorosa —, antes de precipitá-la no discurso direto em que seu caráter e destino serão revelados de maneira vívida. A história dela começa, portanto, com um diálogo unilateral (existem, é certo, muitos exemplos na Bíblia em que ocorre um diálogo bilateral entre um ser humano e Deus) que é mais vigiado que ouvido por um terceiro personagem. A prece de Ana é feita de modo a parecer direta e natural. Evitam-se as simetrias poéticas: ela desfia uma série de verbos sobrepostos — ver, lembrar, não esquecer, dar — que revestem seu pedido insistente com um toque de ansiedade crescente. O único "artifício" óbvio na linguagem da oração é a fórmula quase ingênua e invertida do *do ut des*: "Se Tu [...] *deres* um filho homem a tua serva, eu o *darei* [consagrarei] ao Senhor". O significado desse voto é então explicitado pelo emprego da expressão nazirita: "a navalha não passará sobre sua cabeça". No todo, trata-se apenas da espécie de oração que uma esposa camponesa, simples e sincera, desesperada por causa de sua esterilidade, saberia pronunciar.

Em seguida, o diálogo entre Ana e Eli explora o mesmo princípio de diferenciação dos personagens por meio do contraste que já assinalamos em outras passagens. Após as preces ingênuas de Ana, Eli pronuncia sua repreensão equivocada, usando uma construção semelhante ao verso, cuja formalidade se assemelha às primeiras palavras de uma acusação profética: "Até quando estarás embriagada?/ Larga teu vinho!" (note-se que este é o segundo sacerdote que começa um diálogo com uma afirmação de pouca perspicácia apoiada numa métrica regular). A resposta de Ana é respeitosa, como convém a uma efraimita simplória dirigindo-se a um sacerdote, e sua fala repete o padrão sintático de enfileirar afirmações diretas e breves que constatamos em sua oração. Eli é prontamente persuadido pela franqueza da confissão de Ana e, em tom bem mais brando, pede a Deus que atenda ao desejo dela (as palavras de Eli podem também ser entendidas gramaticalmente como uma *predição* de que Deus lhe concederá o desejo). Ana conclui o diálogo com uma fórmula de reverência: "Que teus olhos sejam benevolentes com tua serva". Na seqüência, em conformidade com a premência do ritmo narrativo da Bíblia, aparecem sucessivamente a aceitação da comida (um sinal de reconciliação interna de Ana), a partida, o ato sexual, a concepção (Deus que "se lembra" de Ana) e, no versículo seguinte, o nascimento de Samuel. Levantar-se e regressar ao lugar de origem marcam formalmente o fim do segmento narrativo.

Toda essa combinação de exposição, narração propriamente dita e diálogo desenvolve-se no quadro de expectativas estabelecidas pela cena-padrão da anunciação, e é preciso mencionar o papel desse elemento convencional se quisermos apurar nossa apreciação da qualidade artística do episódio. É claro que o próprio uso da convenção aponta para a importância da criança que vai nascer, uma vez que esse tipo de intervenção divina na ordem natural da concepção só se dá no caso de figura extraordinária (a história da criança gerada pela mulher sunamita em 2 Reis 4 é a única exceção: lá está a cena-padrão da anunciação, mas a criança permanece anônima e não tem um futuro excepcional). Os primeiros elementos da cena-padrão, conforme observamos, seguem a norma estabelecida: o conflito entre as esposas, o afeto especial do marido pela esposa estéril. O motivo central da cena-padrão da anunciação é a revelação à esposa estéril — por meio de oráculo, de profecia de um homem de Deus ou de promessa de um anjo — de que lhe será concedido um filho, às vezes acompanhado de uma indicação explícita sobre o destino da criança, muitas vezes com a invocação da fórmula "por volta dessa estação, no próximo ano, estarás com teu filho no colo".

O que chama a atenção na anunciação a Ana, comparada a outras ocorrências dessa mesma cena-padrão, é o caráter estranhamente oblíquo da promessa. Ouvimos as palavras da prece de Ana, mas não uma resposta direta de Deus. A amargura da mãe estéril ganha relevo incomum nessa versão — talvez porque seja uma introdução tematicamente engenhosa ao nascimento de um líder solitário, cuja autoridade o povo acabará contornando, para instituir a monarquia contra a qual ele tanto adverte.

A cena da anunciação toma nesse episódio uma forma quase irônica. O sacerdote Eli, que de início havia interpretado de modo equivocado o que Ana estava fazendo, intercede em favor dela (ou promete que sua prece será atendida) e, qualquer que seja seu objetivo, consegue apaziguar Ana. Se a frase do sacerdote deve ser entendida como profecia consoladora, Eli é um intermediário estranhamente obtuso das intenções divinas, porque Ana não lhe disse por que rezava, apenas que estava implorando a Deus em grande aflição. O efeito disso é subverter o papel do sacerdote como intercessor. Seu pedido ou predição são obviamente desnecessários, porque é à súplica sincera que Ana faz a Deus que Ele responde com o fato real da concepção. Em comparação com os anjos e enviados de Deus que comunicam a boa-nova em outras cenas-padrão de anunciação, o sacerdote tem nesse episódio um papel marginal e talvez um tanto ridículo. A subversão indireta da autoridade de Eli tem naturalmente uma função importante para a história de Samuel: a linhagem de Eli será interrompida, seus filhos iníquos serão substituídos no santuário pelo próprio Samuel e será este, não Eli, quem ouvirá a voz de Deus falando diretamente a ele no templo sagrado. Em outras palavras, a idéia de revelação é essencial para a história de Samuel, cuja autoridade não se deverá nem à função religiosa, como acontecia com os sacerdotes antes dele, nem ao poder militar, como era o caso dos juízes que o precederam e dos reis que o sucederão, mas à experiência profética, a um chamamento direto e moralmente imperativo de Deus. A oração silenciosa e íntima de Ana e a estupidez do sacerdote bem-intencionado que se oferece sem necessidade alguma para interceder por ela junto a Deus são tudo o que é necessário à anunciação de Samuel como figura exemplar de liderança profética.

 A chave para compreender a articulação desses meios de construção do evento narrativo na Bíblia é o desejo de dar a cada situação ficcional, com o mínimo de intervenção autoral, uma clara orientação temática, bem como uma profundidade moral e psicológica. Na escala limitada de suas narrativas tão lacônicas, os antigos escritores hebreus alcançaram algo parecido com a ambição romanesca de Flaubert de "obter efeito dramático simplesmente pelo entrelaçamento de diálogos e pelas oposições na caracterização dos personagens".* No caso de Flaubert, o ideal do autor que não se envolve emocionalmente, o desejo de estar presente em toda parte, permanecendo sempre invisível na obra, provém de um sonho de onipotência divina; do pavor de ser pessoalmente contaminado pela degradante realidade humana do mundo; e da necessidade de evitar a efusão que pervertera boa parte da literatura européia do meio século anterior. Na narrativa bíblica, a impassibilidade parece decorrer, ao contrário, de uma percepção intuitiva de meios teologicamente aptos a representar vidas humanas sob

---

* Gustave Flaubert em carta a Louise Colet, 12 de outubro de 1853.

o domínio universal de um Deus que é, em última análise, incognoscível, mas ético.

Todo agente humano deve ter a liberdade de lutar com seu destino por seus próprios atos e palavras. Do ponto de vista formal, isso significa que o escritor deve permitir que cada personagem se manifeste e se revele pelo diálogo e também, é claro, pela ação, livre da imposição de um aparato intrusivo de julgamento e interpretação autoral. O narrador hebreu não se mistura abertamente com os personagens que apresenta, assim como Deus cria em cada personalidade humana um terrível emaranhado de intenções, emoções e maquinações que a linguagem capta com sua rede transparente e que compete a cada indivíduo extricar no prazo efêmero de uma vida.

Antes de mais nada, o que importa nessa definição narrativa da condição humana é o encontro dos personagens mediante suas palavras. Mas esse encontro não se dá num lugar vazio de traços. Vimos como uma convenção de estilo como a cena-padrão pode fornecer pistas temáticas sobre o rumo futuro da narrativa e de seus valores. Indicações temáticas ainda mais específicas encontram-se no tecido sutil de recursos repetitivos que marcam quase todas as histórias bíblicas. Esse processo de sutil elaboração por meio da reiteração merece agora um exame detalhado.

5. As técnicas de repetição

Um dos maiores obstáculos que se impõem ao leitor moderno na compreensão da sutileza imaginativa das narrativas bíblicas é o lugar extraordinário que a repetição literal ocupa. Acostumados a modos de narração em que elementos de repetição são utilizados mais discretamente, esse hábito de reiteração constante tende a nos causar problemas, sobretudo numa narrativa que, de resto, adere tão patentemente à mais rigorosa economia de meios. Eu diria que a repetição é a característica da narrativa bíblica que parece mais "primitiva" ao olhar casual do leitor moderno, pois imaginamos que seja fruto de uma mentalidade estranha à nossa, de um modo radicalmente diverso de organizar a experiência do mundo.

Tendemos a imaginar que, no ritmo de vida mais simples e vagaroso do antigo Oriente Próximo, cada ensinamento, cada predição, cada ação tinha de ser repetida, palavra por palavra, com inexorável literalismo, de modo a ser obedecida, realizada ou relatada. Houve quem chegasse a conjecturar que a estética da Bíblia tinha por base um suposto sentimento "oriental" de gosto pela repetição. O exemplo mais flagrante seria a descrição, em Números

7, 12-83, dos presentes levados ao santuário pelos príncipes das doze tribos. Cada tribo oferece um conjunto idêntico de presentes, mas estes devem ser arrolados doze vezes, na mesma seqüência de versículos, modificando-se apenas os nomes dos príncipes e das tribos. É razoável supor que essa série de repetições cumprisse alguma função histórica e ritual — podemos imaginar os membros de cada tribo esperando para ouvir a menção a cada item da oferenda levada por seus ancestrais arquetípicos ao Senhor —, muito embora a passagem inteira pressuponha que tanto o escritor como seu público compraziam-se, em alguma medida, com o próprio método de repetição paciente.

Pensando em termos históricos mais concretos, alguns comentadores atribuíram a repetição bíblica a suas origens orais, ao substrato folclórico do qual deriva e à natureza compósita do texto que nos foi transmitido. Esta última explicação é a menos interessante e, na verdade, esclarece um número reduzido de casos. Há versículos que se repetem por erro do escriba, mas, com um pouco mais de atenção, veremos que a maioria das repetições são propositais, o que vale tanto para frases relativamente curtas como para episódios inteiros que supomos terem sido compilados de tradições paralelas, conforme tentarei mostrar no capítulo 7.

A noção de folclore cobre mais casos, ainda que não me pareça tão suficiente para explicar a repetição quanto seus defensores programáticos imaginam. Um dos casos em que a repetição parece servir a uma função folclórica primordial é a presença de dois contos etiológicos concorrentes que presumivelmente constariam no texto como explicações para um mesmo fato. Assim, para explicar o provérbio popular (*mashal*) "Está Saul entre os profetas?", contam-se duas histórias diferentes sobre seu encontro com um grupo de profetas e sua participação no transe extático. Samuel preside, de maneiras diferentes, os dois encontros, mas o primeiro (1 Samuel 10) se dá imediatamente após a unção de Saul, faz parte do processo de sua iniciação como rei e enfatiza o momento em que o espírito de Deus desce sobre ele, sua transformação num "outro homem", ao passo que o segundo encontro (1 Samuel 19) o desvia da perseguição a Davi e sublinha a nudez de Saul, que rola pelo chão em transe profético. Certamente, seria possível afirmar a existência de um padrão intencional mesmo nessa repetição: o mesmo poder divino que tornou Saul diferente de si mesmo e o fez rei vem mais tarde despi-lo e rebaixá-lo, tão logo a escolha de Deus recai sobre Davi e não mais sobre Saul. Resta, porém, uma ponta de dúvida quanto à probabilidade de que uma mesma ação, tão estranha, pudesse ocorrer em circunstâncias tão diversas, de modo que é razoável concluir que a pressão de etiologias concorrentes para o enigmático provérbio tenha determinado a repetição, bem mais do que um tratamento engenhoso do personagem e do tema.*

Em muitos casos, os antecedentes folclóricos são perceptíveis menos no material do que na forma da repetição em si, isto é, na estrutura fabular. Volta e meia, encontramos histórias bíblicas estruturadas na forma bem conhecida da fábula ou conto popular, com incidente, repetição, segunda repetição com variação ou inversão (forma que todo mundo conhece em contos de fadas como "Cachinhos Dourados e os três ursinhos" ou "Rumpelstiltskin"). Esse padrão é às vezes seguido com uma simplicidade esquemática, e nessas condições a tradição folclórica pode ser uma explicação adequada para as repetições. Assim, em 2 Reis 1, o rei Acazias envia três vezes um oficial e um destacamento à procura de Elias. Nas duas primeiras vezes, em versículos idênticos, uma chuva de fogo detém e consome o contingente militar. Na terceira vez, a repetição se interrompe justo quando Elias está para executar mais uma vez seu truque incendiário: o oficial implora miseri-

---

* A possibilidade de um propósito artístico nessas repetições será examinada no capítulo 7.

córdia e um anjo diz a Elias que atenda à súplica. É possível que as repetições tenham certo efeito cumulativo nesse episódio, mas é difícil verificar maior divergência ou sutileza diante do rígido padrão do conto popular. Em outras passagens, como veremos, há uma remodelagem conscientemente artística da estrutura ternária da lenda folclórica.

Finalmente, já se recorreu ao contexto oral da narrativa bíblica como explicação geral para seu modo de exposição repetitivo. Não é sequer necessário presumir, como tantos estudiosos, que as narrativas bíblicas procedem de tradições orais milenares, pois, de qualquer modo, é muito provável que tenham sido escritas sobretudo com vista à récita. Como várias indicações na própria Bíblia sugerem, as narrativas costumavam ser lidas em voz alta a partir de rolos de papiro para algum tipo de platéia (parcialmente analfabeta), em vez de circular de mão em mão para ser lidas como faríamos hoje. Assim, o próprio ato de desenrolar o papiro correspondia de certa forma ao desenrolar da bobina de um projetor de cinema: nessas condições, o tempo e a seqüência dos acontecimentos apresentados não podiam ser detidos ou alterados, e o único modo de fixar e destacar uma ação ou frase consistia em repeti-la.

Podemos imaginar os imperativos da comunicação oral de maneira ainda mais simples. Um pastor da Judéia que, sentado no meio de uma platéia enquanto alguém lia a história das Dez Pragas do Egito, perdesse algumas frases na hora em que Deus instrui Moisés a transformar o Nilo em sangue (Êxodo 7, 17-18), poderia facilmente recuperar o fio da história quando as instruções divinas se repetissem *ipsis litteris* como ação narrada (Êxodo 7, 20-21). Supondo-se que estivesse bem perto do leitor e ouvisse todas as palavras, talvez ele tivesse prazer em ouvir duas vezes cada uma das expressões da lúgubre predição divina, primeiro como profecia, depois como reafirmação de um fato consumado, talvez com alguma variação elegante, como a substituição de um termo por um sinônimo (no versículo 18, os egípcios não conseguem beber a água, *nil'u lishtot*; no versículo 21, os egípcios não podem beber, *lo'-yakhlu lishtot*). Aqui, como em outras passagens, a solução para as prováveis dificuldades práticas de se contar uma história em voz alta combina perfeitamente com a visão da história que fundamenta o relato; para dizê-lo em outros termos, a narrativa bíblica, do início do Gênese até o final das Crônicas, é um relato sobre como a palavra de Deus — e, de maneira mais ambígua, a palavra dos homens também — converte-se em fato histórico. O padrão reiterado de ordem ou profecia seguido imediatamente de sua realização literal confirma uma visão subjacente de causalidade histórica e traduz formalmente, num recurso central da narrativa, a autoridade permanente de um Deus monoteísta que manifesta a Si mesmo pela linguagem.

As implicações mais amplas da repetição na narrativa bíblica serão objeto de reflexão mais profunda, mas antes disso é preciso compreender com minúcia a complexidade e diversidade desse recurso aparentemente automático. Em todos os tempos e em todos os lugares, os escritores sempre souberam se valer das limitações e convenções formais de seu meio de expressão, e o mesmo pode ser demonstrado no caso dos autores bíblicos. Se as condições da récita oral e de uma longa tradição prescreviam um modo narrativo em que a repetição literal freqüente era obrigatória, o fato é que os escritores bíblicos descobriram com grande astúcia que pequeníssimas variações estratégicas do padrão poderiam servir ao comentário, à análise, à antecipação e à afirmação temática, com efeitos admiráveis de insinuação e intensidade dramática.

A esta altura do argumento, o leitor pode ter a impressão de que suponho haver uma singularidade absoluta no uso da repetição na Bíblia. Não é verdade, porque pelo menos alguns elementos do espectro de artifícios de repetição estão presentes em qualquer narrativa literária, de Homero a Günter Grass. Alguns usos caracteristicamente bíblicos de repetição assemelham-se bastante aos tipos de repetição que reconhecemos como recursos literários em contos e romances, poemas épicos e dramáticos, escritos em lugares e épocas diversos. *Rei Lear*, de Shakespeare, é um bom termo de comparação, porque utiliza de modo brilhante uma ampla gama de recursos de repetição, que foram classificados por Bruce F. Kawin em *Telling it again and again*,* um estudo dos usos narrativos da repetição. O tipo de repetição mais evidente e generalizado em *Rei Lear* é mais da ordem das situações que das palavras, principalmente nos muitos paralelos do duplo enredo. A Bíblia não emprega enredos simétricos, mas insiste constantemente na comparação de situações e na reiteração de motivos como estratégia de comentário moral e psicológico (por exemplo, no Gênese, a série de conflitos familiares que levam à substituição do irmão mais velho pelo mais novo). Como é possível encontrar esse recurso a comparações e motivos reiterados em toda a literatura, não há necessidade de explicar sua presença na Bíblia — por mais que esse aspecto das histórias bíblicas exija um exame minucioso.

Na outra ponta do espectro da repetição em *Rei Lear*, temos a reiteração sucessiva e ininterrupta de uma palavra (por exemplo, quando o rei louco repete "matar, matar, matar, matar [...]" ou grita diante o cadáver de Cordélia "nunca, nunca, nunca, nunca, nunca [...]") — o que Kawin designou como "sintaxe de pura ênfase". Essa possibilidade de repetição extrema, em que o recurso é totalmente justificado do ponto de vista dramático por exprimir uma espécie de gagueira mental, tende a ser relativamente rara, sobretudo na literatura não dramática, mas ocorre às vezes na Bíblia. O exemplo mais notório é o momento em que Davi recebe a notícia da morte de Absalão (2 Samuel 19). O rei-poeta, que em

---

* Bruce F. Kawin, *Telling it again and again: Repetition in literature and film* (Ithaca, 1972).

outras ocasiões responde a notícias de mortes com elegias eloqüentes, agora simplesmente soluça "Absalão, Absalão, meu filho, meu filho", e repete as palavras "meu filho" oito vezes em dois versículos (2 Samuel 19, 1-5).

Observando mais de perto, encontramos ainda em *Rei Lear*, como, aliás, em tantas outras peças e romances, a repetição de certas palavras-chave (como o verbo *to crack* [rachar]) que se tornam índices temáticos por sua recorrência em momentos cruciais e carregam consigo, no dizer de Kawin, "os significados que adquiriram em contextos anteriores, trazendo-os para o presente ou levando-os para o futuro, tornando mais complexas e entretecidas as idéias e ações da peça".

Muitos comentadores reconheceram que esse tipo de motivo verbal [*word-motif*] recorrente é um dos traços mais salientes da arte narrativa da Bíblia hebraica. Mas, na prosa bíblica, a reiteração de palavras-chave formalizou-se numa convenção mais fundamental para o desenvolvimento temático do que a repetição de palavras significativas costuma ter em outras tradições narrativas. É possível que os escritores hebreus tenham sido levados a desenvolver essa convenção por força da estrutura da língua, cujo sistema de raízes de três letras torna transparente o núcleo etimológico dos verbos e substantivos, pouco importa como estejam conjugados e declinados, e também, talvez, pelos padrões idiomáticos do hebraico, que tolera um grau bem maior de repetição que as línguas ocidentais. Martin Buber e Franz Rosenzweig foram os primeiros a reconhecer, nos prefácios explicativos a sua tradução alemã da Bíblia, que esse tipo de repetição proposital de palavras é uma convenção típica da prosa bíblica, e a chamaram *Leitwortstil*, termo cunhado a partir da idéia musical do *Leitmotiv*. A descrição de Buber é lapidar:

> Uma *Leitwort* é uma palavra ou raiz lexical recorrente num texto, numa série de textos ou numa configuração de textos: seguindo-se

essas repetições, podemos decifrar e apreender um significado do texto ou, pelo menos, vê-lo com mais nitidez. A repetição, como dissemos, pode ser tanto da própria palavra como apenas da raiz lexical; de fato, a variação morfológica pode muitas vezes intensificar a ação dinâmica da repetição. Considero-a "dinâmica" porque essa forma de combinação de sons cria uma espécie de movimento: se imaginarmos o texto inteiro diante de nós, podemos perceber ondas movendo-se entre as palavras, de um lado para o outro. A repetição cadenciada que se harmoniza com o ritmo interno do texto ou, melhor, que surge dele é um dos meios mais poderosos para se criar um sentido sem declará-lo.*

É claro que a ação da *Leitwort* não fica tão evidente na tradução quanto no original: Buber e Rosenzweig esforçaram-se ao máximo para preservar, na tradução alemã, todas as *Leitwörter*; infelizmente, a maioria das traduções inglesas modernas faz o esforço inverso, traduzindo a mesma palavra por vários equivalentes em inglês em nome da fluência e da suposta precisão. Mesmo assim, a repetição de palavras-chave em muitas narrativas bíblicas é tão gritante que é possível segui-la razoavelmente bem na tradução, especialmente na versão King James (em minhas traduções *ad hoc* ao longo deste estudo, tentei manter-me fiel, na medida do possível, a tais padrões de repetição).

Permitam-me citar rapidamente um exemplo simples em que uma palavra, repetida várias vezes num único episódio, é o principal meio de exposição temática nesse contexto restrito. O confronto entre Samuel e Saul por causa do fracasso do rei em destruir todos os amalequitas e seus bens (1 Samuel 15) baseia-se no entrelaçamento de uma série de variações sobre as palavras-chave *escu-*

---

* Martin Buber, *Werker II: Schriften zur Bibel* (Munique, 1964), p. 1131; em versão hebraica, *Darko shel miqra'* (Jerusalém, 1964), p. 284.

tar, *voz* e *palavra*. Samuel começa convidando Saul a escutar a voz de Deus; quando o rei volta vitorioso do campo de batalha, o profeta se espanta ao ouvir a voz (ou "som", *qol*) de ovelhas e bois. Trovejando acusações em versos, Samuel transmite a Saul a vontade divina: "Que se ouça a voz de Deus/ Porque ouvir é melhor que fazer sacrifícios,/ Escutar é melhor que gordura dos carneiros" (1 Samuel 15, 22); e um Saul contrito pede perdão por ter desobedecido à palavra do Senhor e ter dado ouvidos à voz do povo (a *vox populi* é aqui o oposto da *vox dei*). No capítulo seguinte, quando passa da rejeição de Saul para a escolha de Davi, o narrador também troca habilmente a palavra-chave, de "escutar" para "ver": uma vez que o rei foi incapaz de "escutar", o profeta agora tem de aprender a "ver" quem é o mais apto a ser rei.*

O emprego de motivos verbais é mais comum, porém, em unidades narrativas mais extensas, para servir de apoio ao desenvolvimento de um tema e para estabelecer ligações esclarecedoras entre episódios aparentemente díspares. Michael Fishbane mostrou que o ciclo inteiro das histórias de Jacó estrutura-se em torno da reiteração de *Leitwörter* e temas numa série de "enquadramentos simétricos" que "refletem uma técnica elaborada de composição". As duas palavras cruciais para a organização do material no Gênese são *bênção* e *primogenitura* (há um jogo entre as palavras equivalentes em hebraico: *berakhah* e *bekhorah*). Essas palavras-chave, apoiadas por todo um grupo de motivos verbais subsidiários, assinalam as ligações entre unidades narrativas de temas paralelos, criando "uma estrutura formal de inclusões e ordenamentos em contraste irônico com as maquinações do conteúdo".** Embora outras narrativas mais longas possam não exibir a sime-

---

* O capítulo 7 contém uma análise desse aspecto de 1 Samuel 16, especialmente nas páginas 220-30.
** *Text and texture* (Nova York, 1979), pp. 40-62.

tria estrutural que Fishbane indica no ciclo das histórias de Jacó, a recorrência significativa de umas quantas palavras-chave em segmentos extensos do texto também se evidencia em outros lugares — talvez de modo mais notável na história de José, em que as *Leitwörter* são *reconhecer, homem, senhor, escravo* e *casa*.

Qualquer pessoa familiarizada, por exemplo, com as múltiplas implicações que Shakespeare deu à palavra *time* na primeira parte de *Henrique IV*, ou com as variações irônicas da palavra *prudence* elaboradas por Henry Fielding em *Tom Jones*, ou ainda, numa harmonia mais musical, com o efeito que James Joyce obtém pela repetição da palavra *yes* no solilóquio de Molly Bloom, é capaz de reconhecer esse tipo de mecanismo literário que serve ao mesmo tempo para unificar e dar foco à narrativa.

A estratégia típica na Bíblia, evidente na convenção do *Leitwortstil*, é acentuar explicitamente a repetição verbal, mas também há numerosos casos em que a repetição se torna uma espécie de "desenho no tapete", à maneira de Henry James, meio escondido, insistente mas subliminar, e bem mais aceitável para sensibilidades literárias modernas. Sansão, por exemplo, é silenciosa mas eficazmente associado ao motivo verbal e imagético do fogo (Juízes 14-16). As várias cordas que não conseguem amarrá-lo são comparadas a fios de linho queimados ao fogo quando ele as arrebenta com força (Juízes 15, 14). Os trinta filisteus ameaçam matar sua primeira mulher com fogo se ela não lhes revelar a resposta ao enigma de Sansão (Juízes 14, 15). Quando o primeiro sogro de Sansão o rechaça como marido da filha mais velha, ele se vinga amarrando tochas às caudas de raposas e ateando fogo nas searas dos filisteus (Juízes 15, 4-5). A reação imediata dos filisteus é fazer uma estrondosa fogueira da casa da nova esposa de Sansão, matando a mulher e o pai em meio às chamas (Juízes 15, 6). Quando chegamos ao ponto em que Sansão, feito prisioneiro, derruba o templo de Dagon, matando a si mesmo e a milhares de inimigos, embora não haja fogo na cena culminante, o fogo já se tornou uma imagem metonímica do próprio Sansão: uma força cega, incontrolável, que deixa atrás de si um terrível rastro de destruição e que, no fim, é consumido junto com tudo o que atravessa seu caminho.

A narrativa bíblica nos mostra, assim, um sistema cuidadosamente integrado de repetições, algumas baseadas na recorrência de fonemas, palavras ou pequenas frases, outras ligadas a ações, imagens e idéias que fazem parte do universo dos relatos que "reconstruímos" como leitores, mas que não são necessariamente urdidos na textura verbal da narrativa. É verdade que esses dois tipos de repetição produzem efeitos diferentes, mas os escritores hebreus os usaram muitas vezes juntos para reforçar um ao outro e criar um todo ordenado. Proponho abaixo uma escala de recursos repetitivos de estruturação e focalização nas narrativas bíblicas, em ordem crescente de complexidade.

1. *Leitwort*. Por meio de abundante repetição, a raiz lexical é explorada em seu âmbito semântico e diferentes formas do radical são aplicadas, divididas às vezes em correlatos fonéticos (formando jogos de palavras), sinônimos e antônimos; em virtude de seu caráter verbal, a *Leitwort* remete diretamente ao significado e, por conseguinte, ao tema (por exemplo, *ir* e *regressar* no Livro de Rute; o verbo *ver*, com seus sinônimos poéticos, na história de Balaão).

2. *Motivo*. Repetição de uma imagem concreta, de uma qualidade sensorial, de uma ação ou objeto ao longo de uma determinada narrativa; pode ser associado, em intervalos determinados, a uma *Leitwort*; não tem significado próprio fora do contexto definidor da narrativa; pode ter um significado simbólico incipiente ou ser basicamente um recurso para dar coerência formal a uma narrativa (por exemplo, o fogo na história de Sansão; as pedras e as cores branca e vermelha no episódio de Jacó; a água

no ciclo de Moisés; os sonhos, as prisões e covas, a prata na história de José).

3. *Tema*. Uma idéia que faz parte do sistema de valores do relato — seja de natureza moral, moral-psicológica, legal, política, histórica ou teológica — e que aparece com certo padrão de recorrência. Ela também é freqüentemente associada a uma ou mais *Leitwörter*, mas não lhes é coextensiva; pode estar ainda associada a um motivo (por exemplo, a revogação da primogenitura; a obediência em oposição à rebeldia nas histórias do Êxodo; o conhecimento na história de José; o exílio e a Terra Prometida; a rejeição e escolha do soberano em Samuel e no Livro dos Reis).

4. *Seqüência de ações*. Esse padrão aparece com mais freqüência e nitidez na forma do conto popular, com três repetições consecutivas, ou três mais uma, intensificadas ou incrementadas de uma ocorrência para a outra, geralmente terminando num clímax ou numa inversão (por exemplo, os três oficiais e seus soldados ameaçados com o fogo dos céus, em 2 Reis 1; as três catástrofes que destroem as propriedades de Jó, seguidas de uma quarta desgraça em que morrem seus filhos; o triplo fracasso de Balaão em fazer a jumenta andar).

5. *Cena-padrão*. Trata-se de um episódio que se desenvolve em um momento crucial da trajetória do herói e que se compõe de uma seqüência fixa de motivos. É quase sempre associada a determinados temas recorrentes; a cena-padrão não é vinculada a *Leitwörter* específicas, embora um termo ou uma expressão recorrentes possam ajudar a marcar a presença de uma cena-padrão especial (por exemplo, a anunciação do nascimento do herói, os esponsais à beira do poço, a provação no deserto).

Cabe notar que os dois pólos desse esquema de recursos estruturantes, a *Leitwort* e a cena-padrão, traduzem convenções literárias muito peculiares à Bíblia (embora seja possível encontrar elementos análogos em outras tradições narrativas), ao passo que os três termos intermediários — motivo, tema* e seqüência de ações — surgem com freqüência no espectro mais amplo das obras narrativas. Dessa maneira, a Bíblia compartilha, em grau considerável, as aplicações da repetição que estamos examinando com outros tipos de narrativa literária. O que distingue o uso da repetição na Bíblia é sua natureza explícita e formal, característica que, para voltar à nossa dificuldade inicial, sustenta uma proporção incomum de reiterações literais. Se quiser apreciar a habilidade artística no manejo desse tipo de repetição, o leitor moderno terá de cultivar hábitos de percepção diversos daqueles que geralmente utiliza em sua leitura. Nas narrativas de grande densidade de materiais ficcionais específicos e mais empenhadas em realçar os elementos miméticos de estrutura e estilo do que os elementos poéticos, a repetição tende a ser, pelo menos em parte, camuflada, e espera-se que a *detectemos* ou *captemos* como uma linha sutil de recorrência que segue um padrão diversificado, um lampejo de sugestiva semelhança em meio a diferenças aparentes. (Na literatura ocidental, a exceção óbvia a essa tendência ocorre em experiências radicais de estilização, como as ficções de Gertrude Stein ou Alain Robbe-Grillet, nas quais a repetição formal surge como poderoso princípio estrutural.) Quando, por outro lado, nos deparamos com uma narrativa extremamente frugal, marcada por simetrias formais de alto grau de repetição literal, o que temos de fazer é antes perscrutar as pequenas mas

---

* Infelizmente, há uma grande confusão na maneira como esses dois termos costumam ser usados por diferentes teóricos e críticos da literatura. Da forma que os defino, creio estar bem próximo do uso da linguagem corrente, porque insisto em dizer que o motivo é concreto e o tema implica valor, pressupondo, portanto, certo movimento de abstração. Devido a uma compreensível associação entre motivo e *Leitmotiv*, parece-me sensato ligar o motivo a uma recorrência intencional em vez de utilizar o conceito para designar qualquer elemento isolado de uma história, como fazem alguns teóricos.

reveladoras diferenças em aparentes similaridades, os novos significados que emergem do padrão de expectativas regulares criadas pela repetição explícita.

A matriz conceitual desse modo de usar a repetição talvez deva ser procurada na poesia, que, na maioria das culturas, antecede a prosa como veículo de expressão literária. Essas associações só podem ser conjecturais, mas o que tenho em mente é, em essência, o seguinte: o paralelismo do verso bíblico constituiu uma estrutura na qual, por meio de hemistíquios aproximadamente sinônimos, havia uma repetição constante que, na realidade, nunca era efetivamente uma repetição. Isso não se deu apenas por inadvertência, simplesmente porque, não havendo verdadeiros sinônimos, toda repetição é sempre uma afirmação nova, mas porque a arte (consciente ou intuitiva) do paralelismo poético consistia em fazer avançar o argumento poético como se apenas o repetisse — intensificando, especificando, completando, qualificando, contrastando, expandindo o material semântico de cada hemistíquio inicial em sua aparente repetição. A prosa bíblica opera estilisticamente na direção oposta, repetindo palavra por palavra; na prosa, a norma da repetição não é o recurso a uma sinonímia inventiva. Creio, porém, que em ambos os casos havia a expectativa de que o leitor ideal (de início, o ouvinte ideal) ficasse atento às diferenças que surgem a cada instante num meio que parece fundar-se na recorrência permanente.

Essa forma de atenção é particularmente crucial para que se compreenda uma das mais importantes convenções bíblicas, que passo a examinar agora. Até aqui, ao tratarmos da *Leitwort*, do motivo, do tema e da seqüência de ações, nós nos concentramos num tipo de repetição essencialmente *reiterativa*: alguns desdobramentos da história são ressaltados pela repetição no desenrolar da narrativa. Mas há um outro tipo de repetição nos textos bíblicos, que é mais frásica do que verbal, temática, de motivo ou de ação. Nesse caso, frases inteiras são repetidas, seja por personagens diferentes, seja pelo narrador, seja pelo narrador em conjunto com um ou mais personagens, com a adição de pequenas mas importantes mudanças no que parece, à primeira vista, ser uma repetição *ipsis litteris*. Muitas complicações psicológicas, morais e dramáticas das histórias bíblicas são criadas com essa técnica.

Alguns exemplos servirão para demonstrar seu funcionamento. De maneira geral, quando ocorrem repetições contendo variações importantes, as mudanças introduzidas podem apontar para uma intensificação, para a elaboração de um clímax, para uma aceleração das ações e atitudes inicialmente representadas, ou, por outro lado, para uma nova revelação inesperada e, quem sabe, perturbadora, do personagem ou do enredo. A primeira categoria é a mais simples, por ligar-se ao recurso da repetição incremental que seria de esperar numa narrativa antiga. Um exemplo será suficiente para demonstrá-la.

Em 1 Reis 1, depois que Adonias afirma seu direito ao trono, o profeta Natã dá o seguinte conselho a Betsabá: "Vai ter com o rei Davi e dize-lhe: 'Senhor meu rei, porventura não juraste à tua serva com estas palavras: Salomão, teu filho, reinará depois de mim e é ele que sentará no meu trono? Então por que Adonias se tornou rei?'" (1 Reis 1, 13). Natã diz então a Betsabá que enquanto ela estiver falando com Davi ele entrará e preencherá (é exatamente esse o verbo que ele usa) tudo o que ela deixar de dizer. Ora, um dos aspectos mais curiosos dessa história toda — as omissões da narrativa bíblica são tão astuciosas quanto suas repetições — é que não temos como saber se Davi realmente tinha feito essa promessa em favor de Salomão ou se esta é uma fraude virtuosa (?) que Natã e Betsabá estão aprontando para o velho e decadente rei, que mal parece saber a essa altura o que se passa ao seu redor.

Betsabá leva a cabo as instruções de Natã e aborda o rei com as seguintes palavras:

17. Meu senhor, juraste à tua serva pelo Senhor, teu Deus: "Teu filho Salomão reinará depois de mim e se sentará no meu trono". 18. Mas agora Adonias tornou-se rei, sem que tu, senhor meu rei, saibas disso. 19. Ele imolou grande número de touros, bezerros cevados e ovelhas, convidou todos os filhos do rei e também o sacerdote Abiatar e Joab, general do exército; mas não convidou o teu servo Salomão. 20. Mas é em ti, senhor meu rei, que os olhos de todo Israel estão postos, para que digas quem se sentará no trono do meu senhor e depois dele. 21. Pois quando o senhor meu rei tiver adormecido com seus antepassados eu e meu filho Salomão seremos tidos como culpados.

Discurso brilhante em que Betsabá repete as palavras que Natã lhe recomendara e as amplia, com persuasivo engenho. A indicação em duas palavras, *malakh 'Adoniyahu*, "Adonias tornou-se rei", no versículo 11, é o ponto alto do retrospecto que ela faz da lista de convidados do usurpador para seu banquete, de sua descrição de todo Israel esperando ansiosamente pelo pronunciamento do rei, e de sua patética evocação da sorte que aguarda, a ela e ao seu filho, se Davi não tomar uma atitude. Mesmo na repetição literal das instruções de Natã, Betsabá introduz um pequeno mas revelador adendo: diz que Davi lhe havia declarado Salomão como seu sucessor "pelo Senhor, teu Deus", o que acrescenta uma solenidade maior à promessa. Pode ser que Natã, um homem de Deus, tenha ficado nervoso por tomar o nome Dele em vão (especialmente, é claro, se a idéia da promessa fosse um embuste), e por isso tenha omitido a frase de suas instruções. Levando adiante essa pequena repetição adicional, Davi anuncia a Betsabá (depois de ter se convencido de que realmente fizera aquela promessa): "Como te jurei pelo Senhor Deus de Israel, 'Salomão teu filho reinará depois de mim [...]'" (1 Reis 1, 30), dando àquela promessa solene o fino remate de uma proclamação oficial.

Natã, fiel ao enredo que planejara, entra justamente na hora em que Betsabá acabou de evocar seu triste futuro após a morte de Davi. Com esperteza, pois é impossível supor que ele tenha conhecimento de uma promessa feita por Davi diretamente a Betsabá, Natã retoma as frases exatas do pretenso juramento (que, na verdade, ele mesmo havia ditado a Betsabá) e as transforma numa pergunta mordaz: "Senhor meu rei, acaso disseste 'Adonias reinará depois de mim e sentar-se-á no meu trono'?" (1 Reis 1, 24). Então, sem esperar pela resposta, ele se arrisca a fazer um relato do banquete de intenções políticas preparado pelo usurpador, no qual vêm à tona, seguindo o padrão da repetição aditiva, alguns detalhes que não constavam da versão de Betsabá:

> 25. Pois ele desceu hoje para imolar inúmeros touros, bezerros cevados e ovelhas, tendo convidado todos os filhos do rei, os oficiais do exército e o sacerdote Abiatar; e eis que estão comendo e bebendo na presença dele, e gritando: "Viva o rei Adonias!". 26. Mas não convidou a mim, teu servo, nem o sacerdote Sadoc, nem Banaías, filho de Joiada, nem teu servo Salomão.

As diferenças entre a versão de Natã e a de Betsabá são admiravelmente apropriadas a cada um. A de Betsabá ressalta a mãe angustiada e a esposa suplicante, e acentua a injustiça feita a seu filho, o perigo iminente que paira sobre mãe e filho, a dependência absoluta da nação em relação à palavra poderosa do rei. Os acréscimos na versão de Natã enfatizam aspectos políticos mais gerais da ameaça de Adonias. Repetindo o roteiro compartilhado, Natã cita não só o general Joab, mas toda a elite militar subornada pelo aspirante ao trono, apresenta uma lista mais extensa dos fiéis seguidores de Davi alijados por Adonias, começa sua fala com um enfático "a mim, teu servo" (Betsabá prudentemente omitiu Natã de seu relato) e fecha a série com uma contrapartida simétrica,

"Salomão, teu servo". Mais importante, Natã acrescenta uma pequena vinheta sobre os convidados de Adonias que comiam e bebiam e gritavam "Viva o rei Adonias!", espetáculo destinado a provocar a ira do monarca ainda reinante. Em hábil contraste com os correligionários do usurpador, Betsabá dirá ao idoso monarca, ao final do encontro: "Que viva para sempre o rei Davi, meu senhor!". O efeito de todo esse processo de repetição e acréscimo é atulhar o monarca de argumentos. A repetição incremental, que em suas utilizações mais esquemáticas apenas proporciona uma gradual intensificação ou extensão de uma proposição inicial, tem, nesse episódio, plena justificativa dramática e psicológica. Expressa, sem necessidade de comentários explícitos, aspectos do caráter de cada um dos personagens envolvidos na cena, além de ser um meio eficaz e convincente de introduzir uma mudança no curso dos acontecimentos — posto que, nesse episódio como em outros da Bíblia, a linguagem claramente faz as coisas acontecerem.*

Quando a variação das repetições visa obter um efeito gradual, como em 1 Reis 1, boa parcela do novo material pode ser acrescentada aos elementos reiterados. Quando há intenção de alterar radicalmente uma impressão inicial, isso se obtém mais tipicamente pela substituição, eliminação ou acréscimo de uma única frase, ou então por meio de uma alteração estratégica da ordem dos elementos repetidos. Um exemplo simples de omissão que segue essa diretriz está em 1 Reis 12, quando os jovens companheiros de infância de Roboão aconselham-no a responder à demanda popular pela redução dos impostos com as seguintes palavras: "Meu dedo mínimo é mais grosso que os rins de meu pai.

---

* Como é típico dos estudos convencionais da Bíblia, um excelente comentário histórico-filológico do Livro dos Reis, o de John Gray (Filadélfia, 1963), chama a atenção para as freqüentes repetições nessa cena, compara-a com os mitos de Ras Shamra e se limita a dizer que "a repetição é, com toda certeza, uma característica da narrativa popular e é encontrada também na balada como gênero literário".

Se meu pai vos sobrecarregou com um jugo pesado, aumentarei vosso jugo. Meu pai vos castigou com açoites e eu vos castigarei com escorpiões" (1 Reis 12, 10-11). Roboão segue esses conselhos duros e repete desastrosamente, *ipsis litteris*, as palavras de seus conselheiros, mas, de forma reveladora, omite a comparação hiperbólica entre seu dedo mínimo e os rins do pai (1 Reis 12, 14), decidindo sabiamente não agravar sua rigidez orçamentária fazendo extravagantes declarações públicas sobre sua estatura em comparação com a do falecido Salomão.

A variação na repetição é algumas vezes usada para sugerir não um aspecto do personagem, mas um desenvolvimento do enredo. O efeito resultante é uma característica importante da arte da narrativa bíblica. O tipo de prenúncio a que estamos acostumados inclui a antecipação de um eventual desfecho pela insistência momentânea numa ação, imagem ou afirmação do narrador. Quase no começo de *O vermelho e o negro*, Julien Sorel entra numa igreja onde encontra um pedaço de papel impresso informando sobre a execução de um certo Louis Jenrel, anagrama de seu próprio nome, e, quando sai, a luz do sol que atravessa as cortinas vermelhas faz com que a água benta se pareça com sangue — uma nota em *tremolo* típica da convenção do prenúncio, mas, felizmente, não dos romances de Stendhal. Na Bíblia, ao contrário, a norma é a insinuação, e os acontecimentos futuros tendem a ser sugeridos pela leve e inquietante dissonância produzida quando, num padrão de repetição, utiliza-se uma frase ambígua por outra mais tranqüilizadora. Isso proporciona ao leitor o indício subliminar de algo que está para acontecer e não um aviso enfático, ainda que vago.

Quando em Juízes 13, por exemplo, o anjo anuncia à esposa de Manoá que ela vai conceber e dar à luz um filho, a mulher repete ao marido quase todo o conteúdo da promessa divina, palavra por palavra, mas significativamente modifica a frase final da mensagem. O anjo dissera: "O menino será um nazareno consagrado a Deus desde o ventre materno, e começará a salvar Israel [das mãos] dos filisteus" (Juízes 13, 5). Mas, ao repetir a mensagem ao marido, a esposa de Manoá e futura mãe de Sansão conclui assim: "O menino será um nazareno, consagrado a Deus desde o ventre materno até o dia de sua morte" (Juízes 13, 7). É sem dúvida preocupante que a promessa que culminava com a libertação — ainda que tãosomente o *início* da libertação — de Israel dos opressores filisteus termine sem nenhuma menção à "salvação", mas, ao contrário, fale em "morte". Do ventre da mãe até a morte certamente é uma maneira neutra e proverbial de dizer "por toda a vida". Porém, dadas as circunstâncias, o silêncio da mulher a respeito da promessa explícita de uma salvação política e o contrapeso das três palavras, '*ad-yom moto*, "até o dia de sua morte", em confronto com o eco de toda a fala sobre o destino do menino libertador, transformam a frase em comentário implícito acerca da profecia e restituem àquela "morte" final um pouco de sua força negativa independente. A força da omissão da salvação na versão da esposa se intensifica quando Manoá indaga depois ao anjo sobre "como será a vida do menino e quais serão seus feitos". É bem verdade que o anjo já havia respondido às duas partes da pergunta em seu anúncio à mulher de Manoá, mas a informação crucial sobre as futuras realizações da criança foi suprimida do relato que ela lhe fizera. Resumindo: a discrepância de uma única frase prepara o terreno para um salvador de Israel, poderoso mas ambíguo do ponto de vista espiritual, que vai acabar semeando tanto a destruição quanto a salvação.

Permitam-me examinar um outro exemplo do uso profético da repetição modulada num momento de grande suspense narrativo, bem ilustrativo de como o modelo do conto popular, com toda uma série de repetições literais que terminam numa inversão, pode ser empregado com alto refinamento artístico. Em 2 Samuel

3, Abner, o comandante-em-chefe de Saul, decide pôr fim à longa guerra civil com a casa de Davi e, para tanto, vai a Hebron, capital do reino de Davi, para entrevistar-se com o rei-guerreiro. Após uma recepção e uma conversa amigável, durante a qual Abner promete requisitar todo o seu povo para assinar um tratado reconhecendo Davi como rei,

> 21. Davi mandou Abner embora, e ele foi em paz [*vayelekh beshalom*]. 22. Nesse momento, os soldados de Davi e Joab chegaram de uma escaramuça, trazendo muitos despojos, e Abner não estava com Davi em Hebron, porque Davi já o tinha mandado embora e ele foi em paz. 23. Quando Joab chegou com suas tropas, contaram-lhe o seguinte: "Abner, filho de Ner, veio ter com o rei, e este o mandou embora e ele foi em paz". 24. Joab veio até o rei e disse: "O que fizeste? Abner esteve aqui contigo; por que o mandaste embora e ele foi mesmo?" [*vayelekh halokh*].

Após três ocorrências em rápida sucessão de uma saída em paz, a substituição por Joab da palavra *beshalom*, "em paz", por um intensificador, *halokh*, do verbo "ir" soa como uma adaga caindo ao chão depois de um repicar de sinos. Joab diz "ele foi mesmo", em vez de "ele foi em paz", em parte porque se enfurece ao pensar que Davi deixou Abner partir quando o tinha nas mãos, em parte por causa de sua determinação inflexível de não deixar que a saída de Abner seja pacífica. Joab imediatamente põe-se a censurar Davi por ajudar e acolher o inimigo, que poderia ter vindo só para espionar, e envia mensageiros atrás de Abner para chamá-lo de volta a Hebron. Quando o comandante adversário chega, Joab, o mais duro mafioso do antigo Oriente Próximo, leva-o até os portões da cidade e o apunhala para se vingar da morte do irmão, Asael, batido por Abner no campo de batalha. Chegando a esse rápido desfecho do episódio, podemos até especular, rememorando a narrativa, se a ruptura da série de repetições com o verbo "ir" serviria não apenas para intensificar o significado do verbo, mas também para chamar a atenção para uma possível aplicação em outro sentido por parte de Abner — como um eufemismo para morte (indicações de que esse significado secundário era corrente na Bíblia encontram-se em Jó 27, 21 e em Jeremias 22, 10). Em todo caso, já deve estar claro que, para entender a intenção do personagem e captar toda a sutil estrutura narrativa dessa história, temos de prestar atenção até na mudança de uma única palavra no que talvez nos parecesse à primeira vista ser um padrão estritamente formular.

Poder-se-ia objetar, porém, que o que estou dizendo ser uma convenção requintada de diminutas e calculadas repetições literais é, na verdade, um produto acidental de textos antigos que às vezes repetiam as coisas palavra por palavra, às vezes o faziam apenas aproximadamente. É esta, em essência, a objeção levantada por um estudioso israelense, Yair Hoffman, a uma interpretação da repetição na Bíblia como estratégia consciente apresentada num ensaio de Meir Sternberg* e próxima da que esbocei acima. Por encontrar na Bíblia casos divergentes do padrão de repetição literal, dos quais não se pode inferir nenhum significado literário convincente, Hoffman conclui que não é possível demonstrar empiricamente a existência desse tipo de convenção e acrescenta que

---

* Y. Hoffman, "Entre convenção e estratégia: sobre repetição na narrativa bíblica" (em hebraico), *Ha-Sifrut* 28 (abril de 1979), pp. 89-99. O artigo de Sternberg chama-se "A estrutura de repetição na narrativa bíblica" (em hebraico), *Ha-Sifrut* 25 (outubro de 1977), pp. 110-50. Gostaria de acrescentar que Sternberg e eu desenvolvemos entendimentos semelhantes da convenção bíblica da repetição de maneira independente, já que uma versão anterior deste capítulo foi publicada na forma de artigo em 1976. Temos leituras independentes, mas muito semelhantes, do uso de variações mínimas em repetições em Gênese 39, e essa convergência de percepções sugere que estamos de fato considerando o mesmo objeto literário.

todas as interpretações que o fazem devem ser descartadas como exercícios fantasiosos. O que esse argumento deixa de ver é que muito poucas convenções literárias são tratadas pelos escritores como invariáveis e, portanto, obrigatórias, imperativas. Talvez seja esse o caso da exigência de que um soneto tenha catorze versos (embora já se tenham escrito sonetos de quinze versos); mas uma convenção muito mais típica seria, por exemplo, a da introdução de um personagem num romance do século XIX por meio de uma vinheta — um pequeno esboço de traços físicos e morais. Encontramos todo tipo de desvio desse modelo nos romances oitocentistas, mas ele é suficientemente comum — é usado em mais ou menos 70% dos casos em que se introduz um novo personagem — para ser reconhecível como uma convenção, e é sobre o pano de fundo dessa convenção que podemos observar como um escritor exercita sua arte. Dessa maneira, não é absolutamente necessário insistir na idéia de que toda pequena variação em frases repetidas deve ter um significado, porque me parece possível mostrar de modo convincente que esses significados estão presentes em número suficiente de ocorrências — e, nesse caso, 70% é uma estimativa bastante conservadora — para justificar a inferência de que se trata, realmente, de uma convenção engenhosa, que os escritores usavam e os leitores reconheciam.

Hoffman sugere a tese interessante de que a oscilação entre rigor e flexibilidade da repetição literal na Bíblia é uma função de circunstâncias históricas; ou seja, que a repetição estritamente formular era uma norma literária na Mesopotâmia, a oeste, e em Ugarit, ao norte do Israel bíblico, ao passo que na literatura egípcia, ao sul, não havia essa prática. As primeiras narrativas bíblicas, de igual maneira, incluíam mais repetições literais e estavam mais próximas dos antecedentes literários do antigo Oriente Próximo, ao passo que as narrativas tardias, do período pós-exílio, se afastam da norma da repetição e se aproximam dos novos procedimentos da literatura da região no final da Antigüidade. Hoffman propõe, assim, que as oscilações entre a rigidez e a flexibilidade na repetição refletem a transição da narrativa bíblica de um pólo geográfico para outro e de uma era histórica para outra.

A pesquisa histórica talvez consiga confirmar essa hipótese provocante (se bem que o papel do Egito no esquema seja um tanto problemático), mas isso certamente não refuta a existência de um certo tipo de repetição frásica como convenção engenhosa. As convenções de todo *corpus* literário refletem com toda certeza os contextos da história da literatura que o modelaram. A idade de ouro da criação narrativa na literatura bíblica, quando foram criadas as narrativas principais do Pentateuco e dos primeiros Profetas, deu-se aproximadamente entre os séculos X e VII a. C. É razoável supor que os escritores hebreus desse período tenham percebido uma certa fluidez na norma da repetição que haviam herdado, pois estavam em meio a um amplo movimento de transformação da cultura da Antigüidade e de deslocamento do norte e do oeste semíticos ao sul egípcio (e posteriormente helenístico). Se isso é verdade, o ponto essencial é que eles, como bons escritores, detectaram nas ambigüidades de sua situação histórica e literária uma oportunidade para a criação de uma arte própria e forjaram uma convenção de repetições literais que incluía variações estratégicas incomuns por sua sutileza e flexibilidade. De fato, a complexidade da grande era da narrativa hebraica pode ser atribuída em parte aos recursos dessa convenção, que os escritores hebreus do período pós-exílico abandonaram ou não souberam mais usar.

Para concluir, tentarei esclarecer melhor a natureza desse feito valendo-me de duas ilustrações bem mais detalhadas, em que um conjunto de técnicas de repetição cuidadosamente orquestradas compõe a estrutura de uma história inteira. Os dois exemplos constituem opostos complementares no espectro da narração repetitiva; um deles se baseia em palavras-chave e ações repetidas, com determinadas locuções temáticas e trechos de diálogos reiterados textualmente; o outro tece uma trama intrincada de frases repetidas ao pé da letra, entrelaçadas e engenhosamente reordenadas. O primeiro exemplo ilustra as técnicas reiterativas de repetição; o segundo, ao mesmo tempo que faz excelente uso dos processos reiterativos, constitui essencialmente um caso de repetição frásica, no qual somos convidados a prestar atenção nas diferenças reveladas.

Meu primeiro exemplo, a história de Balaão, o profeta gentio (Números 22, 2-24; 25), infelizmente é longo demais para ser comentado aqui versículo a versículo, mas vou tentar mostrar sua operação por meio de uma análise condensada. O segundo exemplo, a tentativa da mulher de Potifar de seduzir José (Gênese 39), é mais denso e, em função do modo como emprega a repetição, exigirá mais atenção aos detalhes.

A primeira palavra em hebraico da história de Balaão é o verbo "ver" (Números 22, 2), que, com o recurso de sinônimos, se torna o principal *Leitmotiv* nessa narrativa sobre a natureza da profecia ou da visão profética. Primeiramente, Balac, rei de Moab, vê o que Israel fez aos amorreus; depois, Balaão, no auge de uma série de visões, verá Israel espraiar-se diante dele numa vasta perspectiva espacial ("Do cume do rochedo eu o vejo/ do alto das colinas eu o contemplo", Números 23, 9) que, na última profecia, transforma-se numa perspectiva temporal de antevisão ("Eu o vejo, mas não agora,/ eu o contemplo, mas não será logo", Números 24, 17). Antes de enunciar suas duas últimas profecias, Balaão faz uma afirmação formular de seu talento de clarividente ou de vidente extático: "Palavra de Balaão, filho de Beor,/ palavra do homem que vê com clareza,/ palavra daquele que ouve a voz de Deus,/ que vê as visões divinas/ que cai prostrado com olhos desvelados" (Números 24, 3-4). É claro que toda essa algaravia visionária contrasta ironicamente com o espetáculo de Balaão inteiramente cego à presença de um anjo que até sua jumenta enxerga sem dificuldades, até que Deus decide "abrir-lhe os olhos" (Números 22, 31).

Essa constante insistência em Deus como fonte exclusiva da visão se completa com a reiteração de motivos verbais que influem no poder de dispensar bênçãos e maldições. Balac manda buscar Balaão para amaldiçoar Israel porque, em sua simplicidade de pagão, ele acredita, como diz a Balaão, que "aquele que tu abençoas é abençoado,/ aquele a quem tu amaldiçoas é maldito" (Números 22, 6). O próprio Deus logo esclarece as coisas durante uma visão noturna em que aparece a Balaão e pronuncia os mesmos dois verbos (Números 22, 12): "Não amaldiçoarás este povo, pois ele é abençoado". Uma série de mudanças diversifica a oposição maldição-bênção tanto nos versos visionários de Balaão quanto nos diálogos exasperados entre ele e Balac. A devida conclusão temática é pronunciada claramente por Balaão no preâmbulo de sua primeira profecia (Números 23, 7-8): "Balac me fez vir de Aram,/ o rei de Moab, das montanhas do Oriente:/ Vem, amaldiçoa Jacó por mim,/ Vem condenar Israel à ruína./ Como posso amaldiçoar quem Deus não amaldiçoou,/ Como posso condenar à ruína o que o Senhor não condenou?". Esses versos ilustram de maneira interessante como as repetições prosódicas de paralelismos poéticos podem estar entrelaçadas com a repetição temática de frases ou locuções na prosa. É importante que Balaão seja a um só tempo poeta e vidente, pois, no fundo, a história quer saber se a linguagem é fonte genuína ou mera confirmação de bênçãos e maldições, e investiga as origens do poder da linguagem.

Na história de Balaão, a estrutura de ações paralelas mostra como, ao contrário das queixas de Voltaire e de outros, o monoteísmo polêmico da Bíblia produz alta comédia. Balaão sai montado em sua jumenta para atender ao convite de Balac. No padrão familiar do conto folclórico, há três ocorrências do mesmo incidente, a jumenta que se afasta assustada diante do anjo com a espada em punho que Balaão não vê, para constrangimento cada vez maior do cavaleiro: primeiro, ele vai parar no meio de um campo; depois ele é comprimido contra um muro; e por fim a jumenta simplesmente se deita no chão. E, quando o cavaleiro começa a espancá-la furiosamente pela terceira vez, o Senhor "abre a boca" do animal (em outro trecho Balaão repete insistentemente que só pode dizer "o que o Senhor pôs em minha boca"), e a jumenta reclama: "Que te fiz eu para me teres espancado já três vezes?" (Números 22, 28). Note-se que o autor faz questão de chamar nossa atenção para as três vezes, porque esse número será importante na segunda metade da história. Em sua cólera, Balaão não se dá conta do miraculoso dom da fala e responde como se estivesse habituado a discutir todos os dias com suas jumentas (Números 22, 29): "É porque tu zombaste de mim! Se eu tivesse uma espada na mão eu te mataria!" (o *BeMidbar Rabbah* 20, 21, do Midrash, observa com argúcia a ironia de Balaão querer uma espada para matar uma jumenta no momento em que partia para destruir uma nação inteira somente com suas palavras). Enquanto isso, é claro, o anjo que Balaão não viu está bem ali, empunhando uma espada. Quando Deus decide finalmente revelar a Balaão o anjo armado que barrava o caminho, o vidente colérico se arrepende de ter maltratado a criatura inocente.

Parece claro que a jumenta representa neste episódio o papel de profeta — aquele que vê as visões divinas com olhos desvelados — para o próprio Balaão, como este logo fará para Balac. A analogia entre as duas metades da história é ressaltada pelo fato de que, nas profecias de Balaão, encontram-se novamente três ocorrências simetricamente ordenadas do mesmo incidente, cada uma contribuindo para aumentar o embaraço de Balac. Nas imagens proféticas de Balaão, Israel primeiro se dispersa como poeira, depois se encolhe como um leão e finalmente ascende como uma estrela, de modo que o rei moabita, à espera de uma imprecação, vê-se pouco a pouco reduzido a uma fúria impotente, tal como ocorrera com a raiva cega de Balaão diante da teimosa jumenta.

Ora, no padrão do conto folclórico, uma seqüência de ações repetidas constitui, sem dúvida, um procedimento maquinal, e parte da genialidade do escritor bíblico nesse episódio está em ter compreendido, três milênios antes da formulação do princípio de Bergson, que, nos assuntos humanos, o maquinal é uma grande fonte de comédia. As repetições com Balac e Balaão são muito mais trabalhadas que as de Balaão com a jumenta: em cada uma das três ocasiões, Balaão instrui Balac a construir sete altares e sacrificar sete novilhos e sete ovelhas, enquanto o tresloucado soberano roda com ele de um mirante a outro; e, a cada vez, as esmeradas preparações resultam apenas em maior frustração para Balac. O paganismo, com sua noção de que as forças divinas podem ser manipuladas por uma casta de especialistas mediante uma série de procedimentos cuidadosamente prescritos, enreda-se na trama de uma perspectiva mecânica do mundo, ao passo que, na visão da Bíblia, a realidade é de fato controlada pela vontade de um Deus onipotente além de toda manipulação dos homens. O contraste entre essas duas concepções antagônicas da realidade vem à tona de maneira brilhante no engenhoso padrão de repetições da história. Em cada situação repetida, o rei moabita e seu profeta contratado passam pelas mesmas preparações, e a cada vez Balaão pronuncia versos tonitruantes — as palavras que Deus lhe pôs na boca — que se avolumam numa crescente repetição da visão poderosa em contraponto com a repetição maquinal de suas ações inúteis. A harmonia do argumento teológico e da arte narrativa no conjunto da história se perfaz maravilhosamente.

O narrador de Números 22-24 lança mão de padrões repetitivos em golpes rápidos e ousados. O narrador de Gênese 39 indica-os numa série de pequenos e delicados movimentos:

1. José foi levado ao Egito, e um egípcio, Potifar, oficial do faraó e capitão da guarda, comprou-o dos ismaelitas que o haviam levado para lá. 2. O Senhor estava com José, e ele prosperou [*'ish matzliah*.] e ficou na casa do seu senhor egípcio. 3. E este percebeu que o Senhor estava com ele [José] e que o fazia prosperar [*matzliah*.] em tudo o que empreendia. 4. Gostou de José e encarregou-o de administrar sua casa e lhe confiou tudo o que possuía. 5. E, a partir do momento em que o encarregou de cuidar de sua casa e de tudo o que tinha, Deus abençoou a casa do egípcio, em consideração a José, e as bênçãos do Senhor alcançaram tudo o que ele tinha, em casa e no campo. 6. E tudo o que tinha ele deixou nas mãos de José e, com ele, não tinha que pensar em nada, só no que comia. E José era belo de porte e belo de rosto.

Esses seis versículos compõem a moldura introdutória do encontro de José com a esposa de seu senhor e preparam a cena para esse encontro não só por meio de dados narrativos, mas também pelo anúncio de temas formais. Os motivos verbais reiterados funcionam como a apresentação de temas musicais no início do primeiro movimento de uma sinfonia clássica. José prospera (*matzliaḥ* como verbo intransitivo) e Deus faz com que ele prospere (*matzliaḥ* como verbo causativo). Repete-se que Deus "está com" José, um fator causalmente ligado ao sucesso e que, espalhando-se do homem para tudo o que ele toca, manifesta-se como uma *bênção*. A palavra "tudo" (*kol*) é repetida cinco vezes, o que extrapola a norma bíblica da repetição e por isso mesmo chama a atenção como uma afirmação temática: o alcance da bênção ou sucesso que esse homem obtém é praticamente ilimitado; tudo prospera, tudo é confiado aos cuidados dele. Numa escala reduzida, vemos confirmados seus sonhos grandiosos, num esboço do seu futuro de glórias como governador do Egito. A última frase da moldura, que parece incongruente e que figura na parataxe hebraica como elemento da seqüência de afirmações análogas que ela conclui, é um sinal de alerta, em meio às bênçãos, do que José pode vir a padecer por conta de tantos dotes. Estamos agora preparados para a entrada em cena da esposa de Potifar:

> 7. Tempos depois, a esposa do seu senhor começou a cobiçar José e disse: "Deita comigo". 8. Ele recusou. "Veja", disse à esposa do seu senhor, "comigo aqui, meu senhor não se preocupa com o que se passa na casa, e tudo o que ele tem, ele confiou a mim. 9. Ele mesmo não é nesta casa mais poderoso do que eu, nada me interditou senão a ti, porque és esposa dele. Como poderia eu cometer algo tão perverso e pecar contra Deus?" 10. Assim, embora ela insistisse com José todos os dias, ele se recusava a deitar-se com ela, a ficar com ela. 11. Certo dia, quando ele chegou para trabalhar e nenhum dos servos estava na casa, 12. ela o agarrou pelo manto dizendo: "Deita comigo". Ele largou o manto na mão dela, saiu e fugiu. 13. Quando ela viu que ele tinha largado o manto na mão dela e fugido, 14. chamou os servos e lhes disse: "Vejam, ele nos trouxe um sujeito, hebreu, para bulir conosco [ou caçoar de nós]. Ele se chegou a mim e quis se deitar comigo, mas dei um grito alto [literalmente, 'berrei']. 15. E, quando ele me ouviu levantar a voz e gritar, deixou o manto ao meu lado e fugiu". 16. Ela conservou o manto com ela até que seu senhor voltasse para casa. 17. Então ela lhe disse as mesmas palavras: "O escravo hebreu se chegou a mim, aquele que nos trouxeste, para bulir comigo. 18. Mas quando eu levantei a voz e gritei ele largou o manto ao meu lado e fugiu". 19. Quando o senhor ouviu as palavras que sua esposa lhe dissera, "Teu escravo fez isso e aquilo comigo", ele ficou furioso. 20. Assim, o senhor de José mandou buscá-lo e levá-lo para a casa de detenção, onde eram confinados os prisioneiros do rei, e José ficou ali, na casa de detenção.

A primeira fala do diálogo nessa história contém a proposta sexual direta, sem rodeios ou explicações, da mulher de Potifar a José, apresentada quase como se aquelas duas palavras (em hebraico) fossem tudo o que ela dizia, dia após dia (versículo 10), até que, finalmente, o sentido das palavras se traduziu no gesto físico de agarrá-lo (versículo 12). Em contraposição, a recusa de José (versículos 8 e 9) esparrama-se numa verborragia cheia de repetições convenientes, tanto do ponto de vista dramático — como um servo leal, ele se opõe ao escândalo ético do ato proposto pela mulher —, quanto do ponto de vista temático. A palavra-chave *tudo* é tirada da introdução e usada para sublinhar a abrangência das responsabilidades confiadas a José. Outra palavra temática associada aos encargos de José, *casa*, que aparece cinco vezes nos versículos da introdução, é mencionada duas vezes no diálogo e tem um lugar eminente ao longo da história. Quando o senhor aparece, no versículo 16, ele textualmente "volta para sua casa", e é claramente à usurpação do papel de senhor e da própria casa que a mulher de Potifar incitara José ao fazer a proposta sexual. Para reforçar esse tema com outra estratégia de reiteração verbal, o escritor aproveita todas as oportunidades para referir-se ao egípcio, candidato a marido traído, como "seu [de José] senhor" e à concupiscente senhora como "sua [de Potifar] esposa".

No entanto, é na descrição da tentativa de abuso sexual que a repetição literal de frases e expressões inteiras se torna crucial para o desenvolvimento da narrativa. Quando José foge (versículo 12), "largou o manto na mão dela", um eco perfeito, ironicamente arrancado de um contexto de confiança para outro de traição conjugal, do versículo 6: "E tudo o que tinha ele deixou nas mãos de José" (em hebraico, a palavra *yad*, "mão", está no singular em todas as ocorrências neste capítulo). O versículo 13 repete literalmente a última frase do versículo 12 (omitindo apenas um verbo de reforço) por duas razões: a repetição chama a atenção para a prova decisiva do manto na mão dela, o que é *seguido*, no versículo 14, pelo "grito" da mulher; e, além disso, a repetição proporciona um excelente momento de suspensão da narrativa, enquanto esperamos para saber qual estratagema ela usará para se safar de uma situação tão comprometedora. A história que ela conta aos servos tem o objetivo astucioso de conquistar a simpatia deles contra o estrangeiro, que representaria uma ameaça sexual e um insulto a todos eles (ele fora trazido para "bulir conosco ou caçoar de nós", segundo o trocadilho da expressão *letzaḥeq banu*), e incitá-los contra o marido, responsável pela presença de tão perigoso forasteiro. Como a mulher usa exatamente a mesma seqüência de palavras (versículos 14-15) que o narrador havia usado duas vezes antes (versículos 12-13), mas em ordem inversa, de modo que seu grito *antecede* a fuga de José, a mentira se escancara e dispensa comentários. A mentira flagrante é ainda mais acentuada pela mudança de uma única palavra numa frase que ela repete e que consta da narração anterior. Conforme já assinalei, o ato de deixar alguma coisa na mão de uma pessoa recebe uma ênfase especial porque reproduz textualmente o gesto de deixar, dar e entregar nas mãos de José, sublinhado nos versículos de introdução da história. Na versão da mulher de Potifar, a expressão incriminadora *beyadah*, "na mão dela", usada nos versículos 12 e 13, se transforma calmamente em *'etzli*, "ao meu lado", no versículo 15, para que José pareça ter se despido por vontade própria, preparando-se para o estupro. Mais uma vez, José é associado ao indício enganoso de uma peça de roupa, tal como aconteceu quando seus irmãos trouxeram sua túnica embebida em sangue para mostrar ao pai. A esposa põe o manto cuidadosamente "ao seu lado" (versículo 16), de caso pensado, para apoiar a história que vai repetir ao marido quando ele regressar (o *Bereshit Rabbah* 87, 10, do Midrash, acrescenta a observação genial, mas um tanto fantasiosa, sobre o relato de como a mulher guardou o manto perto de si, afirmando que ela passou um bom tempo acariciando e beijando a peça de roupa).

Quando, por fim, ela fala com o marido, a virtual repetição de suas palavras consiste, mais uma vez, num rearranjo estudado de frases. Ao dirigir-se aos servos, ela havia começado com uma desdenhosa referência ao fato de o marido ter trazido um hebreu, "sujeito", para caçoar deles. Agora (no versículo 17), ela começa de maneira chocante, dizendo que "o escravo hebreu chegou-se a mim", o que, em bom hebraico bíblico, podia ser entendido como "ele teve relações sexuais comigo". E depois especifica: "aquele que nos trouxeste, para bulir comigo". Essa senhora, que antes exibira um repertório verbal de duas palavras de conteúdo sensual, agora se mostra perita na arte da ambigüidade sintática. Nas palavras que dirigiu aos servos da casa, o marido trouxera o hebreu "para caçoar de nós", sem deixar margem para equívocos. Ao repetir a curta frase diretamente para o marido, ela o faz de maneira a ser lida de duas maneiras: "o escravo chegou-se a mim — aquele que nos trouxeste — para bulir comigo", ou "o escravo chegou-se a mim, aquele que nos trouxeste para bulir comigo" (a pontuação do texto hebraico não esclarece o sentido, está claro). A segunda leitura seria, evidentemente, uma afiada repreensão ao marido, ao sugerir que ele teria perversamente instalado a discórdia por trazer para dentro de casa tamanha ameaça sexual, mas a esposa é bastante esperta para formular a acusação de modo tal que restasse ao marido a escolha entre tomá-la como uma repreensão direta ou como uma censura branda e implícita. Deve-se notar ainda que ela havia se referido a José, quando falou com os empregados, como um "sujeito" (ou simplesmente um "homem"), mas, ao repetir o qualificativo para o marido, teve o cuidado de identificar o hebreu como "escravo", de modo a provocar a ira de um senhor diante da evidência de um abuso de confiança da parte de um inferior.*

Além disso, na versão que apresentou ao marido, a mulher repete mais uma vez o arranjo mentiroso de frases (a substituição crucial de "em minha mão" por "ao meu lado") e insiste em sublinhar seu protesto ao levantar a voz e gritar. O curioso é que, desta vez, o grito não aparece mais como uma frase independente — "Lancei um grito alto"; ao contrário, o ato é assumidamente reduzido a uma frase subordinada — "Quando levantei minha voz e gritei [como é natural que fizesse, porque sou uma mulher honesta]". A definição do personagem mediante a repetição no diálogo é esplendidamente eficiente. O marido reage como um perfeito idiota, justo como a mulher friamente previra: José é aprisionado, e o narrador nos oferece três versículos que fecham o episódio e fazem eco aos versículos introdutórios:

> 21. Mas o Senhor estava com José. Estendeu sobre ele sua bondade e concedeu-lhe as boas graças do carcereiro-chefe. 22. O carcereiro confiou às mãos de José todos os prisioneiros que estavam na casa de detenção, e tudo o que fazia lá passava por ele [José]. 23. O carcereiro não se ocupava de nada que estava nas mãos de José, porque o Senhor estava com ele, e tudo o que ele empreendia, Deus fazia com que prosperasse.

Esses versículos finais são um triunfo de composição formal. Embora José tenha sido jogado em outro tipo de cova, a impressionante recapitulação dos motivos verbais deixa claro que o ritmo de

---

* Devo a Meir Sternberg a percepção, em seu artigo sobre a estrutura da repetição, dessa pequena mas crucial transição da palavra "sujeito" para "escravo". A respeito do mesmo versículo, ele faz uma observação semelhante à minha sobre a astuciosa exploração da ambigüidade sintática; cf. "A estrutura da repetição na narrativa bíblica", p. 142.

bênçãos que faz parte de seu destino vem se afirmar novamente. "Ele permaneceu na casa de detenção [*beyt-sohar*]" (fim do versículo 20) do mesmo modo como antes (fim do versículo 2) "ficara na casa de seu senhor egípcio" (traduzi *beyt-sohar* por "casa de detenção", apesar da ressonância moderna, a fim de conservar o motivo verbal "casa", que o original hebraico mantém, e o da bênção que o lugar recebe graças à presença de José). Novamente, Deus "está com José", de modo que ele granjeia as boas graças — ou, numa ligeira variação idiomática, recebe "a graça" — de seu senhor egípcio. De novo, "tudo" lhe é confiado, colocado "em suas mãos" (uma inversão final da roupa que ficara "na mão" da mulher que o agarra). No versículo 6, Potifar "não se preocupou mais com coisa alguma", por causa da confiança que depositava em José; na prisão, o carcereiro-chefe "não se ocupava de nada" exatamente pelo mesmo motivo. A confirmação final desse padrão essencial de confiança absoluta se dá quando o faraó entrega aos cuidados de José a administração de todo o país. A fórmula "o Senhor está com José", que introduz a descrição de suas atividades no Egito (versículo 2), reaparece no final do episódio, e a última palavra da história vem a propósito: *matzliaḥ* ou "fazia que prosperasse".

    Todos esses casos de repetição habilidosa são expressões diversas de uma premissa da narrativa bíblica. Nas histórias da Bíblia, a linguagem nunca é concebida como um invólucro transparente dos eventos narrados ou como um adorno estético desses acontecimentos, e sim como um componente integral e dinâmico — uma dimensão dominante — do que está sendo narrado. Deus criou o mundo com a linguagem, e é pela linguagem que Ele revela Sua intenção na história dos homens. A visão bíblica é moldada por uma confiança absoluta numa coerência final do sentido transmitido pela linguagem. Inserindo-os por meio da repetição numa trama intricada de palavras, a narrativa bíblica relata o curso da ação e o discurso dos homens e mulheres sempre da perspectiva fatídica de sua convergência ou divergência em relação às ordens divinas. Repetidas vezes nos damos conta do poder das palavras sobre as coisas. Deus ou um de Seus intermediários ou mesmo uma autoridade puramente humana fala: o homem repete e cumpre as palavras da revelação, repete e exclui, repete e transforma, mas a mensagem original e urgente está sempre lá, a ser confrontada, uma mensagem que, na potência de sua formulação verbal concreta, não se deixa esquecer ou ignorar. No plano dos homens, um senhor fala (pois há uma hierarquia social e espiritual implícita no modelo) e seu servo recebe ordens para repetir exatamente o que ele disse; no caso mais freqüente, o narrador relata uma ação e, em seguida, os protagonistas a relatam de novo, usando praticamente as mesmas palavras. A discrepância entre "praticamente" e "exatamente" dá a medida finamente calibrada da visão subjetiva do personagem. À medida que os agentes humanos reformulam a recorrência de acordo com suas intenções ou idéias falsas, vemos como a linguagem pode servir para mascarar ou enganar, tanto quanto para revelar. Contudo, mesmo nessa forma refratada vemos a linguagem manifestar seu poder de se traduzir em história, uma história cuja substância parece ora ser o homem e suas ações, ora a linguagem que ele usa.

Além dessa permanente interação, mediada pela repetição, entre o diálogo e a narração, os personagens e os eventos bíblicos são colhidos numa teia mais sutil de reiterações em um plano geral de palavras e locuções temáticas em constante recorrência. Nenhum ato ou gesto é acidental e a seqüência de eventos nunca é fortuita. José passa rapidamente do alojamento dos escravos para a mansão dos senhores, da prisão para o palácio, mas, nesse meio-tempo, a forte pontuação de motivos verbais nos mostra repetidamente a direção para a qual ele se encaminha, o objetivo final de seu árduo percurso. Na grande paisagem bíblica, as figuras humanas agem livremente, impelidas por uma individualidade memorável, muitas vezes de uma pertinácia feroz — mas todas as suas ações acabam por recair nas simetrias e recorrências do vasto desígnio divino. E é por meio da repetição onipresente que a arte narrativa da Bíblia logra iluminar a inescapável tensão entre a liberdade humana e o plano divino.

6. A caracterização dos personagens e a arte da reticência

Como a Bíblia consegue evocar personagens de tamanha profundidade e complexidade valendo-se de meios aparentemente tão parcos e mesmo rudimentares? Afinal, a narrativa bíblica não contém análises minuciosas de causas ou razões, nem entra em detalhes a respeito de processos psicológicos; somente nos concede indicações mínimas acerca de sentimentos, atitudes e intenções, e oferece-nos pouquíssimas informações sobre o aspecto físico, a gesticulação e os trejeitos, a roupa e os instrumentos usados pelos personagens, o ambiente físico em que eles cumprem seus destinos. Em suma, todos aqueles sinais de uma individualidade matizada a que a tradição literária ocidental nos habituou — sobretudo no romance moderno, mas também nas epopéias e histórias romanescas [*romances*] da literatura grega — parecem estar ausentes na Bíblia. De que maneira se poderia explicar, então, que de textos tão lacônicos surjam figuras como Rebeca, Jacó, José, Judá, Tamar, Moisés, Saul, Davi e Rute, personagens que, mais além do papel arquetípico que porventura desempenhem como portadores de um imperativo divino, ficaram gravados de maneira indelével na imaginação de centenas de gerações como individualidades tão vivas?

É bem verdade, conforme assinalaram Erich Auerbach e outros, que os acontecimentos delineados de modo rarefeito no primeiro plano da narrativa bíblica supõem, de certa maneira, um vasto segundo plano de densas possibilidades de interpretação, mas a questão crítica é justamente o modo específico como se constrói essa "certa maneira". Embora a narrativa bíblica geralmente se cale nos pontos em que as modalidades posteriores de ficção viriam a ser loquazes, seu silêncio é seletivo e intencional: vale para personagens diferentes, ou para os mesmos personagens em momentos especiais da narração, ou para certos aspectos de seus modos de pensar, sentir e se comportar. A verdade é que os escritores bíblicos, embora pareçam guardar uma continuidade com o tratamento relativamente simples dos personagens dos autores mesopotâmicos e sírio-palestinos que os antecederam, criaram um conjunto de técnicas inovadoras e surpreendentemente flexíveis para a representação imaginativa da individualidade humana.

Considerando-se que a arte não se desenvolve num vazio, essas técnicas literárias devem estar vinculadas à concepção da natureza humana implícita no monoteísmo bíblico: toda pessoa é criatura de um Deus onisciente, mas deixada ao sabor de sua incomensurável liberdade; feita à imagem de Deus por uma questão de princípio cosmogônico, mas quase nunca como um fato ético perfeito; e cada exemplo individual desse complexo de paradoxos que se estende do zênite ao nadir do mundo criado exige uma consideração especialmente perspicaz em sua representação literária. A deliberada seleção de meios e as estratégias técnicas contrastivas ou comparativas usadas na caracterização dos personagens bíblicos são, em certo sentido, ditadas pela visão bíblica do homem.

Creio que alguns exemplos permitirão esclarecer estas sugestões. Gostaria de concentrar-me numa série de passagens relacionadas da história de Davi, o personagem mais complexo e mais bem trabalhado da Bíblia. Examinar todo o retrato literário de Davi ocuparia espaço demais nesta obra, mas, para investigar como a habilidosa seletividade da Bíblia cria superfícies bem definidas e uma sensação de ambígua profundidade de caráter em seus personagens, é suficiente acompanhar o desenrolar das relações de Davi com sua primeira mulher, Mical, que também traz à luz sua relação com Saul, as outras mulheres de Davi e seus soldados. Mical aparece na narrativa logo depois que Davi, um jovem originário da província de Belém, estréia como herói militar e conquista a admiração do povo (1 Samuel 18). Acabamos de tomar conhecimento, num mordaz jogo de palavras, de que o espírito do Senhor, que agora estava com Davi, "abandonou" Saul, e que o atormentado rei "abandonou Davi", enviando-o à frente de batalha. O texto que se segue vale a pena ser citado na íntegra porque, como apresentação das relações entre Davi e Mical, revela um pequeno espectro dos diferentes e sutis meios de caracterização de personagens:

> 14. Davi teve êxito em todos os seus empreendimentos, e o Senhor estava com ele. 15. Saul viu que ele se saía sempre admiravelmente e sentiu medo de Davi. 16. Mas todos em Israel e Judá amavam Davi porque ele os conduzia em suas batalhas. 17. Saul disse a Davi: "Aqui está minha filha mais velha, Merab; eu a darei em casamento a ti. Mas deves servir-me como um bom guerreiro e travar as batalhas do Senhor". E Saul pensava: "Não morra ele por minhas mãos, mas pela dos filisteus". 18. Davi disse a Saul: "Quem sou eu e qual é minha linhagem, a família de meu pai em Israel, para vir a ser genro do rei?". 19. Mas, chegada a ocasião de dar a Davi a filha Merab, Saul a deu a Adriel, de Meolá. 20. Ora, Mical, a outra filha de Saul, amava Davi; disseram isso a Saul e ele gostou. 21. E Saul pensou: "Eu a darei a ele e ela será uma armadilha para ele, para que ele morra pela mão dos filisteus". E Saul disse a Davi: "Hoje [pela segunda oportunidade] te

tornarás meu genro". 22. Saul ordenou a seus servos: "Falai em segredo a Davi e dizei-lhe: 'Tu agradas ao rei e todos os seus servos te estimam: torna-te, portanto, genro do rei'". 23. Os servos de Saul repetiram essas palavras a Davi, mas Davi replicou: "Parece-vos pouca coisa ser genro do rei? Eu sou apenas um homem pobre e de condição humilde". 24. Os servos de Saul disseram-lhe: "Estas foram as palavras que Davi disse". 25. Saul disse: "Direis isto a Davi: 'O rei não quer nenhum dote nupcial, mas apenas cem prepúcios de filisteus como vingança dos inimigos do rei'". E Saul planejava fazer Davi morrer pela mão dos filisteus. 26. Os servos repetiram essas palavras a Davi, e Davi gostou da idéia de tornar-se genro do rei. [Antes que o prazo se esgotasse,] 27. Davi levantou-se e partiu, ele e seus soldados, e eles mataram duzentos filisteus. Davi trouxe de volta seus prepúcios [e os contou na frente do rei] a fim de tornar-se genro do rei. Então Saul lhe deu por mulher sua filha Mical. 28. Saul compreendeu que o Senhor estava com Davi e que sua filha Mical o amava. 29. Então Saul teve mais medo de Davi e tornou-se inimigo constante de Davi. 30. Os comandantes filisteus continuavam saindo para a guerra, mas sempre que o faziam Davi tinha mais sucesso que os oficiais de Saul, e seu nome tornou-se ainda mais famoso.

Em narrativas a cargo de um narrador confiável em terceira pessoa, como é o caso na Bíblia, há uma escala ascendente (quanto à explicitação e à certeza) de meios para a comunicação de informações sobre as motivações, as atitudes e o caráter moral dos personagens. Sua índole pode ser revelada pelo relato das ações, da aparência, dos gestos, da postura e da roupa que usam; por intermédio dos comentários de outros personagens; pelo discurso direto, pelo monólogo narrado ou pelo monólogo interior; ou ainda pelas afirmações do narrador sobre o modo de ser e as intenções dos personagens, que podem ser feitas de maneira categórica ou motivada pelo contexto.

A categoria inferior dessa escala — aquela em que o personagem é revelado por suas ações ou por sua aparência — nos conduz, em essência, a um âmbito de inferências. As categorias intermediárias, que giram em torno do discurso direto do próprio personagem ou de outros a seu respeito, levam-nos da inferência à avaliação das afirmações. Embora as declarações do próprio personagem possam parecer uma revelação honesta de quem ele é e do que faz com as coisas, na verdade os escritores bíblicos sabem tão bem quanto Henry James ou Proust que a fala às vezes reflete mais a circunstância que o locutor, e pode ser antes uma cortina fechada do que uma janela aberta. Com o monólogo narrado entramos na esfera da certeza relativa sobre o personagem: há certeza, em todo caso, sobre as intenções conscientes do personagem, mas ainda podemos nos perguntar sobre seus motivos efetivos. Por fim, no topo da escala ascendente, temos a afirmação explícita do narrador confiável sobre o que o personagem sente, pretende, deseja; agora o texto nos concede certezas, embora a narrativa bíblica prefira, como demonstra a passagem acima, ora explicar o juízo sobre um personagem, ora mencioná-lo por alto, deixando as causas como um enigma a ser decifrado pelo leitor.

Com isso em mente, se voltarmos à passagem citada de 1 Samuel 18, notaremos de imediato que o autor, longe de se fechar numa técnica monolítica ou "primitiva" de caracterização dos personagens, prefere astuciosamente variar seus meios de apresentação. Como tantos episódios bíblicos, a passagem tem uma estrutura formal: mostra Davi, no início e no fim do episódio, como uma figura de notável sucesso, o que é tanto uma prova quanto uma conseqüência de que Deus está com ele, e de imensa popularidade por conta de seus êxitos. E, se é verdade, como suspeito, que essa passagem foi escrita depois de Gênese 39 — a história de José, outro precoce vencedor em apuros —, ela provavelmente alude a esse capítulo anterior, que também é estruturado por versículos iniciais e finais que salientam o sucesso e a popularidade do herói, que tem Deus com ele. De todo modo, os versículos que antecedem e sucedem a passagem de 1 Samuel citada relatam que Davi foi escolhido por Deus para ocupar o trono de Israel, recentemente criado, mas não dizem nada a respeito de seu caráter moral, e uma das idéias mais perceptivas dos escritores bíblicos diz respeito à freqüente existência de uma tensão, que às vezes chega a ser uma contradição absoluta, entre a escolha e o caráter moral. Mas é importante para o escritor deixar pairar sobre essa tensão uma sombra de dúvida, a fim de conferir complexidade ao personagem de Davi como indivíduo privado e como homem público. Por isso, Davi se mantém como figura completamente opaca nesse episódio, enquanto Saul se apresenta com total transparência e Mical adquire um laivo de transparência cercado de obscuridade.

A apresentação de Saul se vale dos recursos da categoria superior de nossa escala de certezas. O narrador afirma exatamente o que Saul sente por Davi — medo — e por que sente isso — por causa do extraordinário sucesso militar de Davi (nesse caso, a parataxe "Saul viu [...] e sentiu medo" é uma clara indicação de causalidade). Temos o discurso público bem-comportado de Saul a Davi (versículo 17), mas suas palavras são logo comentadas e desmascaradas pela revelação do seu pensamento: ele trama a morte de Davi (no original hebraico, as transições do discurso interior para o discurso exterior são efetuadas de modo mais direto e elegante porque o mesmo verbo, '*amr*, é usado para introduzir o pensamento ou a intenção e a fala de Saul). A discussão seguinte entre Saul e Davi acerca da promessa matrimonial (versículo 21) inverte muito bem essa ordem: primeiro temos o monólogo interior do rei, em seguida sua frase decorosa dirigida à vítima de seu ardil. Quando tomamos conhecimento das palavras que Saul ordena que seus emissários, que provavelmente não são cúmplices conscientes, transmitam a Davi, já sabemos exatamente o que está por trás da mensagem.

Como em outros lugares da Bíblia, nossa atenção é dirigida para o uso da linguagem como instrumento de manipulação. Para garantir que não sejam esquecidas por um instante sequer as verdadeiras intenções de Saul, o narrador intervém com sua própria voz na segunda metade do versículo 25, depois que Saul estipula o preço da noiva, para nos contar a verdadeira intenção do rei. A transparência da apresentação poderia inclusive ter a intenção de sugerir uma transparência nos esforços de Saul como um conspirador maquiavélico: ele é uma figura simples, dado a investidas canhestras e não a golpes habilidosos, e talvez por isso mesmo não seja *político* o suficiente para conservar o trono. Davi terá percebido o ardil tramado pelo rei e decidido aceitar o jogo porque tem confiança em sua capacidade de superar todos os perigos e entregar o dote sangrento? Esta é uma das várias conclusões sobre os personagens que o texto deixa à especulação do público, sem oferecer informações suficientes para conclusões seguras.

Mical emerge do nada com um nome, um parentesco significativo (é filha de Saul) e um sentimento (o amor por Davi). Esse amor, que o texto menciona duas vezes, vai ter uma importância especial porque é o único exemplo, em toda a Bíblia, em que se diz com todas as letras que uma mulher ama um homem. Mas, ao contrário do medo de Saul, o amor de Mical é afirmado sem nenhuma explicação; isso não quer dizer, é claro, que não seja explicável, mas indica apenas o desejo do escritor de que o público conjecture sobre esse sentimento. O povo ama Davi por causa de seu brilhante desempenho nos campos de batalha; pode ser que Mical o ame pelo mesmo motivo ou por qualidades dele que ainda não foram mencionadas ou ainda por certos aspectos de sua própria personalidade que só mais tarde começaremos a adivinhar.

Quanto a Davi, os meios utilizados para representá-lo são propositadamente limitados à categoria inferior e mediana da escala ascendente de certezas. Conhecemos em linhas gerais os feitos de Davi na guerra, sabemos o que outros personagens sentem por ele, mas não há nenhuma atribuição de sentimento a Davi, como acontece com Mical, nenhuma revelação de seus pensamentos ou intenções, como se passa com Saul. Temos apenas as palavras de Davi: primeiro, as que ele dirige a Saul e, depois, aos emissários do rei, ambas em ocasiões públicas, e os termos escolhidos são estritamente diplomáticos. Na verdade, um dos aspectos mais fascinantes de toda a história de Davi é que, até o momento crucial de sua vida, quando ele encomenda a morte de Urias depois de cometer adultério com Betsabá, quase todas as suas falas são discursos públicos e podem ser lidas como motivadas por razões políticas. Só depois da morte de seu filho com Betsabá começa a se fazer ouvir a voz pessoal de um Davi acabrunhado.*

Quais são os sentimentos de Davi, o que ele realmente pensa quando responde a Saul ou aos representantes de Saul? Será que ele se sente de fato humilde como um jovem camponês efraimita subitamente adotado pela corte? Estará ele simplesmente repetindo as fórmulas efusivas de praxe na corte, com sua postura recatada perante o rei? Ou será que, adivinhando a intenção de Saul, mas certo de contar com mais trunfos do que o rei supõe, ele está, com seus protestos de humildade, cuidando de não parecer demasiado ávido por entrar para a família real através do casamento, com tudo que esse desejo poderia insinuar a respeito de suas ambições políticas? O narrador deixa em suspenso essas várias possibilidades de "leituras" de Davi ao apresentar seus pronunciamentos públicos sem qualquer comentário, sugerindo assim a multiplicidade ou a inconstância das motivações desse primeiro exemplar

---

* Os especialistas tendem ainda a pressupor, com base em frágeis argumentos estilísticos e de crítica formal, que há uma "narrativa da sucessão" que começa em 2 Samuel 9. Mas as indicações em favor de uma concepção unificada de toda a história de Davi me parecem convincentes.

do homem como animal político. Uma só ou todas essas razões bem poderiam explicar as palavras de Davi, e, justamente por não especificar qual delas seria a correta, o narrador deixa que cada uma tenha a sua vez.

Os episódios subseqüentes da história de Davi e Mical mantêm esse efeito calculado de opacidade na caracterização do rei-guerreiro e podem ser mencionados mais sucintamente. No capítulo seguinte (1 Samuel 19), Saul manda emissários à casa de Davi e Mical para que preparem uma tocaia para Davi. Por algum meio não especificado, a atenta Mical descobre a trama e adverte Davi com estas palavras lacônicas e insistentes: "Se não escapares esta noite, amanhã serás um homem morto" (1 Samuel 19, 11). A essas palavras de alerta não se segue nenhuma resposta verbal de Davi e nenhuma indicação do que ele sente, apenas a enérgica atitude de Mical e a enfática obediência de Davi: "Mical fez Davi descer pela janela e ele saiu e correu e escapou" (1 Samuel 19, 12). O uso em seqüência desses três verbos (em contraste com um único nas instruções da esbaforida Mical) sublinha a obstinada atenção de Davi ao problema crucial de salvar a própria vida.

Enquanto isso, Mical usa de toda a sua astúcia para esconder a fuga de Davi, pondo na cama um boneco improvisado com os *terafim*, os ídolos domésticos, cobertos com um manto e uma pele de cabra no lugar da cabeça. Trata-se evidentemente de uma alusão a Raquel, que, ao fugir de seu pai na companhia de Jacó (Gênese 31), furta os *terafim* de Labão e os esconde debaixo da sela do camelo quando o pai chega para vasculhar a tenda. É possível que a alusão sirva para prenunciar uma fatalidade que Mical compartilha com Raquel, que vira objeto da maldição involuntária de Jacó por causa do furto dos ídolos domésticos (Gênese 31, 32). Certo é que a alusão reforça a impressão de Mical como uma mulher que renunciou à fidelidade ao pai por dedicação ao marido. Assim, quando Saul descobre que Davi escapou e castiga a filha pela traição, Mical com toda calma inverte as palavras e os atos da noite anterior e finge que Davi a ameaçou dizendo: "Ajuda-me a fugir ou te mato" (1 Samuel 19, 17).

Vale notar que as únicas palavras que Davi supostamente diz a Mical são pura invenção dela para se proteger. Até esse ponto da história, as relações entre ela e o marido são literal e figuradamente um diálogo unilateral. Primeiro, ouvimos dizer por duas vezes que ela o amava, mas tudo o que pudemos deduzir com segurança da atitude de Davi para com a mulher foi que o casamento era politicamente útil. Agora, num momento crítico, Mical demonstra decididamente seu amor e sua inteligência prática por meio de palavras e atos, e o texto, fiel ao princípio de bloquear o acesso a Davi como pessoa privada, cerca-o de silêncio, apresentando-o tão-somente como um homem que, em face de um perigo mortal, sai, corre e escapa.

Depois de pôr à prova uma última vez as intenções homicidas de Saul, com a ajuda do amigo Jônatas, Davi parte em direção às terras áridas, acompanhado de um bando de guerreiros descontentes com o rei. Mical sai de cena. Somente no final de 1 Samuel 25 há uma breve menção a ela, a propósito de duas outras mulheres que Davi esposa. A alegre viúva Abigail, outra representante das mulheres bíblicas extraordinariamente arrojadas e práticas, acaba de ser vista saindo atrás de Davi numa seqüência de verbos: "Abigail apressou-se e levantou-se e montou em seu jumento, seguida por cinco de suas servas, e partiu precedida pelos mensageiros de Davi, que a tomou como mulher" (1 Samuel 25, 42). Em seguida, há um comentário sobre as atividades matrimoniais de Davi (que provavelmente deve ser lido no mais-que-perfeito), quando o narrador menciona o que aconteceu com Mical enquanto Davi esteve fugido: "Davi também havia tomado Aquinoam de Jazrael, e ambas foram suas mulheres. Saul dera sua filha Mical, esposa de Davi, a Faltiel, filho de Laish, de Galim" (1 Samuel 25, 43). A situação de Mical, que já nos fora apresentada como mulher de iniciativa, contrasta agora com a da dinâmica e enérgica Abigail: ela aparece como objeto passivo que o pai passa da mão de um homem para a mão de outro. A questionável legalidade da ação de Saul talvez seja insinuada pelo uso do epíteto "esposa de Davi"; a razão para casar sua filha com outro homem é de ordem política, está claro: demonstrar, ainda que de modo desajeitado, que Davi não tem laços de parentesco com a família real e, portanto, nenhum direito ao trono. Sobre o que Mical pensa dessa transação ou da ausência de Davi e de suas novas esposas, das quais deve ter ouvido falar, o texto não diz nada, assim como nada diz sobre os sentimentos de Faltiel (sua identidade mal é explicada), embora ele venha a ter, um pouco mais tarde, seu instante de revelação memorável.

A estratégia de ocultar as reações íntimas de Davi chega à beira da provocação alguns capítulos depois (1 Samuel 30), quando Abigail, Aquinoam e as mulheres e os filhos de todos os soldados de Davi são feitos prisioneiros durante uma incursão dos amalecitas em Siceleg. De volta de uma curta expedição militar, Davi e sua tropa se deparam com a cidade incendiada, as mulheres e os filhos desaparecidos. A reação de Davi é narrada com a mais exímia ambigüidade: "Então Davi e os que estavam com ele gritaram e choraram até não terem mais força para chorar. As duas mulheres de Davi tinham sido capturadas, Aquinoam, de Jezrael, e Abigail, que fora mulher de Nabal, de Carmel. E Davi ficou profundamente angustiado, pois queriam apedrejá-lo, pois todos estavam angustiados por causa dos seus filhos e filhas" (1 Samuel 30, 4-6).

Primeiro, temos a expressão pública de dor, o longo acesso de choro, em que Davi obviamente toma parte. Depois ficamos sabendo que suas duas mulheres estão entre os prisioneiros, e no fluxo paratático dos versículos, sem divisões de frases no original hebraico, é fácil interpretar esses fatos como causa e conseqüência: "As mulheres de Davi tinham sido capturadas e Davi ficou profundamente angustiado". A expressão idiomática que traduzi por "angustiado" (*vatetzer le*) tanto pode referir-se a um sentimento de amargura como à situação objetiva de estar em apuros, em perigo físico, e a frase seguinte, "pois queriam apedrejá-lo", vale-se da ambigüidade para dirigir o foco para o segundo significado. Justo quando imaginávamos estar diante de uma manifestação espontânea do sofrimento de Davi pela perda de suas esposas, eis que nos defrontamos outra vez com o líder político em dificuldades, lutando para salvar a situação e a própria pele — o que ele prontamente consegue, desfechando um arrasador contra-ataque aos amalecitas, no qual resgata os prisioneiros. Não que o texto nos leve a concluir que Davi seja um indivíduo sem sentimentos, mas, novamente, o indivíduo privado é deixado de lado por obra da estratégia de apresentá-lo como homem público; o que se passa no íntimo de Davi permanece na obscuridade.

Mical reaparece na história em função de uma série de acontecimentos políticos decisivos (2 Samuel 3). Saul morre, e após uma violenta guerra civil Abner, seu comandante-em-chefe, prepara-se para negociar a paz com Davi, que estipula como precondição que lhe devolvam sua esposa Mical, "que adquiri por cem prepúcios de filisteus" (2 Samuel 3, 14). Essa lembrança sangrenta sublinha o direito legítimo de Davi sobre Mical, pela qual ele havia pago o dote estipulado pelo pai dela, e essa ênfase sugere que a insistência de Davi em reavê-la não se deve a um laço pessoal, mas a puro cálculo político — a utilidade de Mical como meio de fortalecer as pretensões de Davi à sucessão de Saul.

O pedido de Davi é prontamente atendido pelo filho de Saul (2 Samuel 3, 15-16): "Isboset mandou tomá-la do marido Faltiel, filho de Laish. Seu marido partiu com ela e a seguiu chorando até Baurim. Então Abner disse-lhe: 'Volta!', e ele voltou". A admirável capacidade de sugestão da Bíblia com economia máxima de meios não poderia ter melhor ilustração. É tudo o que jamais saberemos sobre Faltiel, filho de Laish. Ele surge da escuridão para chorar por sua mulher e segui-la até ser forçado de volta às trevas por um homem poderoso, com quem não pode ter esperanças de competir. Duas vezes ele é chamado de homem ou marido (*'ish*) de Mical, título ao qual tem direito pelo menos por seus sentimentos e que contrasta ironicamente com *'ishti*, "minha esposa" ou "minha mulher", termo que Davi utiliza no versículo anterior para descrever uma relação legal e política, em que não põe grandes sentimentos. É inequívoco o contraste entre Davi, que mais uma vez adota um discurso público bem calculado, e Faltiel, que expressa em público o seu sofrimento íntimo. Quanto a Mical, que vivera durante anos como mulher de Faltiel, não temos como saber se ela sente gratidão, amor, pena ou desprezo pelo pobre segundo marido, embora se possa desconfiar que os sentimentos que ela agora alimenta por Davi não sejam tão benevolentes.

O encontro efetivo entre Davi e Mical é suprimido por inteiro, porque o escritor deseja nos deixar em dúvida por mais algum tempo, enquanto se dedica a relatar acontecimentos políticos relevantes (o assassinato de Abner, o fim da guerra civil, a conquista de Jerusalém), preservando assim a revelação do que eles sentem um pelo outro para um confronto final entre ambos. A habilidosa seleção de meios que o escritor adota para apresentar os personagens se evidencia no fato eloqüente de que, até o encontro final entre Mical e Davi, não há nenhuma conversa entre eles — essa ausência de interação verbal é especialmente notável aqui, uma vez que nos textos bíblicos, como se sabe, boa parte da narração se realiza por meio de diálogos. Quando, por fim, a conversa se dá, ela é uma verdadeira explosão.

Depois de capturar dos jebuseus a fortaleza nas montanhas que será a capital da dinastia que irá fundar, Davi instala ali sua família e seu séquito e conduz pessoalmente a Arca do Senhor numa procissão festiva até Jerusalém (2 Samuel 6). Mical entra em cena como uma espectadora infeliz (2 Samuel 6, 16): "Quando a Arca do Senhor entrou na Cidade de Davi, a filha de Saul, Mical, olhou pela janela e viu o rei Davi pulando e dando cambalhotas diante do Senhor, e ela o desprezou no fundo de seu coração". Com um fino senso de tática expositiva, o narrador nos conta exatamente o que Mical sentia, mas não diz por quê. Essa lacuna, que o diálogo subseqüente vai suprir em parte, permite outra vez muitas interpretações. Assim, o desprezo por Davi que brota no coração de Mical pode ser atribuído em certa medida aos seguintes motivos: ao indecoroso espetáculo público a que Davi se entrega naquela hora; ao ciúme de Mical pelo momento de glória de Davi, enquanto ela fica sozinha, esposa abandonada espiando pela janela do palácio provisório; ao ressentimento de Mical com a indiferença de Davi durante todos aqueles anos com as outras mulheres que ele desposara; à mágoa por ter sido separada abruptamente do dedicado Faltiel; às ambições dinásticas de Davi — agora evidenciadas pela instalação da Arca do Senhor na "Cidade de Davi" —, que porão fim definitivo à casa de Saul. A distância entre as esposas é habilmente indicada nessa passagem pelos epítetos escolhidos: Mical é "a filha de Saul" e vê o pai como rei. As palavras que Mical pronuncia em seguida aferram-se à ocasião imediata, aos saltos e cambalhotas de Davi como motivos de sua revolta, mas o escritor bíblico sabe tão bem quanto qualquer autor moderno atento a processos psicológicos que a reação emocional de uma pessoa a um estímulo imediato pode ter uma complicada história prévia. E, ao suprimir toda explicação causal em sua primeira afirmação sobre o desprezo de Mical por Davi, ele sugere com imensa perícia a natureza "sobredeterminada" de sua ira desdenhosa, a carga de coisas não verbalizadas que incide sobre esse sentimento e se insinua na relação entre os dois.

Seguem-se três versículos que, deixando Mical furibunda à janela, descrevem em detalhe como Davi executa suas funções cerimoniais: a oferenda de vários sacrifícios, a bênção do povo, a distribuição de iguarias. Depois, Davi volta para casa para abençoar — talvez o verbo tenha aqui o sentido de saudar — sua família:

> 20b. E Mical, a filha de Saul, veio ao encontro de Davi e disse: "Como o rei de Israel se fez honrar hoje, descobrindo-se diante dos olhos das servas dos seus servos, como se descobriria um sujeito qualquer!". 21. Davi disse a Mical: "Diante do Senhor, que me preferiu a teu pai e a toda a sua casa para me designar soberano sobre o povo do Senhor, sobre Israel, eu celebrarei diante do Senhor! 22. E vou me desonrar ainda mais e vou me rebaixar aos meus próprios olhos, mas aos olhos das servas de quem tu falas, para elas serei honrado". 23. E Mical, a filha de Saul, não teve filhos até o dia de sua morte.

Mical, que enfim diz o que pensa para Davi, não espera que ele entre em casa e vai encontrá-lo do lado de fora (movida, quem sabe, pela idéia de que suas palavras sejam ouvidas pelo séquito de Davi). A troca de sarcasmos cortantes entre os dois é um reflexo da mistura carregada de tensões entre o pessoal e o político que caracteriza suas relações. Quando Mical se dirige a Davi na terceira pessoa, chamando-o rei de Israel, não o faz por deferência, mas com ira desdenhosa por aquele homem insuportável que não sabe se comportar como um rei. Ela retrata Davi como um exibicionista no sentido técnico, sexual, da palavra ("como se descobriria um sujeito qualquer": ao que parece, ele deixava muito à mostra quando dava cambalhotas diante da Arca), enfatizando que os olhos cobiçosos das servas viram tudo — uma ênfase que nos faz desconfiar de uma boa parcela de ciúme sexual por trás do que aparece ostensivamente como repulsa à falta de dignidade do marido. Davi responde à filha de Saul com uma sonora invocação ao Senhor, que o havia escolhido para ocupar o trono e não a Saul e seus herdeiros. Como rei eleito por vontade divina, Davi deve ser o juiz do que é uma celebração decorosa perante o Senhor: ele aproveita a palavra "honrar", que Mical usou de modo sarcástico, e a transforma numa expressão desafiadora, "e vou me desonrar ainda mais" (do ponto de vista etimológico, a oposição das raízes hebraicas sugere "pesado" [*kabbed*] e "leve" [*qal*]); depois, devolvendo violentamente a Mical a idéia de que ele havia se exibido para as outras mulheres, insiste em dizer que será honrado por aquelas humildes servas pelo mesmo comportamento que sua esposa considera degradante. Durante toda essa passagem, o escritor trata de esconder suas simpatias. Não questiona o fato histórico decisivo da escolha divina de Davi, que o próprio rei destaca com tanta força no começo de sua fala. Mas direitos teológicos não justificam necessariamente ofensas familiares, e o soberano ungido de Israel sabe ser um marido hostil e insensível para a mulher que o amou e salvou.

Há um hiato estratégico entre o final do versículo 22 e o começo do versículo 23. O texto nega a Mical, que não é mulher de engolir desaforos em silêncio, o privilégio de replicar as palavras de Davi, assim como também não há indicação alguma de sua reação íntima à agressão verbal do marido. A interrupção do diálogo exatamente nesse ponto já é por si só um comentário latente. Davi tem a última palavra porque, afinal de contas, é dono do poder e não poupa esforços para enfatizar este ponto. Mical, filha de uma dinastia rejeitada, esposa de utilidade política apenas marginal para um rei aclamado pelo povo e, por último, a menos estimada entre as esposas de Davi, não pode fazer nada, e talvez não tenha mesmo nada mais a dizer sobre a raiva que sente pelo marido. O versículo 23, o último a fazer menção a Mical, é uma espécie de epílogo do confronto, ao qual se vincula com a ambigüidade característica da parataxe bíblica (os tradutores modernos geralmente destroem a sutileza do efeito da frase final traduzindo "e" por "assim"). O narrador afirma o fato objetivo da esterilidade de Mical — que no antigo Oriente Próximo era a maior desgraça para uma mulher —, mas evita prudentemente empregar uma conjunção subordinada ou um sinal sintático que indique uma clara relação causal entre o fato constatado e o diálogo anterior. Um leitor de preocupações teológicas e, certamente, defensor do direito divino da dinastia davídica, tenderá a ler essa afirmação do narrador como uma constatação de que Deus puniu Mical pela presunção de repreender o rei que Ele ungiu por um ato de celebração real e ritual. Um leitor mais interessado no drama pessoal que se desenrola entre Mical e Davi talvez concluísse, com razão, que depois daquele diálogo exacerbado Davi simplesmente deixou de manter relações conjugais com Mical e, assim, condenou-a à esterilidade. Por fim, a relação paratática entre os versículos 22 e 23 abre outra possibilidade de leitura, irresistível mas menos provável que as duas primeiras: talvez estejamos apostando demais na existência de uma relação de causa e efeito, pois pode bem ser que a esterilidade de Mical seja uma amarga coincidência, a última e dolorosa reviravolta do destino dessa mulher injustiçada.

Uma interpretação possível é a de que as próprias técnicas narrativas usadas na Bíblia focalizem de duas perspectivas a questão da causalidade nas relações humanas. É verdade que, por um lado, os escritores bíblicos demonstram uma crença profunda em um modelo forte e nítido de causalidade na história e na vida dos indivíduos, e muitos recursos que utilizam para estruturar suas histórias, os motivos, simetrias e recorrências que adotam, refletem essa crença. Deus manda, a história obedece; quem peca sofre; Israel reincide no pecado, o reino desmorona. Por outro lado, a própria percepção de profundezas divinas e potencialidades insondáveis para o bem ou para o mal na natureza humana faz com que os autores bíblicos descrevam seus protagonistas a partir de ângulos que desestabilizam qualquer sistema monolítico de causa e efeito e dão origem a um movimento instável entre diferentes ordens de causalidade: algumas se completam ou reforçam mutuamente, outras podem até se contradizer. A mera possibilidade de não haver uma relação causal clara entre o rancor de Mical por Davi e sua incapacidade de gerar filhos subverte a lógica linear e direta a que nossos hábitos mentais preguiçosos — antigos e modernos — nos acostumaram. As circunstâncias fortuitas que afetam o homem e as ações que ele protagoniza na condição de ser livre criado à imagem de Deus estratificam-se de maneira mais complexa, ramificam-se de modo mais tortuoso do que muitas teorias rivais a respeito da condição humana poderiam nos fazer imaginar. A técnica narrativa de reticências intencionais, que cria um jogo recíproco de ambigüidades sugestivamente articuladas, é uma tradução artística fiel dessa visão do homem.

Está claro que todo narrador bíblico é onisciente, mas, ao contrário do narrador dos poemas homéricos, que cria personagens perfeitamente inteligíveis, mesmo quando (na *Ilíada*, por exemplo) enfrentam os impulsos mais obscuros e irracionais da alma humana, o antigo narrador hebreu demonstra sua onisciência com economia draconiana. Em certos momentos, opta por nos conceder o privilégio de conhecer o pensamento de Deus sobre determinado personagem ou determinada ação — a narração onisciente não poderia ir mais longe —, porém, de maneira geral, o narrador nos conduz por meandros obscuros, iluminados por luzes intensas mas de alcance limitado, lampejos fantasmagóricos, súbitos clarões estroboscópicos. O narrador nos induz a descobrir um personagem e suas razões à maneira de certos escritores impressionistas, como Joseph Conrad e Ford Madox Ford, por meio de um processo de inferência a partir de informações fragmentárias, muitas vezes retendo estrategicamente a exposição de partes fundamentais da narrativa, o que redunda em impressões variadas e às vezes dúbias sobre os personagens. Em outras palavras, há um mistério persistente nos personagens concebidos pelos escritores bíblicos, que estes incorporam a seus métodos peculiares de exposição.

Essa abordagem das figuras dramáticas é mais facilmente observável na capacidade de transformação daqueles personagens bíblicos tratados com mais minúcia. A par da noção bíblica do indivíduo como figura que se desenvolve e se transforma ao longo do tempo — especialmente nas histórias de Jacó e Davi —, o personagem é visto como um núcleo de surpresas. Sua natureza imprevisível e mutável é uma das razões pelas quais os personagens bíblicos não podem ter epítetos fixos como os de Homero (Jacó não é o "ardiloso Jacó", Moisés não é o "sagaz Moisés"), mas apenas epítetos determinados pelas necessidades estratégicas do contexto imediato: Mical, de acordo com as circunstâncias, é a "filha de Saul" ou a "esposa de Davi".*

Na *Ilíada*, Aquiles passa por violentas oscilações de humor e atitude; no começo, aparece arisco e amuado em sua tenda, depois se transforma numa alucinada força destrutiva em conseqüência da morte no campo de batalha de seu querido amigo Pátroclo e, no fim, recupera o bom senso graças aos apelos do consternado Príamo; mas há um substrato estável em Aquiles, e tudo o mais, afinal de contas, é o vaivém dos atos e das emoções, não do próprio personagem. Davi, ao contrário, ao longo das muitas décadas em que o acompanhamos, é inicialmente um *ingénu* provinciano e um sedutor público; depois, transforma-se num astuto manipulador político e num violento líder guerrilheiro; mais tarde é um pai indefeso, perdido no emaranhado de intrigas e rebeliões armadas por seus filhos, um refugiado que repentinamente se deixa abater de maneira espantosa pelas maldições de Semei; por fim, um homem idoso e fraco, enganado ou pelo menos manipulado por Betsabá e Natã; e por fim, em seu leito de morte, em mais uma vira-

---

* Observação semelhante sobre a ausência de epítetos fixos e a relação disso com uma concepção dinâmica do personagem foi feita por Shimon Bar-Efrat, *Narrative art in the Bible*, pp. 110-1.

da surpreendente, o implacável vingador contra o mesmo Semei que ele perdoara após a derrota do levante de Absalão.

Numa última ilustração de como as estratégias bíblicas de exposição refletem uma concepção do incognoscível e do imprevisível na natureza humana, gostaria de comparar duas cenas de lamento pela morte de um ente querido: uma extraída de Homero, a outra da história de Davi. O encontro de Príamo com Aquiles no último livro da *Ilíada*, quando o rei suplica a devolução do cadáver de seu filho Heitor, é sem sombra de dúvida um dos momentos mais pungentes da literatura da Antigüidade. "Pois chego agora a fazer o que nunca mortal fez na terra:/ beijo-te as mãos, estas mãos que meus filhos à morte levaram" — com essas palavras Príamo termina a súplica a Aquiles. Cito abaixo os primeiros versos que descrevem o efeito desse apelo:

> *Grande saudade do Pai no Pelida [Aquiles] o discurso desperta;*
> *toma das mãos do monarca, afastando-o de si com brandura.*
> *Ambos choravam; o velho, lembrando de Heitor valoroso,*
> *num soluçar convulsivo, de Aquiles nós pés enrolado,*
> *que, ora o pai velho chorava, ora a perda do amigo dileto,*
> *Pátroclo; o choro dos dois pela tenda bem feita ressoava.* *

As emoções dessas duas figuras em luto são relatadas com tanta clareza quanto sua postura — o velho Príamo agachado aos pés do jovem e poderoso Aquiles. Logo Aquiles dirigirá a Príamo ternas palavras de compaixão. A transição da cólera assassina para a ternura é profundamente comovente, mas não surpreende à maneira bíblica. A ira de Aquiles o alienara de sua condição humana, mas, na visão do poeta grego, existem emoções universais, fatos universais da vida compartilhados por todos os seres humanos, e a súplica de Príamo fez Aquiles lembrar-se de que, embora separa-

---

* Tradução de Carlos Alberto Nunes. (N. E.)

dos pela idade e pela inimizade, participavam igualmente dessa herança humana de sentimentos e laços familiares. Todos os seres humanos têm pai, todos os homens amam, todos choram quando perdem aqueles a quem amam. Parte da força dramática da cena vem do fato de que a ligação entre esses dois homens que choram juntos (enquanto cada um, por seu lado, recorda seus mortos queridos) é revelada de maneira lúcida por um narrador que os observa simultaneamente de fora e de dentro.

Em 2 Samuel 12, quando o primeiro filho de Davi e Betsabá é acometido de uma doença incurável, o rei implora a Deus pela vida da criança, jejua e dorme no chão duro. Recusa todo alimento durante sete dias, e quando, no sétimo dia, a criança morre, os servos de Davi temem contar-lhe a verdade, supondo que seu comportamento, tão extremo quando o filho ainda vivia, certamente chegará a exageros ainda maiores quando ele souber da morte do menino:

> 19. Davi notou que seus servos cochichavam entre si e compreendeu que a criança estava morta e lhes perguntou: "O menino morreu?", e eles responderam: "Sim". 20. Davi então se levantou do chão, lavou-se, perfumou-se, mudou as vestes, entrou na casa do Senhor, prostrou-se, voltou para casa, pediu comida, que lhe foi servida, e comeu. 21. Disseram-lhe seus criados: "O que estás fazendo? Enquanto a criança estava viva, jejuaste e choraste, e agora que a criança morreu tu te levantas e te alimentas!". 22. Ele respondeu: "Enquanto a criança vivia, jejuei e chorei, porque eu pensava: 'Quem sabe, talvez o Senhor tenha piedade de mim e a criança viva'. 23. Mas, agora que o menino está morto, por que vou jejuar? Poderei trazê-lo de volta? Eu irei ter com ele, mas ele não voltará para mim". 24. Davi consolou Betsabá, sua mulher. Foi ter com ela e deitou-se com ela, e ela deu à luz um filho e o chamou Salomão, e o Senhor o amou.

O comportamento paradoxal de Davi em seu sofrimento reflete-se nas estratégias da exposição narrativa. O cochicho dos criados (em discurso direto no versículo 18) nos prepara para uma terrível explosão de pranto do rei. Mas, em vez disso, ao ouvir a resposta monossilábica dos servos que confirma suas piores suspeitas, "Sim" (em hebraico, *met*, "morto"), ele se levanta, e o vemos numa seqüência rápida de atos, relatada numa série ininterrupta de nove verbos, que nos parecem absolutamente enigmáticos até ouvirmos sua explicação simples e concisa para os servos atônitos. Todos os seres humanos de fato choram a perda dos entes queridos, mas esse fato universal não gera uma resposta universal, porque a expressão do sentimento, a própria experiência do sentimento de perda, é filtrada pela individualidade renitente, complexa e arraigada de cada pessoa. Como leitores, ficamos tão surpresos quanto os servos de Davi diante dos atos do rei e, depois, com suas palavras, porque a narrativa anterior não nos prepara para esse espetáculo súbito, ainda que muito convincente, de um Davi que sofre e que se revela desolado e consciente de sua própria mortalidade ao chorar pelo filho morto.

O diálogo entre Davi e os servos se interrompe com a resposta do rei, sem qualquer fecho dramático. A reação dos criados não tem mais interesse e, como é típico na Bíblia, passamos para a consolação de Betsabá e o nascimento do filho privilegiado pela bênção divina, que irá compensar a morte da primeira criança, sem que o narrador nos dê qualquer indicação imaginativa de como Davi supera o luto. Um padrão simétrico — castigo divino sobre o fundador da dinastia israelita seguido de compensação igualmente divina — estrutura todo o episódio, mas Davi é uma pessoa que tem seus próprios sentimentos, como ilustram vividamente as palavras que ele profere diante dos seus servos, e não um mero peão no grandioso projeto histórico de Deus; à diferença dos heróis homéricos, muitas facetas da personalidade de Davi permanecem abertas à nossa especulação. Este momento grave, de luto extravagante, voltará a ecoar em nossa memória tão logo tomemos conhecimento, nas histórias de Amnon, Tamar e Absalão, de exemplos ainda mais inquietantes das aflições paternas de um Davi que envelhece.

Como sugeri mais acima, a tendência grega à especificação narrativa parece ter sido aquela que, de modo geral, a literatura moderna privilegiou e desenvolveu. Justamente por isso, temos de readaptar nossos hábitos de leitura para prestar a devida atenção às práticas narrativas muito diferentes que caracterizam a Bíblia hebraica. Mas é também verdade que o conceito de personagem implícito na Bíblia — uma figura muitas vezes imprevisível, até certo ponto impenetrável, que constantemente emerge das sombras da ambigüidade e para elas retorna — tem mais afinidade com certas noções modernas do que os modos de caracterização típicos dos poemas épicos gregos. A revolução monoteísta alterou a fundo o modo de imaginar o homem e Deus, e é provável que as conseqüências dessa revolução ainda determinem certos aspectos de nosso mundo conceitual, bem mais do que costumamos suspeitar. É certo que essa nova consciência ganhou expressão ideológica no ímpeto profético e legislativo da Bíblia, mas é igualmente verdade que a narrativa bíblica conferiu-lhe expressão verbal por meio da construção ousada e sutil de uma forma literária. A arte narrativa da Bíblia significa, portanto, mais que um empreendimento estético, e aprender a ler suas modulações mais finas pode nos aproximar, com mais precisão que os conceitos amplos da história das idéias e das religiões, de uma estrutura imaginativa a cuja sombra ainda vivemos.

7. Uma arte compósita

Qualquer tentativa de redescobrir a arte literária da Bíblia defronta-se necessariamente com numerosos obstáculos entre o objeto de conhecimento e aquele que aspira a conhecer. É claro que nós, leitores modernos, desfrutamos de algumas vantagens ao lidar com um corpo de textos que até agora foi tratado sobretudo pela ótica da teologia, da filologia e da história. Com isso quero dizer que nossa experiência como leitores de, digamos, Boccaccio, Flaubert, Tolstói, Conrad e Kafka pode ocasionalmente lançar uma luz inesperada sobre os textos bíblicos, uma vez que, levando em conta o repertório finito de modalidades ficcionais disponíveis, devem existir afinidades parciais, mas relevantes, entre a prática narrativa antiga e a moderna. Contudo, vale lembrar que é fácil escorregar nessa descoberta ocasional e cair na armadilha de modernizar o antigo sem maiores justificativas, por força da sutil pressão da interpretação criativa. Eu diria que o mais comum é descobrir que os procedimentos característicos da narrativa bíblica são muito diferentes daqueles adotados na ficção ocidental posterior, mas que as convenções bíblicas podem ser compreendidas por um processo de cautelosa analogia com convenções que nos são mais familiares, como é o caso das cenas-padrão e da repetição literal nas histórias da Bíblia. Entretanto, outros aspectos parecem frustrar nossos esforços de dar sentido à Bíblia como forma literária. Entre esses aspectos problemáticos, o mais importante é a razão de ser, não raro ambígua, das partes componentes do corpo literário bíblico, os "livros", ou mesmo de muitos segmentos narrativos independentes inseridos num mesmo "livro". De maneira geral, o objeto da pesquisa literária é um livro ou, como muitos preferem, sob influência das teorias francesas mais recentes, um texto. No entanto, a um exame mais minucioso, logo se vê que o texto bíblico é ao mesmo tempo múltiplo e fragmentário. É muito comum não se ter certeza sobre os limites de um determinado texto, sobre como ele prossegue em textos adjacentes e por que é ignorado, discutido, citado ou mesmo copiado em outros lugares da Bíblia. Um desafio ainda mais sério à integridade de muitos textos bíblicos que gostaríamos de considerar como totalidades literárias deriva da natureza delicadamente estratificada do material articulado pela tradição antiga. Um século de trabalho analítico levantou sólidos argumentos para provar que, muitas vezes, quando ingenuamente imaginamos estar lendo um texto, o que temos, na realidade, é uma costura contínua de textos anteriores, provenientes de tradições literárias divergentes, inclusive de tradições orais, com interferências, menores ou maiores, de revisões posteriores na forma de glosas, costuras, fusões, e assim por diante. Os estudiosos identificaram como exemplo mais notável desse caráter compósito do texto bíblico os primeiros quatro livros do Pentateuco; análises exaustivas de estilo, consistência de dados narrativos, visão teológica e premissas históricas demonstram que esses primeiros livros são uma montagem de três linhagens básicas e independentes de documentos — o documento javista (J), o documento eloísta (E) e o documento sacerdotal (S). O primeiro, J, pode ser datado do século X a. C., o segundo, *E*, talvez tenha sido escrito um século depois, e o terceiro, *S*, parece ser fruto do trabalho coletivo de um grupo de sacerdotes, não de um único autor, entre o começo do período do Primeiro Templo e os séculos VI e V a. C. (com a inventiva de sempre, os pesquisadores apontaram vários subdocumentos e estágios intermediários entre as tradições literárias originais e a etapa da redação final; mas não é preciso nos ocuparmos aqui com as complexidades dessa argumentação, bastando atentar à hipótese básica, bastante convincente, de que o texto que nos chegou não foi produzido por um só autor ou num único momento histórico). Os textos que compõem os livros narrativos da Bíblia não foram abençoados com a clareza didática dessas indicações alfabéticas, mas um exame atento mostra que muitas passagens dos Primeiros Profetas contêm elementos análogos e às vezes idênticos aos que foram descobertos no Pentateuco.

Tudo isso parece causar embaraço à espécie de análise literária que este livro propõe, pois, ao discutir uma obra de literatura, ainda preferimos supor que há algo de "esemplástico", para usar o neologismo de Coleridge, na atividade da imaginação literária, uma espécie de impulso intenso, sutil e arraigado da arte a modelar um todo complexo e significativo que é mais do que a soma de suas partes. O que se deve fazer então com a noção de desígnio complexo quando lemos textos que os especialistas nos convidam a ver, pelo menos nos exemplos mais radicais, como uma colagem desvairada de tradições antigas?

No início desta investigação, sugeri a utilidade de conceber a composição editorial de diversas fontes literárias como o estágio final do processo de criação artística que produziu a narrativa bíblica. Mas ilustrei a idéia com o caso da interpolação da história de Judá e Tamar em Gênese 38, que não toca na raiz do problema: mesmo em textos unitários de escritores bem mais recentes, como Cervantes, Fielding, Diderot e Dickens, encontram-se interpolações deliberadas com importantes funções temáticas e estruturais, ao passo que, diante dos textos compósitos da Bíblia, às vezes temos descontinuidades, duplicações e contradições que não se harmonizam facilmente com nossas hipóteses acerca da unidade literária. Gostaria de propor neste capítulo que os autores e redatores bíblicos — visto que a distinção entre os dois nem sempre é clara, prefiro ficar com o termo que me parece mais familiar e literário — trabalhavam com noções de unidade bastante diferentes das nossas, e que a plenitude de expressão que procuravam obter quando escreviam levou-os muitas vezes a transgredir o que uma cultura e uma época posteriores inclinaram-se a diagnosticar como cânones de unidade e coerência lógica. O texto bíblico pode não ser o tecido acabado que a tradição judaico-cristã pré-moderna imaginou, mas pode ser que a miscelânea confusa de textos que as pesquisas tantas vezes quiseram pôr no lugar das noções mais antigas, lida com mais minúcia, forme um padrão intencional.

    É verdade que o esforço de reconstituir um conceito de unidade estrutural discrepante do nosso e do qual três milênios nos separam não é uma empresa segura. Certas passagens da narrativa bíblica parecem resistir a toda interpretação harmonizadora, levando-nos a concluir que determinadas circunstâncias na transmissão e redação dos antigos textos hebreus provocaram uma incoerência inerente ou que a noção bíblica de seqüência narrativa pode às vezes ser inscrutável, dada a enorme distância histórica e intelectual entre nós e essas criações do início da Idade do Ferro. Minha experiência pessoal como leitor leva-me a suspeitar de que as dificuldades insolúveis, decorrentes da natureza compósita do texto, são muito mais raras do que pretendem os estudiosos, mas, para tornar mais claro o problema com que estamos lidando, começarei pela descrição de uma dessas passagens difíceis. Em seguida, passo a estudar um caso-limite, em que há uma duplicidade de fontes e uma contradição lógica que talvez se justifiquem pela necessidade autoral de cobrir um tema de maneira completa e satisfatória. Por fim, gostaria de propor duas longas ilustrações do que me parece possível interpretar como exemplo de utilização de materiais compósitos para obter a visão ampla e abrangente que é típica do texto bíblico.

Em Números 16 encontra-se um relato detalhado da rebelião abortada de Corá e seus seguidores contra a autoridade de Moisés. O relato faz de Corá uma espécie de arquétipo do rebelde voluntarioso que luta contra um governo legítimo, mas um exame cuidadoso do relato mostra que nele estão superpostas duas rebeliões distintas, o que gera evidentes contradições na identificação dos revoltosos, do objetivo da revolta, do local do confronto com Moisés e da maneira como os rebeldes foram derrotados.*

A história começa com uma apresentação um tanto confusa (Números 16, 1-2) dos conspiradores, e essa falta de consistência sintática parece refletir as dificuldades do escritor para combinar materiais essencialmente diversos. "Então Corá, filho de Isaar, filho de Caat, filho de Levi, levantou-se, e, com Datã e Abirão, filhos de Eliab, e On, filho de Pelete, da tribo de Rúben, se insurgiram contra Moisés, juntamente com duzentos e cinqüenta israelitas, líderes da comunidade, membros eleitos da assembléia, homens de boa reputação." Corá é um levita, e logicamente o motivo de sua revolta é o desejo de obter privilégios sacerdotais, como deixará claro o próximo grupo de versículos (Números 16, 3-11). O texto afirma que o alvo da revolta de Corá não é só Moisés, mas também Aarão, o sumo sacerdote (versículo 3). Moisés dirige-se a "Corá e sua comunidade", tratando-os especificamente como "filhos de

---

* Minha compreensão dos problemas textuais desse capítulo do livro bíblico ampliou-se consideravelmente com as discussões que travei com meu colega Jacob Milgrom e com a leitura de um excelente ensaio escrito por minha aluna Nitza Ben-Dov.

Levi" (versículo 8), sem fazer nenhuma alusão a Datã e Abirão, da tribo de Rúben, que, aliás, não tinham interesse especial nas prerrogativas sacerdotais. A legitimidade da pretensão de Corá a celebrar o culto será testada numa prova ritual: Corá e todos os seus 250 seguidores são desafiados a acender incenso ao Senhor na entrada da Tenda da Assembléia, e a arcar com as conseqüências se Deus rejeitar suas pretensões aos direitos sacerdotais.

Datã e Abirão, apresentados como sujeitos sem predicado no início do capítulo, não entram na história senão no versículo 12; daí até o versículo 15, o texto deixa de lado Corá e seus seguidores e passa a concentrar-se exclusivamente nos dois irmãos. Fica então evidente que a rebelião dos filhos de Rúben, ao contrário da rebelião dos levitas, é contra Moisés diretamente, e não contra Moisés e Aarão, e o que está em jogo é a autoridade política — bem a propósito, aliás, se recordarmos que Rúben é o filho primogênito de Jacó. Do versículo 16 até o 22, Datã e Abirão são novamente abandonados, dando lugar à descrição dos procedimentos preparatórios para a prova dos incensórios, de que participam somente os seguidores de Corá. Entre o versículo 23 e o 34, o texto trata da destruição de Datã e Abirão, juntamente com suas famílias, que não ocorre na entrada da Tenda da Assembléia, mas na frente das tendas dos rubenitas, já que Datã e Abirão haviam rejeitado desafiadoramente os apelos de Moisés a "saírem" de suas moradas para negociar com ele. Uma tentativa do redator de manter juntas as duas histórias se reflete na estranha fusão do trecho (versículos 23 e 27) que fala da "morada de Corá, Datã e Abirão" (Corá, que pertencia a uma tribo diferente, jamais dividiria a mesma tenda com dois membros da tribo de Rúben). Datã e Abirão morrem ao ser tragados pela terra. O acréscimo de Corá e seu povo a essa catástrofe antes do final do versículo 32 parece ser uma ilação tardia do redator que contradiz a descrição anterior da presença de Datã e Abirão à entrada de suas tendas, e exclui os levitas, no momento em que a terra começa a tremer. Finalmente, a aniquilação dos rebeldes levitas, com seus incensórios, ocorre na realidade em outro lugar, no terreno em frente à Tenda da Assembléia, e eles perecem não porque a terra os engole, mas consumidos pelas chamas, quando o Senhor expele fogo sobre eles (versículo 35, o último do capítulo).

As contradições internas do capítulo 16 do Livro dos Números são suficientemente graves para terem chamado a atenção dos comentadores pré-modernos. Assim, já no século XII, Abraham Ibn Ezra, um dos exegetas mais argutos e racionalistas do hebraico tradicional, resume o problema de que estamos tratando em seu comentário aposto ao final do capítulo:

> Dizem que Corá estava entre os que foram engolfados pela terra, e a prova está na frase de Números 26, 10: "A terra os engoliu, e Corá". Outros afirmam que ele foi consumido pelo fogo, e a prova está na frase: "E Corá, quando a comunidade pereceu, quando o fogo os consumiu" [são as frases seguintes do mesmo versículo, Números 26, 10]. E nossos sábios, de veneranda memória, dizem que ele foi tanto consumido pelo fogo quanto engolido pela terra. Na minha opinião, a terra somente se abriu no caso de Datã e Abirão, porque Corá não é mencionado ali; na verdade, Corá estava com os líderes que ofereciam o incenso.

O relato bíblico parece feito de propósito para confundir as duas histórias e os dois modos de destruição dos revoltosos, uma intenção que transparece não só nas características formais da história que acabamos de resumir como no comentário retrospectivo em Números 26, 10, onde a expressão ambígua "e Corá" paira de maneira inquietante entre a convulsão sísmica e o fogo divino. Ibn Ezra, que além de exegeta era um poeta hebraico de talento admirável, tentou recuperar a coerência narrativa da história sugerindo que seu desenlace se desdobrou em dois lugares, com vítimas diferentes e modos distintos de destruição em cada um. Mas a forma como o autor redigiu o capítulo mostra que ele teria preferido que os leitores entendessem os dois grupos de revoltosos e as duas tragédias como uma só, ou, pelo menos, que as diferenças ficassem meio apagadas.

Não podemos senão especular sobre as razões desse desejo do escritor, que contraria radicalmente idéias posteriores sobre como juntar as partes de uma história. Não acho razoável atribuir a confusão a uma mera negligência do redator, pois o texto mostra certo cuidado com a estruturação temática e estética da narrativa. A primeira frase relacionada com a rebelião dos seguidores de Corá começa assim: "É demais para vós"; Moisés, no fim de sua réplica, invoca a antítese, dizendo: "Não é bastante para vós?". Essa simetria formal estende-se à fala dos rebeldes rubenitas, que começa assim: "Não basta?". Na história de Datã e Abirão, em que os rebeldes querem se alçar à dominação política, a palavra-chave recorrente é "ascender", que se consuma ironicamente no desfecho, quando eles "descem" às profundezas da terra. Na rebelião dos seguidores de Corá, em que a aspiração é obter as prerrogativas sacerdotais, as *Leitwörter* equivalentes são "tomar" e "aproximar-se [ou trazer para perto]", verbos que indicam um movimento horizontal em direção ao centro do culto religioso em vez de um movimento vertical de ascensão ou afastamento da dominação política.*

Tudo isso me leva a supor que talvez o escritor hebreu soubesse o que estava fazendo, muito embora nós não o saibamos mais. É claro que nossos conceitos de coerência espacial dos acontecimentos, de identidade dos personagens, de coesão lógica entre ação e motivo da ação são aqui flagrantemente violados. Dado o assunto da história, é

---

* Agradeço a Nitza Ben-Dov pela observação acerca dessas *Leitwörter*.

possível que houvesse razões políticas poderosas para misturar as duas rebeliões. Talvez as considerações de coerência narrativa fossem menos importantes para o escritor que a necessidade de sugerir tematicamente que os dois acontecimentos díspares — a tentativa de tomar o poder político e a usurpação da função sacerdotal — condensavam a mesma rebelião arquetípica contra a autoridade divina e por isso deviam ser narrados como uma só história. Os rebeldes foram destruídos quando a terra abriu sua boca, assim como fez para receber o sangue de Abel assassinado, e foram consumidos pelo fogo divino, assim como a chuva de fogo caiu sobre Sodoma e Gomorra. Pode ser então que o escritor desejasse repetir tanto o primeiro ato de violência entre irmãos, que prefigura todas as lutas posteriores pelo poder, quanto a proverbial lenda de uma sociedade que é destruída por se entregar à degradação. Para nós, os dois métodos de destruição são contraditórios entre si, mas pode ser que para o hebreu da Antigüidade eles se reforçassem mutuamente, já que as duas imagens paradigmáticas de castigo divino sugerem uma identidade essencial entre as esferas do político e do religioso sob o domínio de Deus. De todo modo, as perplexidades provocadas pelo entrelaçamento das histórias de Corá, Datã e Abirão mostram que há certos aspectos da natureza compósita dos textos bíblicos que não há como incluir com segurança em nossos sistemas de explicação.

Vejamos agora um exemplo mais conciso de narrativa compósita em que a duplicação se soma a uma suposta contradição, mas sem o desconcertante emaranhamento de veios narrativos que vimos em Números 16. No fim da primeira visita dos irmãos de José ao Egito (Gênese 42), José — que eles ainda julgam ser apenas o vice-rei egípcio — dá ordens secretas para que o dinheiro que eles pagaram pelo trigo seja enfiado de volta nos sacos de cada um (Gênese 42, 25). Lembremos que os irmãos já tinham se abalado por conta da prisão temporária a que foram submetidos, sob a acusação de serem espiões, e por José ter tomado Simeão como refém e insistir que trouxessem Benjamin ao Egito. Esses dois últimos atos do vice-rei fizeram com que os irmãos, por uma série de associações motivadas pela culpa, lembrassem a crueldade que haviam praticado contra o jovem José e imaginassem que afinal chegara o castigo pelo crime. Pois bem, no primeiro lugar em que acamparam, na estrada para o norte, em direção a Canaã (Gênese 42, 27-28), um deles abriu o saco de forragem para o jumento e "viu que o dinheiro estava na boca de sua bolsa" (para que não reste nenhuma dúvida, os outros irmãos contam mais tarde a José [Gênese 43, 21] que todos os nove haviam feito a mesma descoberta). "E ele disse aos seus irmãos: 'Devolveram meu dinheiro, eis que está na minha bolsa'. Os corações deles desfaleceram e eles se entreolharam, tremendo, e disseram: 'Que é isto que Deus nos fez?'"

Assim que levantam essa dúvida acerca da estranha obra do destino — pois a força da palavra "Deus" no original não fica muito distante do sentido de "destino" —, o narrador faz com que os irmãos corram para casa em Canaã, onde contam ao pai, Jacó, os problemas que tiveram com o vice-rei egípcio e inventam uma explicação para a ausência de Simeão e o pedido do egípcio que levassem Benjamin até ele. Exatamente nesse momento, o dinheiro escondido nos sacos faz um estranhíssimo reaparecimento (Gênese 42, 35-36):

> Quando eles descarregavam os sacos, eis que a bolsa de dinheiro de cada um estava dentro do saco, e quando viram suas bolsas de dinheiro sentiram medo, eles e seu pai. Então, Jacó, o pai, lhes disse:
> "Vós me privastes [de meus filhos]:
> José se foi, Simeão se foi,
> e agora quereis me tomar Benjamin?
> É sobre mim que tudo isso recai".

Em nosso modo de entender a lógica narrativa, é obviamente impossível que os irmãos tivessem "descoberto" duas vezes o dinheiro escondido — primeiro, no acampamento, depois em Canaã, na presença do pai — e ficassem igualmente surpresos e amedrontados nas duas ocasiões (de fato, as normas bíblicas de confiabilidade narrativa não permitem conciliar a segunda ocorrência com a primeira pelo recurso à interpretação da frase "e eles sentiram medo" do versículo 35 como uma mentira feita para impressionar Jacó). Basicamente, os estudos especializados sobre a Bíblia explicam essa duplicação como um descuido na redação final do texto. A hipótese aceita é a de que havia duas versões paralelas da história de José, a da tradição eloísta (E) e a da tradição javista (J), entre as quais existiam diferenças de detalhes essenciais. O relato da tradição eloísta, que, facilitando o trabalho de identificação, emprega sempre a palavra *saq* para "saco", é a fonte principal; nessa versão, o dinheiro só é descoberto quando os irmãos chegam em casa, e é provável que a forragem para os jumentos tivesse sido transportada em fardos separados, de modo que os sacos com o dinheiro teriam ficado fechados durante a viagem. Na versão javista (J), a palavra empregada para fardo é *'amtaḥat* (aqui traduzida por "bolsa"); ora, *'amtaḥat*, ao contrário de *saq*, pode conter tanto forragem quanto moedas de prata. Os estudiosos tendem a presumir que o responsável pela redação final do texto, seja por fidelidade equivocada à sua segunda fonte, seja por erro de julgamento, incluiu um fragmento de J (os versos 27-28 citados acima) no qual, contraditoriamente, o dinheiro é descoberto no acampamento.

A esse respeito, eu gostaria de levantar uma questão de princípio que poderá nos ajudar a entender o propósito de duplicações evidentes na narrativa bíblica. A contradição entre os versículos 27-28 e o versículo 35 é tão patente que parece ingênuo supor que o autor hebreu antigo fosse tão tolo ou incapaz a ponto de não perceber o conflito. Gostaria de sugerir, em vez disso, que o autor estava perfeitamente consciente da contradição, mas considerou-a superficial. Pela lógica linear, a mesma ação não poderia ter ocorrido duas vezes de duas maneiras diferentes; mas pela lógica narrativa, com a qual ele trabalhava, fazia sentido incorporar as duas versões que tinha à mão, porque juntas elas revelavam implicações mutuamente complementares do evento narrado e lhe permitiam fazer um relato ficcional completo.

A versão J, em que os irmãos descobrem o dinheiro quando estão sozinhos na caravana entre o Egito e Canaã, acentua o espanto deles diante do acontecimento inesperado. É verdade que eles "estremecem" ao ver o dinheiro, mas a ênfase recai na impressão que lhes fica dos estranhos caminhos do destino: "O que é isto que Deus nos fez?". A versão J tem por isso uma importância crucial para o escritor, porque vincula a descoberta do dinheiro ao tema do conhecimento de José em contraste com a ignorância dos irmãos, que é decisivo para os dois encontros no Egito e, na realidade, para a história inteira. Quando os irmãos perguntam o que *'Elohim* — "Deus", "destino", até mesmo "juiz" ou "mestre" em hebraico bíblico — fizera com eles, nós, leitores, detectamos uma ironia dramática ligada às ironias dramáticas da cena anterior no palácio do vice-rei. A verdade é que José serve de agente do destino, instrumento de Deus, no grande plano da história, e até os irmãos, que tanto se escandalizaram com o sonho em que José vê o sol, a lua e onze estrelas prostradas a seus pés, falam agora em "Deus", quando nós, leitores, sabemos que estão se referindo ao que José fez.

A versão da tradição *E* do mesmo acontecimento, na qual a descoberta se dá na presença de Jacó, é muito mais resumida e descreve sucintamente a reação dos irmãos à vista do dinheiro encontrado nos sacos com uma única palavra, "medo", e sem um diálogo que represente sua estupefação com os caminhos escolhidos pela Providência divina. A meu ver, essa versão sugere simplesmente medo, sem assombro, porque pretende mostrar uma ligação direta entre a descoberta do dinheiro e o sentimento de culpa dos irmãos pelo que haviam feito a José. Nessa última parte da história de José, há toda uma rede de motivos a partir de astuciosas repetições e inversões do que aparece na parte inicial. Os irmãos venderam José para ser levado como escravo no sul em troca de vinte peças de prata (*kesef*); agora eles descobrem, ao final de sua própria viagem para o norte, partindo do lugar para o qual o tinham enviado, que a prata (*kesef*) com que haviam pagado o trigo reaparece misteriosamente dentro de suas bagagens, o que atinge o ponto nevrálgico da culpa que já fora tocado com a prisão de Simeão e o pedido de José que lhe levassem o caçula Benjamin. Repare-se que a descoberta do dinheiro se dá quando eles reproduzem para o pai as palavras de José (versículos 33-34) e justo no ponto em que, seguindo a fala verdadeira (versículos 20-21), eles "descobriram" sua culpa com relação a José. No estilo característico da Bíblia, o narrador não explica a culpa, limita-se a sugeri-la e volta a insinuá-la nas palavras com que Jacó responde aos irmãos — e é importante compreender que se trata de uma resposta. Assim como os filhos, Jacó viu o dinheiro. E também deve ter percebido neles o medo que sentiam. Então, como que verbalizando a culpa silenciada, Jacó volta-se para eles e acusa: "Vós me privastes [de meus filhos] [...]". Tal como em sua fala em Gênese 37, depois de receber a túnica ensangüentada de José, Jacó se expressa com a intensidade dramática de versos regulares (na minha tradução, procurei indicar tipograficamente a divisão dos versos em hemistíquios semanticamente análogos), falando de si mesmo e do seu sofrimento ("Vós me privastes [...] É sobre mim que tudo isso recai") no começo e no final do poema. É interessante notar que, quando do sumiço de José, Jacó não fez nenhuma acusação direta aos filhos; mas, agora, é como se, impelido pela sua retórica, ele chegasse perto da verdade pura e os acusasse de lhe terem tirado os dois filhos, José e Simeão.

A história de José tem um eixo moral-psicológico e um eixo teológico-histórico. Neste segundo eixo, o que importam são as obras misteriosas de Deus, o papel de José como agente dos desígnios divinos e o importantíssimo tema do conhecimento em oposição à ignorância. No primeiro eixo, o aspecto fundamental é o doloroso processo pelo qual os irmãos aceitam a responsabilidade pelo que fizeram e são levados a lidar com a culpa. (O lamento de Jacó, como pai cronicamente privado dos seus filhos, é imediatamente seguido por uma extravagante oferta por parte de Rúben de assumir total responsabilidade pela segurança de Benjamin e, um pouco depois, por uma declaração mais cautelosa de Judá, aquele que teve a idéia de vender José e que será o porta-voz eloqüente e torturado pelo remorso dos outros irmãos diante da acusação final de José.) Não tenho como verificar cabalmente minhas conclusões sobre o princípio formal que guiou o autor bíblico, mas me parece pelo menos plausível que ele se tenha disposto a incluir na narrativa o mal menor da duplicação e da aparente contradição em prol de conferir visibilidade aos dois eixos principais de sua história num momento crítico do enredo. Um escritor ligado a outra tradição talvez procurasse algum modo de combinar os diferentes aspectos da história num único evento narrativo. Mas o escritor bíblico, habituado a cortar, juntar e montar com extrema perícia materiais literários anteriores, parece ter tido a intenção de obter esse efeito de verdade multifacetada ao apresentar em seqüência duas versões diferentes, que ressaltavam duas dimensões distintas do mesmo assunto.

A analogia com o processo de montagem cinematográfica sugere alguma coisa do jogo dinâmico entre duas representações diferentes de um objeto numa seqüência narrativa bíblica. Vale lembrar aqui a descrição clássica de Sergei Eisenstein do efeito da montagem no cinema:

A justaposição de dois planos independentes por sua junção assemelha-se menos a uma simples soma de um plano mais um plano do que a uma *criação*. Assemelha-se a uma criação — e não à soma de suas partes — devido à circunstância de que em cada justaposição *o produto é qualitativamente* distinto de cada elemento componente visto em separado. [...] Cada segmento da montagem passa a ser não uma coisa desvinculada, mas uma *representação particular* do tema geral.*

Essa técnica de justapor dois relatos semelhantes numa seqüência dinâmica e complementar evidencia-se de maneira esplêndida logo nas primeiras páginas da Bíblia hebraica. Como se sabe, há dois relatos diferentes da criação. O primeiro, geralmente atribuído à tradição sacerdotal (S), começa em Gênese 1, 1 e termina com a narrativa do primeiro *shabbat* (Gênese 2, 1-3), provavelmente seguida, como pensa hoje em dia a maioria dos pesquisadores, por uma síntese formal na primeira metade de Gênese 2, 4: "Essa é a história do céu e da terra quando foram criados". A segunda versão da história da criação, tirada do documento javista (J), começa então com a oração subordinada da segunda metade de Gênese 2, 4: "Quando o Senhor Deus fez a terra e o céu [...]", continua até a criação, nesta ordem, do homem, do mundo vegetal, do reino animal e da mulher, e, após a conclusão da obra de criação propriamente dita, no fim do capítulo 2, passa diretamente à história da serpente e da expulsão do Éden.

Ora, a seqüência deixa evidente que os dois relatos são mais complementares que justapostos, pois cada um apresenta um *tipo* de informação diversa a respeito da criação do mundo. O escritor S (por uma questão de comodidade, passarei a citá-lo no singular, embora essa fonte possa provir de uma "escola") trata do plano cósmico da criação e por isso começa com o caos primordial, cuja

---

* *The film sense*, trad. e org. de Jay Leyda (Londres, 1943), p. 17 [*O sentido do filme*, Rio de Janeiro, Jorge Zahar, 2002]; os itálicos são de Eisenstein.

superfície é agitada por um sopro (ou espírito) de Deus. O escritor *J* está interessado no homem como cultivador e como agente moral; por isso, começa fazendo um comentário sobre a ausência inicial de toda vegetação e irrigação e termina com uma descrição minuciosa da criação da mulher. Há contradições visíveis entre as duas versões. De acordo com *S*, a seqüência da criação é a seguinte: vegetação, vida animal e, no fim, os seres humanos. Embora a cronologia dos atos de criação não seja tão esquematicamente clara em *J*, já observamos que em seu relato a ordem parece ser primeiro o homem e depois a vegetação, a vida animal e a mulher. De qualquer modo, a contradição mais flagrante entre as duas versões está na separação entre a criação do homem e a criação da mulher no relato de *J*. *S* afirma simplesmente: "Homem e mulher Ele os criou", dando a entender que os dois sexos vieram ao mundo igual e simultaneamente. Por sua vez, *J* imagina a mulher como uma espécie de reflexão posterior de Deus, que a criou para preencher uma necessidade do homem e, além disso, a formou a partir de uma parte supérflua do corpo dele.

Por que razão o autor do Gênese se sentiu obrigado a usar esses dois relatos e por que nem mesmo os modificou o suficiente para conciliar contradições? Os estudiosos da Bíblia — que, por sinal, se referem ao autor como redator, e não como escritor — costumam explicar que ele considerava os materiais literários herdados como canônicos, isto é, que ele tinha a obrigação de incluí-los sem alterações. Que tipo de materiais hebreus antigos podiam parecer canônicos no século V a. C., por exemplo, ou o que isso podia significar nessa época é uma questão puramente conjectural. No entanto, o texto que nos chegou sobre a história da criação possui uma coerência como forma significativa que é passível de exame, e eu diria que existem razões literárias convincentes para que o escritor do Gênese se valesse dos dois documentos que tinha à disposição — provavelmente rejeitando outros sobre os quais nada sabemos — e ainda explorasse as contradições entre suas fontes. Essas razões se tornarão visíveis ao exame atento das diferenças estilísticas e temáticas entre os dois relatos da criação.

Embora S comece com uma oração adverbial, seguindo a convenção geral das fórmulas de introdução dos antigos poemas épicos de criação do Oriente Próximo — "Quando Deus começou a criar o céu e a terra" —, sua prosa é majestosamente paratática, movendo-se numa sucessão grandiosa de frases análogas ligadas pela conjunção "e" (a partícula *vav*); se quisermos variar a metáfora, digamos que a linguagem e os detalhes representados no relato de S são todos harmoniosamente coreografados. Tudo é numericamente disposto; a criação se faz por um processo rítmico de repetições aditivas; cada dia começa com a palavra de Deus ordenando a criação do mundo ("E Deus disse") e termina com o refrão "E assim se fez", precedido em cinco ocasiões por um outro refrão, "E Deus viu que era bom". A narrativa de S salienta ao mesmo tempo a seqüência metódica e uma perspectiva vertical, que começa em Deus acima de todas as coisas e desce até o mundo que Ele está criando. Deus é o sujeito constante de verbos que indicam a geração e a origem de longas frases que ordenam a criação, registradas em discurso direto. (A versão de J, em contraposição, inclui um segmento inteiro de versículos [Gênese 2, 10-14] em que Deus está totalmente ausente como sujeito: o homem age e fala por si só, e a Deus cabe um único discurso direto em todo o capítulo: a ordem para que Adão não coma do fruto da Árvore do Conhecimento, além da breve declaração sobre a necessidade de lhe dar uma companheira.)

A visão metódica de S se expressa em outro tipo de simetria que é ao mesmo tempo estilística e conceitual: a criação, conforme o escritor a representa, progride através de uma série de pares simétricos que na maioria das vezes formam oposições binárias. J também começa mencionando a criação da terra e do céu (é significativo que, em seu caso, a terra venha primeiro), mas não usa a oposição no desenvolvimento da história, ao passo que *S* constrói seu quadro da criação mostrando como Deus separa o reino da terra do reino do céu, põe astros no firmamento para iluminar a terra, cria as aves do firmamento acima junto com os seres que fervilham nos mares abaixo. Treva e luz, noite e dia, tarde e manhã, água e céu, água e terra seca, sol e lua, relva e árvores, aves e peixes, feras do campo e seres rastejantes da terra, homem e mulher — cada momento da criação é concebido como um equilíbrio de contrários ou como uma bifurcação que instaura diferenças numa categoria particular da existência. Na primeira metade do capítulo 1 (versículos 1-19), que trata dos primeiros quatro dias da criação, antes do aparecimento de seres vivos, o verbo dominante, depois da repetição verbal que designa as ordens de Deus, é "separar", o que indica que o escritor estava bem consciente de definir a criação como uma série de bifurcações ou separações. Deus separa a luz primordial da treva primordial, as águas acima do firmamento das águas abaixo do firmamento, o dia da noite, a luz das trevas. Na segunda metade do capítulo, quando chegamos à criação do reino animal, os verbos de separação desaparecem, e, no que diz respeito aos detalhes pertinentes aos animais e ao homem, a simetria é ainda mais frouxa, menos formulaica. Entretanto, pares simétricos continuam a configurar o relato da cosmogonia e, à medida que a narrativa prossegue, pode-se notar ainda uma forte tendência à repetição de muitas palavras anteriores ligadas à criação. A conclusão no primeiro sábado é uma viva ilustração do marcado equilíbrio estilístico, da predileção pelos paralelismos e repetições aditivas que caracterizam toda a narrativa de *S* (Gênese 2, 2-3):

> E Deus concluiu no sétimo dia a obra que Ele tinha realizado.
> E descansou de toda a obra que Ele tinha realizado.
> E Deus abençoou o sétimo dia e o santificou.
> Pois então Ele descansou de toda a obra que Deus realizou na criação.

Vemos aqui não só a repetição aditiva, mas também, como tentei mostrar nesta tradução bastante literal, uma estrutura circular rigidamente simétrica em que o fim volta ao começo: a primeira linha da passagem termina com o que Deus realizou ou fez, tal como a última, enquanto o final da última linha, ao introduzir a frase redundante "Deus realizou na criação", nos leva de volta ao início da história da criação, "quando o Senhor começou a criar". Na magistral formulação de S, tudo é metodicamente ordenado, posto em seu lugar determinado, e tudo está contido dentro de uma moldura simétrica.

É claro que isso tudo não expressa apenas um conjunto de preferências estilísticas; há também uma visão particular de Deus, do homem e do mundo. A coerência é a tônica da criação. As coisas passam a existir numa progressão metódica, segundo uma seqüência numérica definida pelo número sagrado, que é o sete. A Lei, manifestada nas separações simétricas que constituem o processo de criação e no verbo divino que dá início a cada etapa da criação, é a característica fundamental do mundo criado pelo Senhor. Ao homem, que ingressa no quadro no momento culminante, justo antes de Deus declarar sua obra concluída, no sétimo dia, cabe um papel clara e nitidamente dominante nessa majestosa hierarquia. Nessa versão da cosmogonia, Deus, tal como Einstein afirmou em sua argumentação contra o acaso, definitivamente não joga dados com o universo, embora, do ponto de vista moral ou histórico, seja exatamente isso o que faz na versão de J ao criar o homem e a mulher, dotando-os de uma perigosa liberdade de escolha e, ao mesmo tempo, impondo-lhes a responsabilidade de uma proibição solene.

A concepção nitidamente diferente de J sobre o movimento da criação se faz sentir desde o começo na sintaxe e nas cadências de sua prosa. Em lugar de equilíbrio estilístico e progressão grandiosa, ele começa com uma oração subordinada, que nos introduz a uma frase longa, sinuosa e complexa, que serpenteia pelos detalhes da paisagem e da meteorologia da criação do homem (Gênese 2, 4b-47):

> No tempo em que o Senhor Deus fez a terra e o céu, não havendo ainda nenhum arbusto dos campos sobre a terra e nenhuma relva dos campos tendo brotado, porque o Senhor Deus não fizera chover sobre a terra e não havia homem para cultivar o solo, enquanto a água minava da terra para regar toda a superfície do solo — então o Senhor Deus modelou o homem com a argila do solo e soprou em suas narinas o sopro da vida e o homem se tornou um ser vivente.

J precisa desse tipo de sintaxe espraiada, muito diferente da sintaxe de *S*, porque imagina seu sujeito permanentemente envolvido numa rede complexa de relações de natureza causal, temporal e mecânica, e, no final do capítulo, também moral e psicológica. Sua prosa transmite uma sensação de movimento rápido e progressivo, talvez mesmo precário, que é muito diferente da calculada enumeração de *S*, que avança do primeiro ao sétimo dia. É um movimento de irrequieta interação entre o homem e o ambiente que o cerca, mesmo no Éden: o homem *trabalha* o solo, que não pode realizar as funções nutritivas da vida vegetal antes que esse trabalho comece; na versão de *S*, o homem tem um domínio mais geral e mais nobre sobre o mundo natural. Na imaginação de *J*, o homem é mais essencialmente ligado ao mundo natural, criado que foi a partir da argila, e seu nome, '*adam*, deriva, num jogo etimológico cheio de significação, de '*adamah*, isto é, "solo". Ele e a terra são uma coisa só, o que não ocorre na seqüência hierárquica em que *S* o situa; mas o homem também é separado da terra pela faculdade de consciência que o autoriza a nomear as coisas e pelo livre-arbítrio que o levará a ser expulso do Jardim do Éden e, em conseqüência, a trabalhar a terra como árduo castigo e não mais como função natural.

S está interessado no grande plano da criação; J, nas complicações e dificuldades da existência humana no âmbito de uma civilização, para as quais propõe uma explicação preliminar com a narrativa do que se passou no Éden. O homem é o ponto culminante da trama da criação do mundo em S, mas é o centro da narrativa na história de J — duas coisas muito diferentes. Os verbos usados por S para se referir à criação são "fazer/realizar" (*'asoh*) e "criar" (*baro'*), ao passo que J faz Deus "modelar" (*yatzor*), palavra usada pelos artesãos e ceramistas, e O converte em sujeito de verbos que indicam práticas agrícolas, como plantar, regar e fazer crescer.

A preocupação de J com a mecânica das coisas está ligada a sua concepção de Deus, do homem e da história. O mundo é a matéria a ser trabalhada e modelada por meio do esforço, tanto para o homem quanto para Deus; a linguagem tem uma função no ordenamento das coisas, mas não é criadora como é para S. Se o papel do homem como cultivador da terra é ressaltado no começo e no fim da narrativa sobre o Éden, é possível deduzir que o trabalho de Deus com o homem não cessa quando Ele modela o barro original para formar um ser vivo. Nessa versão da criação do mundo, há uma tensão moral entre Deus e o homem — inexistente no relato de S — e também um cuidado com a condição deste, como demonstra a solicitude de Deus para com a solidão de Sua criatura. É esclarecedor que nessa versão Deus só faça uso da palavra quando se dirige ao homem e reflete sobre sua condição. O verbo "dizer", que no primeiro relato da criação introduzia cada uma das sentenças divinas que faziam surgir o mundo, é empregado aqui para designar *pensamento* ou monólogo interior, isto é, o breve monólogo em que Deus reflete sobre a solidão do homem e decide atenuá-la (Gênese 2, 18): "E o Senhor disse: 'Não é bom que o homem esteja só. Vou fazer uma auxiliar que lhe corresponda'".

As diferenças entre as duas versões são tão acentuadas que a essa altura pode ser que alguns leitores tendam a concluir que a relação de complementaridade que sugeri acima seja, na verdade, uma relação contraditória. Contudo, se pudermos evitar o provincianismo hodierno de presumir que os autores antigos devem ser simples porque são antigos, talvez seja possível entender que o autor do Gênese escolheu combinar as duas versões da criação do mundo exatamente porque compreendeu que seu objeto era profundamente contraditório e resistente a uma exposição linear e uniforme, e que aquela era a maneira conveniente de lhe dar a expressão literária mais justa. Gostaria de comentar este ponto a propósito, primeiro, da evidente contradição no relato da criação da mulher e, em seguida, das questões cosmogônicas mais gerais.

Talvez não haja realmente nenhuma lógica em fazer Eva ser criada depois de Adão e em condição de inferioridade quando já nos haviam dito que Deus criou o homem e a mulher ao mesmo tempo e da mesma maneira, mas a versão faz todo sentido como exposição das contradições do papel da mulher na ordem do mundo após a expulsão do Éden. Por um lado, o escritor bíblico pertence a uma sociedade patriarcal em que as mulheres possuem privilégios legais e funções institucionais mais limitadas que os homens e na qual a convenção social induz claramente a considerá-las como auxiliares do homem: seu verdadeiro lugar era, no dizer do salmo, o de "uma vinha fértil no coração de tua casa". Levando em conta esses fatos sociais e essas atitudes arraigadas, a história da criação de Eva a partir de uma costela sobressalente soa como um relato cabível das origens. Por outro lado, o autor — e é difícil imaginá-lo solteiro — deve ter se baseado em observações pessoais para concluir que a mulher, ao contrário das definições institucionais, podia ser uma adversária temível ou uma companheira valiosa, igual ao homem do ponto de vista moral ou psicológico, capaz de exercer tanto poder quanto ele, com seu inteligente senso prático das coisas. Se essa inferência parecer um tanto fantasiosa, basta recordar os testemunhos inequívocos das sucessivas histórias bíblicas que exibem uma galeria admirável de mulheres, como Rebeca, Tamar, Débora, Rute, que não se contentam em levar uma vida vegetativa "no coração da casa", mas que, vendo-se tolhidas pelo mundo masculino ou vendo que este carece de discernimento moral ou iniciativa prática, não hesitam em assumir as rédeas de suas vidas ou os destinos da nação. À luz dessa maneira extra-institucional de entender a condição da mulher, a narrativa apropriada das origens do mundo é a que fala da criação simultânea dos dois sexos, em que homem e mulher são aspectos diferentes da mesma imagem divina. "À imagem de Deus, Ele o criou. Homem e mulher Ele os criou" (Gênese 1, 27). A decisão de apresentar em seqüência relatos ostensivamente contraditórios do mesmo acontecimento é um equivalente narrativo da técnica da pintura pós-cubista de justapor ou sobrepor uma perspectiva de perfil e uma perspectiva frontal da mesma cabeça. O olho normal jamais conseguiria enxergar as duas perspectivas ao mesmo tempo, mas é uma prerrogativa do pintor representá-las como uma percepção simultânea na composição de sua pintura, seja para explorar as relações formais entre dois pontos de vista, seja para fazer uma representação abrangente de seu objeto. De maneira análoga, o escritor bíblico tira partido da natureza compósita de sua arte para revelar uma tensão de pontos de vista que irá orientar a maior parte das narrativas bíblicas — primeiro, a mulher divide com o homem o domínio das coisas e situa-se em pé de igualdade com ele perante Deus; depois, a mulher é a auxiliar subserviente, de caráter fraco e palavras melífluas, que trará enorme infortúnio ao mundo.

Esse efeito de combinação se estende ainda às visões discordantes sobre a criação do mundo, o homem e Deus. Deus é a um só tempo transcendente e imanente (para evocar uma oposição teológica muito posterior), tão absoluto em Sua onipotência quanto ativa e empaticamente comprometido com Sua criação. O mundo é ordenado, coerente, maravilhosamente bem modelado e, ao mesmo tempo, um instável emaranhado de recursos e topografias, tanto apoio quanto desafio para o homem. A espécie humana é senhora das coisas criadas, pois Deus a declarou assim, mas logo se divide internamente e se rebela contra os planos divinos e está condenada a viver de seu suor numa terra crestada por culpa do homem. A história da criação poderia ser mais "consistente" se tivesse começado em Gênese 2, 4b, mas perderia muito de sua complexidade como relato convincente de uma realidade confusa e atordoante, que envolve a relação instável entre Deus, o homem e o mundo natural. É possível, claro, como tendem a supor certos estudiosos da Bíblia, que essa complexidade seja um produto meramente acidental da compulsão piedosa de algum redator a incluir fontes díspares, mas essa é uma hipótese no mínimo mesquinha e, a meu ver, bastante implausível.

A eficácia da narrativa compósita como técnica deliberada torna-se ainda mais evidente quando o objetivo principal é a caracterização de personagens. O exemplo mais bem trabalhado é a apresentação de Davi, que, como tantos já observaram, se dá em duas versões consecutivas e visivelmente contraditórias (1 Samuel 16 e 17). Na primeira versão, o profeta Samuel é enviado a Belém para ungir um dos filhos de Jessé como sucessor de Saul, que, tendo transgredido a ordem divina, perdeu o direito ao posto de rei que lhe fora conferido. Samuel, depois de tomar por engano o irmão mais velho como o escolhido por Deus, é orientado por Ele a ungir Davi, o irmão mais novo (o padrão, familiar desde o Gênese, de deslocamento do primogênito). Depois da cerimônia de unção, Davi é chamado à corte para acalmar os acessos de loucura do rei, tocando lira para ele, e assume o cargo oficial de escudeiro de Saul. Na segunda versão, Davi ainda está em sua terra, enquanto os irmãos mais velhos (que são três e não mais sete) estão engajados no exército de Saul que combate os filisteus. Nessa versão, não há nenhuma menção a uma cerimônia prévia de unção, nenhuma alusão às habilidades musicais de Davi ou a seu posto de escudeiro (na realidade, há muitas referências a sua total falta de familiaridade com armaduras). O que a versão descreve é um Davi que chega ao campo de batalha levando mantimentos para seus irmãos e entra na história ao matar o grande campeão filistino, Golias. Nem Saul nem Abner, comandante do exército real, conhecem Davi; no final do capítulo, os dois confessam não fazer a menor idéia de quem seja ele ou a qual família pertença, de modo que o jovem precisa identificar-se diante de Saul.

Por uma questão de lógica, Saul deveria ver Davi pela primeira vez como musicoterapeuta *ou* como matador do gigante no campo de batalha — mas não as duas coisas. Ora, as duas versões são necessárias para uma perspectiva binocular da história de Davi. Sendo assim, a hipótese de uma decisão consciente de usar as duas versões parece convincente, pois o autor da história de Davi, ao contrário do autor do Gênese, não trabalhava com tradições santificadas por vários séculos de vida nacional, mas representava artisticamente uma figura histórica de poucas décadas antes, se tanto. Podemos admitir que ele teve muito mais liberdade quanto ao que "devia" incluir do que o autor do Gênese e que, por isso mesmo, se escolheu combinar as duas versões da vinda de Davi para a corte, uma de natureza teológica, a outra folclórica, é porque sentia que ambas eram indispensáveis para sua concepção do caráter e do papel histórico do futuro rei. Argumento semelhante foi levantado por Kenneth R. R. Gros Louis num ensaio arguto sobre a história de Davi: "Mas é certo que quem deu forma final à narrativa também estava ciente da contradição; tamanha incoerência em narrativas tão próximas é mais do que um cochilo do escritor; equivale a um sono pesado". Gros Louis sugere que as duas apresentações de Davi correspondem a dois aspectos diferentes do futuro rei que incidem sobre seu relacionamento com Saul e que se manterão em conflito durante toda a história: o indivíduo particular e a figura pública. Seja no papel de indivíduo mentalmente perturbado, seja no de monarca invejoso, Saul reage de maneiras diferentes aos dois aspectos de Davi. "Saul, o homem, pode amar aquele que o conforta e recordar-se do refrigério que sua música lhe traz; Saul, o rei, não suporta ouvir as mulheres israelitas cantando: 'Saul matou mil e Davi, dez mil.'"* Acho que Gros Louis está correto quando fala de uma interação complexa entre os aspectos público e privado de Davi ao longo de toda essa narrativa extraordinária, mas é preciso desdobrar essas categorias em várias direções se quisermos chegar à plena compreensão da gama de pontos de vista complementares que as duas versões do aparecimento de Davi trazem à tona. É importante observar diferenças não só na ênfase temática e nos fatos narrados, mas ainda, como fizemos no estudo da história da criação, com respeito ao estilo e ao tratamento narrativo.

Simetria, padrão recorrente, fórmulas de encerramento e o que Buber e Rosenzweig denominam *Leitwortstil*, o estilo guiado por palavras-chave temáticas, são elementos muito mais importantes na primeira versão do que na segunda. O capítulo 16 de 1 Samuel começa com um diálogo entre Samuel e Deus, e o olhar divino controla de cima tudo que acontece nessa versão do aparecimento de Davi. Deus supervisiona tudo, Deus intervém diretamente na designação de Seu ungido: "Vai, eu te enviarei [à casa] de Jessé, o belemita", diz Deus a Samuel no começo do capítulo, "porque escolhi entre seus filhos o rei que Eu quero" (1 Samuel 16, 1). O verbo "escolhi" (*ra'oh be*) aponta claramente em duas direções. É um antônimo de "rejeitar" (*ma'os be*) e de "preferir não" (*lo' baḥor be*), que funcionam como *Leitwörter* relacionadas tanto com a rejeição de Saul como com as escolhas que não devem ser feitas

---

* "The difficulty of rulling well: King David of Israel", *Semeia* 8 (1977), pp. 15-33.

entre os filhos de Jessé. Ao mesmo tempo, o significado literal da locução idiomática "ver em" e o verbo "ver" formam a outra palavra-chave dominante da história. Se Deus já escolheu o novo rei, por que não diz a Samuel desde o início qual dos filhos de Jessé é o eleito? Evidentemente, para que se realize um ritual didático de escolha correta depois da escolha errada, da visão correta depois da visão equivocada. Na perspectiva "vertical" da história, todas as trocas substantivas de palavras se dão entre Deus e Seu profeta, ao passo que os diálogos entre Samuel e os patriarcas da cidade ou entre Samuel e Jessé são reduzidos ao mínimo. O processo de escolha é relatado da seguinte maneira:

> 6. Logo que chegaram, Samuel viu Eliab e pensou: "Certamente, o ungido do Senhor está diante Dele". 7. E Deus disse a Samuel: "Não te impressiones com a aparência dele [*mar'eihu*, raiz *ra'oh*] nem com sua elevada estatura, porque eu o rejeitei. Porque não é como o homem vê [que Deus vê].* Pois o homem vê com os olhos e o Senhor vê com o coração". 8. Então Jessé chamou Abinadab e o fez passar diante de Samuel, e ele disse: "Também não foi este que Deus escolheu". 9. Então Jessé fez passar Sama, e ele disse: "Também não foi este que Deus escolheu". 10. Assim Jessé fez passar os seus sete filhos diante de Samuel, mas Samuel declarou: "A nenhum destes Deus escolheu". 11. Então Samuel perguntou a Jessé: "Acabaram os teus filhos?". E ele respondeu: "Falta ainda o menor, que está tomando conta do rebanho". Samuel disse a Jessé: "Manda buscá-lo, porque não nos sentaremos para comer enquanto ele não chegar". 12. Jessé mandou chamá-lo, e ele era ruivo, de olhos bonitos e bela aparência [*ro'i*, raiz *ra'oh*]. E o Senhor disse: "Levanta-te e unge-o, pois é ele!".

* A frase entre colchetes corresponde à leitura da Septuaginta.

A cena toda é um grande exercício de como ver corretamente, não só para Jessé e seus filhos e para o público implícito da narrativa, mas também para Samuel, que antes fora designado vidente (*ro'eh*). Primeiro Samuel escolheu Saul, bem mais alto que o comum dos homens, para ser rei; depois quase cometeu o mesmo erro com o robusto primogênito de Jessé, Eliab, e por isso Deus, lendo seus pensamentos, teve de instruí-lo: "Não te impressiones com a aparência nem com a alta estatura dele". Desde o primeiro diálogo entre Samuel e o Senhor até a unção final e o momento em que o espírito do Senhor desce sobre Davi (1 Samuel 16, 13), o olhar constante de Deus comanda manifestamente a cena, distinguindo, como os olhos humanos não sabem fazer, entre a aparência atraente de Eliab, que não promete nenhum mérito para o governo, e a bela aparência de Davi, que por acaso se alia a uma predisposição natural para grandes feitos. As interações humanas são mantidas à distância, estilizadas, demonstrando de maneira tematicamente inequívoca a perfeita clareza da percepção divina. A narrativa passa pelos sete filhos e, depois do terceiro, apela à regra do "*et cetera*" para não estorvar o ímpeto rumo ao momento crucial de revelação, quando Davi é chamado do campo.

O espírito que desce sobre Davi e se apodera dele, como fizera antes com os Juízes, passa então a ser a palavra-chave temática da segunda metade do capítulo. O espírito do Senhor que se apossa de Davi "havia se retirado de Saul" (1 Samuel 16, 14) e agora o rei é atormentado por um "mau espírito vindo do Senhor". Quando seus servos sugerem o som da lira como lenitivo, Saul gosta da idéia: "Procurem [*re'u*, raiz *ra'oh*] e me tragam um homem que toque bem" (1 Samuel 16, 17); um dos servos pede para falar: "Tenho visto [*ra'iti*] um filho de Jessé, o belemita, que sabe tocar e é um valente guerreiro, fala com discernimento, tem bela aparência, e o Senhor está com ele" (1 Samuel 16, 18). A referência à bravura militar de Davi faz desconfiar de uma tentativa de harmonizar, retrospectivamente, os capítulos 16 e 17, talvez por obra de um redator, porque até esse ponto da narrativa não há nenhuma insinuação de que o jovem pastor tivesse alguma experiência militar; de resto, se ele já fosse conhecido como guerreiro excepcional, não faria o menor sentido dar a ele o posto subalterno de escudeiro (1 Samuel 16, 21). Deixando esse único ponto de lado, a estréia de Davi na corte, empunhando a lira, é perfeitamente coerente com a história anterior de sua consagração. Ele foi ungido por Samuel "dentre seus irmãos", isto é, no recesso de seu círculo familiar, de modo que ninguém sabe na corte de suas pretensões ao trono. Mas, como o espírito do Senhor desceu sobre ele, seu magnetismo pessoal e seu dom para o sucesso já começam a se fazer sentir; todos começam a notar que "o Senhor está com ele", como antes com José. Tendo sido favorecido pelo espírito de Deus, Davi começa então a exercer domínio sobre o reino dos espíritos, por meio da música, como ressalta o jogo de palavras no último versículo do capítulo (1 Samuel 16, 23): "E toda vez que o [mau] espírito [*ruaḥ*] de Deus acometia Saul, Davi tomava sua lira e tocava; então Saul se acalmava [*ravaḥ*], sentia-se melhor e o mau espírito [*ruaḥ*] o deixava".

A segunda versão do aparecimento de Davi, quase três vezes mais extensa que a primeira, é longa demais para que a examinemos em detalhe. No entanto, a extensão relativa da história reflete uma concepção muito diferente de como se revela pela primeira vez a majestade de Davi. Esse capítulo é o mais próximo que a Bíblia hebraica chega de uma apresentação "épica" de seus materiais históricos. Diferentemente do capítulo anterior, em que os três pontos de referência geográfica — Belém, a corte e a casa de Samuel em Ramah — são simplesmente registrados, 1 Samuel 17 pinta um minucioso panorama da disposição geográfica dos dois exércitos e depois faz uma descrição detalhada das armas e dos equipamentos de Golias. A segunda versão concentra-se mais em como Davi vai agir dentro de certas coordenadas espaciais e com os instrumentos próprios à esfera política e militar, e por isso adota um tipo de estilo que nos conduz de imediato ao cerne da experiência histórica. O motivo do jovem desconhecido que surpreende os mais velhos e mata o terrível gigante é comum a inúmeras tradições populares, mas aqui é entretecido à textura da ficção histórica, tal é a concretude dos diálogos vivos e verossímeis (a inflamada discussão de Davi com seu irmão mais velho, Eliab, e sua esquiva verbal às provocações de Golias), bem diferentes do diálogo estilizado e cheio de fórmulas da narrativa anterior. Deus não fala uma única vez e não está diretamente presente na ação. Pelo contrário, o herói humano da história é que invoca Deus quando retruca aos desafios do inimigo: "Tu vens contra mim com espada, lança e escudo; eu, porém, venho a ti em nome do Senhor dos Exércitos, o Deus das linhas de Israel, que desafiaste. Hoje mesmo o Senhor te entregará em minhas mãos" (1 Samuel 17, 45-46). A vitória de Davi com um golpe de funda é uma representação literal do princípio monoteísta de que "não é pela espada que Deus concede a vitória", que Davi enuncia para Golias.

É preciso atentar para o fato de que, no capítulo 16, Davi não diz uma palavra e faz muito pouco: ele é sujeito de apenas dois verbos, "tomar" e "tocar", no final do capítulo. Já no capítulo 17, ele fala bastante e se mostra, aliás, um mestre da retórica (destoando do epíteto "[que] fala com discernimento", atribuído a ele em 1 Samuel 16, 18), além de ser, é claro, um arrojado, exímio e vigoroso agente. No clímax do capítulo 17, os versículos 45-51, Davi é sujeito de catorze verbos diferentes — precipitar, correr, apanhar ou tomar, desafiar, atirar, ferir, cortar, matar — em rápida sucessão. Na primeira versão, o ofício pastoril de Davi é um fato estático, embora provavelmente simbólico, pois a palavra "pastor" é um epíteto bíblico recorrente para "líder". Na segunda versão, Davi alude a sua experiência de pastor como prova de seu treinamento prático para o perigoso combate: assim como matou várias vezes leões e ursos, cara a cara, para proteger seu rebanho, ele derrubará o filisteu presunçoso. Davi só não menciona a sua destreza letal com a funda, adquirida no trabalho de pastor e logo demonstrada no campo de batalha.

Qual é o efeito do uso simultâneo dessas duas versões para a apresentação geral de Davi? Cabe notar que há uma estreita analogia com a interação das duas fontes na história da criação no Gênese (embora eu não pretenda absolutamente sugerir que, no caso de Davi, a primeira derive de *S* e a segunda de *J*): uma concepção "horizontal", centrada no humano, ricamente detalhada, após uma visão "vertical", mais concisa, mais estilizada simetricamente e que passa de Deus, acima, para o mundo, abaixo. Essas duas concepções correspondem em parte, mas somente em parte, ao Davi público e privado, o Davi que Saul inveja, odeia como rival e a quem ama como pessoa que o conforta. Davi será um brilhante rei-guerreiro e, como Semei, da casa de Saul, o chamou certa vez, um "homem sanguinário" — e para essa identidade não poderia haver melhor prefácio que a história de Golias. Mas Davi é também o eloquente poeta elegíaco, compositor de salmos, o homem sensível e apaixonado que ama Jônatas e chora por seus filhos mortos, e esse seu lado é adequadamente introduzido pela história de sua aparição na corte como músico, portador do dom de expulsar maus espíritos com suas canções.

As duas versões são aspectos não só do caráter de Davi, mas do que devemos esperar de sua escolha como rei. No primeiro relato, a escolha é absoluta, um ato inequívoco da vontade divina, decorrente talvez do que Deus sabe sobre a natureza especial de Davi, e a realeza lhe é claramente outorgada como um dom ou destino, sem que ele tenha tomado a mais ínfima iniciativa para conquistá-la. No segundo relato, Davi dá o primeiro passo para sua ascensão do campo e das ovelhas para o trono de Israel por meio de uma ação ousada e de iniciativa própria; ao fazê-lo, como insinuam os diálogos no final do capítulo entre Saul e Abner, depois entre Saul e Davi, ele instiga os primeiros sentimentos de inquietação real quanto ao perigoso rival que pode ter chegado de Belém. A primeira versão não fala em Davi como homem ou rapaz, salvo no epíteto, provavelmente intercalado, do servo que o chama de "homem de guerra", pois ela o imagina basicamente como um belo recipiente para o espírito divino que entra nele. Na segunda versão, Golias, o campeão (literalmente, "o homem dos espaços entre os dois exércitos"), convida um "homem" a vir competir com ele e se enfurece quando dá com um mero "jovem" (1 Samuel 17, 42) — um jovem que provará de maneira brilhante sua condição de homem-feito derrubando o gigantesco adversário. É bem verdade que, mesmo na segunda versão, Davi realiza seu ato heróico com plena consciência de estar cumprindo os desígnios do onipotente Deus de Israel, mas a união dos dois relatos nos deixa em meio à interação dinâmica de duas teologias, duas concepções do reino e da história, duas visões de Davi como homem. Numa delas, o rei é visto como instrumento de Deus, escolhido por iniciativa do próprio Deus, uma pessoa que manifesta sua autoridade comandando o reino dos espíritos bons e maus, uma figura que traz lenitivo e inspira amor. Na outra, a escolha do rei é mais ratificada, digamos assim, do que promovida por Deus; em vez do espírito que desce, temos um jovem que ascende graças à própria habilidade, coragem, sangue-frio, reflexos rápidos e dons retóricos. Isso não o conduzirá diretamente ao trono, mas, tal como as coisas geralmente acontecem no meio heterogêneo da história, a um posto de comando militar; a vitórias militares, séquitos de admiradores, à inveja do rei e ao banimento; a uma trajetória de ações audazes, subterfúgios, provações e perigos; a uma sangrenta guerra civil — e, só depois de tudo isso, ao trono. Sem as duas versões do começo da trajetória de Davi e de sua pretensão ao trono, o escritor hebreu teria transmitido menos do que imaginou ser a verdade absoluta de seu objeto.

Poesia e ficção, como tantas vezes observaram os teóricos da literatura desde os formalistas russos e os *new critics* anglo-americanos, implicam uma condensação de significados, um tipo de espessamento do discurso, em que percepções diversas e até mutuamente contraditórias do mesmo objeto podem se fundir numa única estrutura lingüística. Um texto exemplar, que vale comparar com os capítulos 16 e 17 de 1 Samuel, é o poema de Andrew Marvell, "An Horatian ode upon Cromwell's return from Ireland". Quando o poema foi escrito, em 1650, Marvell estava abandonando sua antiga simpatia pela causa monarquista e passando a fazer uma defesa sincera do novo regime revolucionário; o poema parece então incorporar visões antitéticas do poderoso Cromwell, que acabara de subjugar (e devastar) a Irlanda, visões antitéticas unidas sob alta tensão. Assim, Marvell escreve que Cromwell:

> Soube, com sua bravura industriosa, erguer-se,
> Para fazer ruir o grande trabalho do tempo
> E fundir o velho reino
> Em novo molde.*

Como em outras partes do poema, quase todas as frases são suscetíveis de interpretações opostas: Cromwell pode ser o paradigma da grandeza política, um homem com a coragem e a determinação necessárias para mudar o curso da história, mas pode bem ser um medonho cavaleiro do apocalipse, que destrói tudo o que o tempo pacientemente forjou. Na condensação estilística do poema, ele é as duas coisas ao mesmo tempo ou alguém que constantemente ameaça ser uma coisa quando parece ser a outra.

* *Could by industrious Valour climbe/ To ruine the great Work of Time,/ And cast the Kingdome old/ Into another Mold.* (N. T.)

Na narrativa bíblica, esse tipo de ambigüidade intencional numa mesma afirmação pode aparecer — como sugeri na discussão da caracterização de personagens — na reticência seletiva do narrador, bem como na súbita interrupção de um diálogo. Quanto aos blocos maiores de material narrativo, o método característico para a incorporação de muitas perspectivas não parece ter sido a fusão de pontos de vista num único enunciado, mas a montagem dessas visões em seqüência. É claro que essa fórmula não pode eliminar todas as estranhezas autorais ou editoriais com que o texto bíblico nos desafia; mas vale a pena ter em mente que esses autores antigos, assim como os mais recentes, desejavam criar uma forma literária que acolhesse a persistente complexidade de seus temas. A revolução monoteísta do Israel bíblico foi contínua e inquietante. Deixou pouco espaço para pontos de vista claros, definidos e estáveis a respeito de Deus, do mundo criado, da história e do homem como animal político ou agente moral, pois com freqüência coube a ela extrair algum sentido da interseção de valores incompatíveis — o relativo e o absoluto, a imperfeição humana e a perfeição divina, o ruidoso caos da experiência histórica e a promessa de um projeto divino para a história. A visão bíblica é determinada, creio eu, por um senso de contradição persistente, de desordem profunda e inerradicável na natureza das coisas, e a arte compósita da Bíblia volta-se justamente para a expressão dessa noção de realidade moral e histórica.

8. Narração e conhecimento

O conceito de narrativa bíblica como prosa de ficção que proponho neste livro implica uma ênfase na qualidade artística e no espírito lúdico que pode parecer um tanto estranha para a concepção usual, popular e erudita, do que seja a Bíblia. Depois de examinar alguns dos aspectos mais importantes da arte narrativa bíblica, parece-me útil retomar agora uma questão básica que formulei no início desta investigação. Os antigos escritores hebreus, ou, pelo menos, aqueles cujo trabalho foi preservado canonicamente no *corpus* bíblico, eram obviamente motivados por um senso de elevado propósito teológico. Habitantes de uma diminuta e quase sempre imperfeita ilha monoteísta em meio a um vasto e fascinante mar de paganismo, escreveram muitas vezes sob a percepção premente de estar realizando ou perpetuando, através do ato de escrever, uma importante revolução de consciência. Não é difícil imaginar por que os Profetas buscaram a poesia, com suas ressonâncias, ênfases, simetrias e imagens vigorosas, como veículo de suas visões do futuro, pois a poesia profética é uma forma de comunicação direta que se torna elevada, memorável e quase irretorquível por obra dos recursos retóricos do verso formal. Em contraposição, a narrativa bíblica, se a entendermos como discussão sobre os desígnios de Deus para a história e as condições que Ele impôs à humanidade, é um diálogo indireto sobre esses objetos (a grande exceção é o Livro do Deuteronômio, construído em estilo direto como discurso de despedida de Moisés ao povo de Israel). O grau de *mediação* envolvido no ato de escrever sobre as exigências do Senhor, pondo os personagens para falar e descrevendo suas ações e tribulações, abre alguma coisa que, aos olhos de um teísta de inclinação moralizante, talvez pareça uma caixa de Pandora. Pois, afinal, não será fútil que um escritor hebreu anônimo, encarregado de formular para a posteridade as tradições sagradas, entregue-se aos prazeres do jogo lexical e fonético, invente personagens cheios de vida, com trejeitos e modos de falar próprios, represente com todos os recursos de criatividade estilística a situação cômica de uma tentativa fracassada de sedução, o lento progresso da negociação diplomática sobre o local de um túmulo, as brigas de irmãos, a insensatez dos reis?

A mim parece perfeitamente plausível supor, como já sugeri em outro capítulo, que os autores da narrativa bíblica se entregaram a esses vários prazeres da invenção e da expressão porque, a despeito do sentimento de estarem cumprindo uma missão divina, todos eles eram, ao fim e ao cabo, escritores que procuravam dar expressão à sua visão própria da natureza humana e da história numa linguagem específica, a prosa de ficção, sobre a qual tinham domínio técnico e cujo manejo lhes propiciava um prazer permanente. Creio que essa inferência encontra confirmação nos magníficos textos que os escritores bíblicos produziram, ainda que seja necessário um ato de reorientação mental para enxergar uma relação *de gênero* mais estreita — e a consideração do gênero é decisiva nesse caso — entre o Gênese e *Tom Jones* do que entre o Gênese e a *Suma teológica* ou o *Livro da criação* de tradição cabalística. Mas a noção de uma vocação ficcional dos escritores bíblicos precisa ser desdobrada. Se a ficção é uma forma de jogo, ela também é, mesmo em casos de humor ostensivo, como *Gargântua e Pantagruel*, *A vida e as opiniões do cavalheiro Tristram Shandy* e *Ulisses*, um jogo que envolve um modo peculiar de conhecimento.

Aprendemos com a ficção porque nela encontramos imagens translúcidas que o escritor projetou astuciosamente a partir de um fundo de experiência intuitiva, não muito diferente de nossa própria experiência, mas definida, modelada, organizada e examinada de um modo que jamais conseguimos alcançar, enredados como estamos nos acontecimentos confusos e dispersos de nossas existências. Os personagens de ficção não precisam ser toscamente verossímeis para encarnar essas verdades, pois a estilização e o exagero também podem revelar o que normalmente fica oculto, e a fantasia pode representar fielmente uma realidade interior ou reprimida: o tio Toby e o sr. Micawber, Panurgo e Gregor Samsa são veículos de conhecimento ficcional tanto quanto Ana Karênina e Dorothea Brooke. Mas eu gostaria de ressaltar que a ficção é um modo de conhecimento não só por imaginar personagens e acontecimentos em inter-relações instáveis, esquivas e reveladoras, mas também porque possui um certo repertório de técnicas para contar uma história. O escritor de ficção dispõe de uma flexibilidade técnica para, por exemplo, inventar para cada personagem uma linguagem capaz de refletir sua individualidade absoluta (de uma forma que o diálogo usual não necessariamente conseguiria fazer) e seu lugar exato na interseção com outros personagens de uma cadeia de acontecimentos. O escritor de ficção usufrui de uma liberdade ainda maior graças à possibilidade de se mover com agilidade entre o resumo lacônico e a representação cênica estudada, entre o panorama e a visão a curta distância, graças à capacidade de penetrar nas emoções de seus personagens, imitar e sintetizar seu diálogo interior, analisar-lhes os motivos, passar da narrativa no presente para o passado próximo ou distante e fazer o caminho de volta, e, finalmente, controlar com esses recursos o que aprendemos e o que presumimos sobre os personagens e o significado da história (em quase todos esses aspectos, a gama de possibilidades de um modo folclórico de contar histórias, que depende de fórmulas prontas, ou mesmo de alguns tipos de epopéia, é mais restrita).

Afirmei no capítulo 2 que os escritores bíblicos figuram entre os pioneiros da prosa de ficção na tradição literária ocidental. Gostaria de acrescentar agora que o que os induziu, pelo menos em parte, à criação desse método flexível de construir narrativas foi o tipo de conhecimento que ele possibilitava. Os narradores das histórias bíblicas são naturalmente "oniscientes", e esse termo teológico, transferido para a técnica narrativa, tem para eles uma razão de ser especial, já que se presume que conheçam de verdade tudo o que Deus conhece, como volta e meia nos fazem lembrar quando descrevem intenções e juízos divinos, inclusive o que Ele profere para Si mesmo. O profeta bíblico fala em nome de Deus — "assim disse o Senhor" —, como instrumento humano da mensagem divina, a qual muitas vezes parece tomá-lo sem que ele o saiba. O narrador bíblico, ao contrário do profeta, despoja-se de sua história pessoal e das marcas de sua identidade individual para dotar sua narrativa de uma amplitude divina, capaz de abarcar até o próprio Deus. Trata-se de um fascinante truque epistemológico praticado com espelhos narrativos: a despeito do antropomorfismo, todo o espectro de noções bíblicas pressupõe uma clivagem absoluta entre o homem e Deus; o homem não pode tornar-se Deus e Deus (em contradição com as idéias posteriores do cristianismo) não se faz homem. E, no entanto, as figuras discretas que narram as histórias bíblicas adotam (por uma convenção tácita de não dar atenção a sua condição humana limitada) a perspectiva onisciente e infalível de Deus.

Uma maneira fecunda de entender as histórias da Bíblia é vê-las como um experimento narrativo em torno das possibilidades de um saber moral, espiritual e histórico, um experimento conduzido por meio de contrastes bem calculados entre o conhecimento limitado dos vários personagens humanos e a onisciência divina, representada discreta mas firmemente pelo narrador. De tempos em tempos, concede-se um saber especial ou alguma forma de clarividência a uma figura humana, mas só por obra do auxílio discricionário de Deus: José só pode interpretar sonhos de maneira verídica, como afirma repetidas vezes, porque a interpretação dos sonhos pertence a Deus. Promessas ou previsões misteriosas são concedidas a diversos protagonistas bíblicos, mas o futuro, como a realidade moral dos contemporâneos, continua a lhes ser em grande parte vedado, mesmo no caso de Abraão ou de Moisés, que tiveram o privilégio de receber a revelação mais direta e pessoal da presença e da vontade de Deus. Uma vida inteira dedicada a uma liderança visionária com Deus por fiador não livra ninguém das limitações do conhecimento humano: como já observei, Samuel, o vidente, confunde estatura física com adequação ao poder real, tanto no caso de Saul quanto no de Eliab, e por isso tem de receber uma lição objetiva sobre como Deus vê — não com os olhos, mas com o coração (e o coração, na fisiologia bíblica, é a sede do discernimento mais do que do sentimento). A realidade humana, ilustrada de maneira memorável no ciclo de narrativas que vai do nascimento de Jacó à sua morte no Egito, com José ao seu lado, é um labirinto de antagonismos, inversões, enganos, tratos escusos, mentiras deslavadas, aparências enganosas e presságios ambíguos. Enquanto o narrador tem diante dos olhos o desenho intrincado desse labirinto, os personagens em geral só podem se agarrar a pontas quebradas ao longo do próprio caminho.

Jamais duvidamos seriamente de que o narrador sabe tudo que precisa ser sabido a respeito dos motivos e dos sentimentos, da natureza moral e da condição espiritual dos seus personagens, mas, como vimos em diversas ocasiões, ele procede de maneira altamente seletiva quando se trata de compartilhar essa onisciência com seus leitores. Se ele nos convidasse a participar plenamente de seu vasto conhecimento, à maneira do romancista vitoriano, o efeito seria o de nos abrir os olhos e fazer com que nos "tornássemos Deus, conhecedor do bem e do mal". A decisão tipicamente monoteísta do narrador leva-nos a conhecer como conhecem os seres humanos, em carne e osso: o personagem se expõe antes de tudo pelo discurso, pela ação, pelos gestos, com todas as ambigüidades que isso acarreta; os motivos ficam muitas vezes, mas não invariavelmente, encobertos por uma sombra de dúvida. Não raro temos de fazer deduções plausíveis sobre os personagens e seus destinos, mas muita coisa continua a ser conjectural ou mesmo dependente da exploração de várias possibilidades.

Não pretendo dizer com tudo isso que a Bíblia hebraica participa do ceticismo epistemológico de obras de ficção como *A volta do parafuso*, de Henry James, *O castelo*, de Franz Kafka, e *O ciúme*, de Alain Robbe-Grillet. Há um horizonte de conhecimento perfeito na narrativa bíblica, mas só podemos vislumbrá-lo da maneira mais instantânea e fragmentária. O narrador insinua um padrão de significados nos acontecimentos, valendo-se de uma variedade de procedimentos, sobretudo insinuações indiretas. Na reticência proposital desse tipo de narração, os personagens guardam sua aura enigmática, sua impenetrabilidade, pelo menos aos olhos humanos com que forçosamente os vemos. Ao mesmo tempo, porém, o narrador onisciente dá a entender que os personagens e os acontecimentos produzem certas significações estáveis, as quais se deixam aferir segundo a distância em relação ao conhecimento divino, segundo o percurso da ignorância perigosa à posse do necessário conhecimento de si mesmo e do outro e dos caminhos de Deus.

O exemplo mais notório da narrativa bíblica como experiência ficcional de conhecimento é a história de José e seus irmãos, pois ali as ações principais giram em torno da oposição entre o conhecimento verdadeiro e o conhecimento falso, desde os sonhos de grandeza do jovem José, aos dezessete anos, até o ponto culminante de seu confronto com os irmãos no Egito, 22 anos depois. O tema do conhecimento é formalmente enunciado pelo par de palavras-chave, *haker*, "reconhecer", e *yado'a*, "saber", que atravessa toda a história (as palavras francesas *connaître* e *savoir* talvez indiquem melhor a diferença entre os vocábulos). José é, com certeza, o conhecedor absoluto nessa narrativa, mas no começo até ele tem muito a aprender — de maneira dolorosa, como costuma acontecer com o aprendizado moral. Em seus primeiros sonhos, ele ainda não sabe o que já sabe sobre seu destino, e esses sonhos, que acabarão se revelando proféticos, podem parecer de início fruto da mania de grandeza de um adolescente mimado, bem compatível com seu detestável hábito de espalhar fofocas contra os irmãos e sua insensibilidade para com os sentimentos deles, tudo isso evidentemente encorajado pela flagrante complacência do pai. Jacó, outrora um homem sagaz, tornou-se, por sua vez, uma pessoa tão cega — e assim permanecerá duas décadas depois — quanto seu velho pai Isaac foi antes dele. Provoca estupidamente o ciúme dos dez filhos que teve com sua mulher Lia, a quem não amava, e com as concubinas; depois se deixa ludibriar pelos filhos quanto ao verdadeiro destino de José, devido, em parte, ao amor exagerado que tem pelo menino e à propensão melodramática para o papel de sofredor. Por fim, os dez irmãos ignoram completamente o verdadeiro destino e natureza de José, as conseqüências de seu próprio comportamento, o inevitável sentimento de culpa pelo crime que cometeram e, no ponto alto da história, a identidade de José quando este surge diante deles na qualidade de vice-rei do Egito. São os acontecimentos, ou melhor, os acontecimentos manipulados por José, que os obrigam a fazer a difícil transição do desconhecimento para o conhecimento de si, que levará ao desfecho da história.

 É interessante examinar mais de perto esse clímax grandioso

da história de José, não só porque é uma clara ilustração das relações entre ficção e conhecimento, mas também porque, graças ao extraordinário virtuosismo técnico do escritor (que já observamos antes, na leitura de Gênese 38 e 39), esses episódios oferecem uma esplêndida síntese dos vários procedimentos engenhosos da narrativa bíblica que estamos analisando. A conclusão da história, da ordem de Jacó que seus dez filhos viajem ao Egito para comprar mantimentos até o segundo regresso deles a Canaã, quando informam ao pai que José, o filho que ele havia chorado por tantos anos, está vivo e governa o Egito, forma um todo estreitamente urdido. Infelizmente, o texto é longo demais para que o possamos examinar aqui versículo por versículo. Mas uma leitura atenta de Gênese 42, que narra o primeiro encontro dos irmãos com José no Egito e a volta deles para Jacó em Canaã, já nos dará uma boa idéia da complexa interação de recursos narrativos com os quais o escritor desenha o tema, os motivos e os personagens. Visto que esse capítulo não forma uma unidade tão independente quanto Gênese 38, mas constitui, na realidade, o primeiro movimento do clímax da história, falarei depois, rapidamente, sobre como a trama desenvolvida no capítulo 42 prossegue, desenvolve-se e conduz à solução final nos três capítulos seguintes.

Recordemos que Jacó desapareceu completamente da história desde o capítulo 37, quando seus filhos lhe trouxeram a túnica ensangüentada de José e ele chegou à conclusão catastrófica que se esperava. Nesse momento crítico, os filhos limitaram-se a lhe perguntar se ele reconhecia a roupa, e a reação de Jacó, num paroxismo de dor, ocupava todo o diálogo. Agora, passados 22 anos e após dois anos consecutivos de grave escassez de alimentos, Jacó fala quase o tempo todo:

> 1. Jacó viu que havia mantimentos à venda no Egito, e Jacó disse a seus filhos: "Por que olhais uns para os outros?". 2. E ele disse:

"Soube que há mantimentos para vender no Egito. Descei e comprai alimentos para nós, a fim de que possamos viver e não morrer". 3. Então os dez irmãos de José desceram ao Egito para comprar trigo. 4. Mas Benjamin, o irmão de José, Jacó não o enviou com os outros, porque pensou que lhe poderia suceder alguma desgraça. 5. Assim, os filhos de Israel foram comprar mantimentos, misturados aos outros [forasteiros], porque a fome chegara à terra de Canaã.

Jacó vê que há trigo para comprar no Egito, enquanto os filhos parecem estar olhando um para a cara do outro — numa introdução inteligente dos episódios em que terão de confrontar seus atos do passado. Chama ainda a atenção, como nota introdutória, o fato de que esse segmento da história começa com os irmãos passivos, ociosos e humilhados. Há um hiato de silêncio entre os versículos 1 e 2, entre "Jacó disse" e outra vez "Ele disse", um silêncio que tende a confirmar a acusação de Jacó: os filhos apenas se entreolham, quando há necessidade de tomar providências urgentes. (Este é mais um exemplo de uma regra prática: quando um diálogo bíblico registra apenas a fala de uma parte ou omite uma resposta, espera-se que nós mesmos tiremos as conclusões sobre os personagens e suas relações; a passagem citada inverte os papéis de Jacó e seus filhos no final de Gênese 34, na conclusão da história do estupro de Diná; ali, quando Jacó censura Simeão e Levi pelo massacre da população masculina de Siquém, eles respondem, no versículo 31: "Acaso devemos tratar nossa irmã como uma prostituta?", e a história termina com essas palavras de desafio; o silêncio final de Jacó é um indício de sua impotência diante da violência dos filhos.) Os irmãos seguem as ordens do pai em silêncio, real ou virtual, e o narrador cuida de nos informar que eles são dez quando descem até o Egito, pois o número revela quem está presente ou ausente, e isso terá importância na seqüência. Embora os dez rapazes sejam identificados como "os filhos de Israel" quando chegam ao Egito como emissários do patriarca, são chamados de "irmãos de José" no momento em que saem de Canaã. Não resta dúvida de que estão partindo rumo a um teste final sobre a natureza de seus laços de parentesco com José, laços que negaram quando o venderam como escravo e que agora serão obrigados a reconhecer por outra via. Quando o texto chama Benjamin de "irmão de José", a expressão tem significado distinto dos pontos de vista genealógico e emocional, porque ele é, de fato, o único irmão de sangue de José, como segundo filho de Raquel. Há, portanto, um delicado jogo de ambigüidades nos versículos 3 e 4, quando se passa de "irmãos de José" para "o irmão de José" e "seus irmãos [de Benjamin]", e esse jogo põe em foco a questão da fraternidade, que logo terá solução dramática. A narrativa não nos diz nada sobre a reação dos dez irmãos ao fato de Jacó reter Benjamin em casa, numa repetição do tratamento privilegiado que um dia deu a José. O desfecho dependerá da capacidade dos irmãos de aceitar com afeto filial a preocupação do pai com o único filho de Raquel que lhe restou.

Nesse ponto, com a pressa característica de chegar ao momento essencial, o narrador bíblico transfere os irmãos de Canaã para o Egito, para o encontro face a face com José. A narrativa central se processará então, como normalmente fazem os escritores hebreus, por meio do diálogo, embora cada intervenção sucinta do narrador seja eficiente como tática e reveladora como solução temática, a começar pela observação, obviamente supérflua, acerca da posição de José. Cito a seguir, na íntegra, o relato da primeira visita dos irmãos de José ao Egito, até o momento em que este manda que se devolva o dinheiro às bagagens deles (episódio que já estudamos no capítulo sobre a narrativa compósita).

> 6. José era governador do Egito e era ele quem distribuía mantimentos a todo o povo da terra. E os irmãos de José chegaram e se prostraram diante dele, com o rosto no chão. 7. José viu seus irmãos

e os reconheceu, mas fingiu não reconhecê-los e lhes falou rispidamente: "De onde vindes?". E eles responderam: "Da terra de Canaã, procurando alimentos". 8. José reconheceu seus irmãos, mas eles não o reconheceram. 9. E José lembrou-se dos sonhos que tivera a respeito deles e disse: "Sois espiões! Viestes para ver a terra a descoberto". 10. E eles disseram: "Não, meu senhor, teus servos vieram procurando alimentos. 11. Somos todos filhos do mesmo homem. Somos honestos. Teus servos jamais seriam espiões". 12. Mas ele lhes disse: "Não! Foi para ver a terra a descoberto". 13. E eles responderam: "Nós, teus servos, éramos doze irmãos, filhos de um mesmo homem da terra de Canaã, e, veja, o mais moço está agora com nosso pai, e um não vive mais". 14. José tornou a dizer: "É justo como eu disse: sois espiões. 15. Eis como sereis testados: juro pela vida do faraó que não saireis daqui enquanto vosso irmão mais moço não vier! 16. Que um de vós seja enviado para buscar vosso irmão, e os demais ficarão presos, vossas palavras serão postas à prova para saber se falais a verdade; se não, pela vida do faraó, sois espiões!". 17. E mandou pôr todos na prisão por três dias. 18. No terceiro dia, José lhes disse: "Sou um homem temente a Deus, fazei o que vos digo e sereis salvos. 19. Se sois honestos, que um de vossos irmãos fique detido na prisão, e, quanto aos demais, que partam levando os mantimentos para vossas famílias. 20. Trazei-me vosso irmão mais moço, assim vossas palavras serão confirmadas e não morrereis". E assim fizeram eles. 21. E disseram uns para os outros: "Certamente estamos sendo punidos pelo que fizemos ao nosso irmão, vimos sua angústia quando nos implorou piedade, e não o ouvimos. Por isso nos sobreveio esta aflição". 22. Então Rúben respondeu-lhes com as seguintes palavras: "Eu não disse 'Não maltratem o menino' e não me quisestes ouvir? Agora teremos de prestar contas do seu sangue". 23. Mas eles não sabiam que José podia compreendê-los [literalmente, "escutava"], pois havia um intérprete entre eles. 24. José se retirou e chorou e voltou e falou de novo a eles. Então escolheu Simeão e mandou acorrentá-lo diante dos outros.

Não havia necessidade de repetir a informação de que José era vice-rei do Egito e responsável pelas provisões (versículo 6), porque tanto sua investidura no alto cargo como sua política econômica já tinham sido narradas em detalhe na última parte do capítulo anterior. No entanto, a utilidade de repetir esses fatos na forma de resumo logo à chegada dos irmãos é evidente. É que, nesse momento, os dois sonhos de José estão sendo literalmente realizados: o sonho de ver o sol, a lua e as estrelas prostrando-se diante dele (seu cargo de governador) e o sonho dos feixes de trigo igualmente prostrados a sua frente (o posto de responsável pelas provisões). Os irmãos então reeditam aquele velho sonho de prostração, num gesto de obediência absoluta sublinhado pela expressão enfática "com o rosto no chão". É evidente que eles ignoram o que o narrador nos faz recordar (exibindo sua onisciência para melhor sublinhar a ignorância deles): que a identidade essencial deles ali é a de "irmãos de José" (versículo 6) e que ali José é o governador e o distribuidor de provisões. A ignorância dos irmãos sobre a real identidade de José é um complemento irônico ao erro anterior de não terem reconhecido o verdadeiro destino dele. A oposição entre o José que sabe (à maneira do narrador) e os irmãos que ignoram é acentuada pelo uso insistente da *Leitwort* que já participara da narrativa: José os reconhece, eles não o reconhecem, e, num trocadilho típico do *Leitwortstil*, ele se faz passar por estranho ou parece um estranho para os irmãos, *vayitnaker*, um verbo com a mesma raiz, *nkr*, de "reconhecer", *haker*.

O versículo 9, no qual José recorda seus sonhos de outrora, é um dos raros momentos na Bíblia em que o narrador decide não só dar acesso temporário à vivência interior de um personagem, como também relatar a consciência que o personagem tem de seu passado. Esse comentário incomum é inteiramente apropriado aqui, tanto porque o próprio José fica impressionado com a realização presente de seus sonhos antigos, como porque ele vai obrigar seus irmãos a se confrontarem com o próprio passado. Os dois episódios anteriores da história de José (Gênese 40 e 41) haviam se dedicado a perscrutar o futuro — quando José interpreta os sonhos de dois companheiros de prisão e, depois, os dois sonhos do faraó. O capítulo 42, porém, dedica-se ao conhecimento do passado, que entretanto não serve como orientação política, mas como maneira de se reconciliar com sua própria história moral e buscar uma integração psicológica.

A narrativa não especifica nenhuma relação causal entre o fato de José lembrar-se de seus sonhos e a acusação de espionagem que imediatamente levanta contra seus irmãos, uma omissão característica da Bíblia e que abre inúmeras possibilidades de motivação. O narrador provavelmente sabe da ligação ou das ligações, mas prefere nos deixar especulando. Será que a rememoração dos sonhos, aliada à visão dos irmãos prostrados ao chão, desencadeia em José uma série de lembranças da raiva e do desdém dos irmãos quando ele lhes contara os sonhos, do pavor que sentiu, dentro do poço, sem saber se os irmãos o tinham deixado à morte? José sente raiva e quer punir os irmãos? Ou o sentimento principal é de triunfo, de vontade de fazer o papel de inquisidor, a fim de realizar todos os itens de seus sonhos e forçar os irmãos a se apresentarem como "teus servos" e a tratá-lo por "meu senhor"? Ou será que o comportamento de José decorre principalmente da desconfiança, em vista das ações passadas dos irmãos? A acusação de espionagem não seria apenas a maneira mais apropriada a um vice-rei de ameaçar os forasteiros, ou será que ele percebe uma afinidade latente entre a desonestidade do espião e a desonestidade da traição fraterna? Poder-se-ia inclusive especular se a expressão repetida, "a terra a descoberto" (literalmente, "a nudez da terra"), não teria uma ressonância psicológica especial para José, considerando o que ele percebe ser a relação dos seus irmãos com ele e com seu pai. Todas as outras ocorrências da expressão idiomática "ver a nudez de" ou "revelar a nudez de" são explicitamente sexuais, geralmente referindo-se a um ato de incesto (é justamente essa a locução idiomática usada para o ato que Cam perpetra contra seu pai Noé), e quem sabe se José não percebe uma espécie de violência incestuosa no que os irmãos fizeram com ele e, através dele, com seu pai. É importante lembrar que Rúben, o mais velho dos dez irmãos, realmente se deitou com Bila, concubina de Jacó, serva de Raquel e sua substituta no leito conjugal, não muito tempo depois da morte desta, quando José ainda era criança. Pode ser que nenhuma dessas inferências seja inelutável, mas todas são, de um modo ou de outro, bastante viáveis; a recusa do narrador em indicar conexões específicas entre as recordações e as palavras de José dá uma boa idéia de como o presente é sobredeterminado pelo passado, porque nessa perspectiva bíblica nenhuma afirmação linear de causalidade pode representar adequadamente a densidade e a multiplicidade de motivos e emoções de uma pessoa. José não é incognoscível nem para Deus nem para o narrador, mas deve permanecer opaco em certos aspectos, porque é um ser humano, e nós, leitores da sua história, o vemos com olhos humanos.

O diálogo inteiro entre José e seus irmãos é admirável na maneira como as palavras, criando uma frágil superfície de fala, sondam as profundezas de uma relação ética da qual os irmãos são quase completamente inconscientes e que o próprio José só compreende em parte. Interrogatório claramente político, trata-se na realidade do primeiro dos três diálogos culminantes entre José e os irmãos a respeito do seu passado comum e da natureza de seus laços de fraternidade. Está claro que, durante todos esses momentos, os dez irmãos são objeto de ironia dramática, ignorando o que tanto José quanto nós, leitores, sabemos, por exemplo quando anunciam, no versículo 11: "Somos todos filhos do mesmo homem" (a possibilidade de interpretar de duas maneiras essa declaração não passou despercebida aos comentaristas antigos; assim, o francês Rashi, grande exegeta medieval, observou: "Tiveram um súbito clarão de inspiração divina e o incluíram junto com eles"). Mas esta é uma ironia dramática, que se adensa pela série de duplos sentidos psicológicos que remetem às principais convulsões dessa turbulenta fraternidade. Somos doze, dizem os irmãos a José (embora a tradução mais lógica seja pretérita, "nós éramos", o versículo 13 prefere interpretar a frase no tempo presente). Só os dois filhos de Raquel são diferenciados entre os doze: o caçula está com o pai e outro, cujo nome não é dito, já não vive. A ambigüidade do eufemismo em torno da morte — a expressão poderia também significar simplesmente "não está" ou "está ausente" — reflete a ambigüidade das intenções dos irmãos para com José e a incerteza sobre o paradeiro dele. A primeira idéia fora realmente matá-lo, e Rúben, que tentou salvar o irmão e descobriu o poço vazio, parece imaginar (versículo 22) que José tenha de fato morrido. De qualquer modo, depois de terem mandado José para um mercado de escravos no sul, os irmãos teriam motivos de sobra para pensar que ele já estivesse mais morto que vivo ou, quem sabe, após tantos anos de servidão, definitivamente morto.

A resposta agressiva de José (versículos 14-16) aos irmãos parece um *non sequitur* em relação à superfície do diálogo, mas na verdade é uma conseqüência lógica da discussão latente acerca da natureza dos laços de fraternidade. Afinal, por que o fato de terem admitido que há mais dois irmãos, um em casa e outro que se foi, deveria ser tomado como prova — "É exatamente como eu disse" — de que são espiões? É possível que a afirmação dissimulada dos dez irmãos sobre a sorte de José tenha despertado sua ira, fazendo-o recordar a traição de que foi vítima e assim estimulando-o a reiterar a acusação de espionagem. José exige que lhe tragam Benjamin, não só porque talvez esteja ansioso para ver seu irmão de sangue, mas também porque, com a mente dominada pela lembrança da traição, não tenha como confiar nos filhos de Lia e das concubinas de seu pai; talvez José desconfie do que eles podem ter feito ao outro filho de Raquel. O "teste" proposto por José no interrogatório dos espiões tem uma lógica especiosa: supõe que, se for possível provar que parte das declarações deles sobre a família é falsa, então não há verdade alguma no que disseram e eles só podem mesmo ser espiões (essa lógica certamente não é um bom teste de espiões, uma vez que o inverso não se sustenta: eles poderiam estar dizendo a verdade sobre o irmão que ficou em casa e, contudo, estar no Egito para fazer espionagem para os cananeus). Mas o teste tem uma profunda função lógica no interrogatório indireto dos irmãos: se, de fato, eles deixaram Benjamin incólume durante todos aqueles anos, a verdade de suas palavras se confirmará e, não obstante as antigas discórdias, "[seríamos] doze irmãos, filhos do mesmo homem".

O narrador, como assinalamos, começou o episódio com a declaração enfática e simétrica do que José sabe e do que os irmãos ignoram. Agora, em todo esse diálogo, o narrador se abstém deliberadamente de fazer qualquer comentário e deixa que a dinâmica da relação entre José e seus irmãos se revele apenas através das palavras; a nós cabe especular sobre os motivos dessa conduta particular de José. Sejam quais forem esses motivos, a atenção para as analogias com que a narrativa bíblica nos habituou deveria nos levar a perceber que José, primeiramente, inverte e, em seguida, repete contra os irmãos o mesmo que eles fizeram contra ele. Um dia eles o jogaram dentro de um poço, onde José ficou sem saber que destino o esperava; agora, ele joga os dez na prisão militar, onde os deixa por três dias; depois, assim como fizeram com ele, José separa um dos irmãos — "um" de vossos irmãos, igual àquele "um" que dizem não viver mais — e o priva de liberdade por um prazo talvez indeterminado (quando Jacó toma conhecimento da ausência de Simeão, imediatamente chega à seguinte equação, em Gênese 42, 36: "Vós me privastes de meus filhos./ José se foi e Simeão se foi"). Nós, leitores, que conhecemos a verdade, percebemos a analogia entre a situação angustiante de José no passado e a situação aflitiva dos irmãos no presente. Eles, por sua vez, demonstram ter pelo menos uma compreensão intuitiva dessa analogia, pois se dão conta da existência de um princípio de retaliação, pelo qual uma "aflição" é causa de outra "aflição". Vem à tona, no diálogo entre eles (versículos 21-22), o questionamento da relação fraternal já latente na entrevista que tiveram com José: presos como espiões, eles acabam se vendo obrigados a confessar um ao outro a culpa que sentem por terem eliminado o irmão. Num fino lance de revelação protelada, só agora somos informados de que, quando foi seqüestrado pelos irmãos, José implorou piedade e que eles fizeram ouvidos moucos. O capítulo 37 do Gênese, que relata os detalhes do seqüestro, guarda total silêncio a respeito das palavras e sentimentos de José naquele terrível momento; agora, a imagem de um José suplicante rodeado por irmãos impassíveis agrava a culpa destes últimos.

Mas de que crime os irmãos se imaginam culpados: de assassinato ou de seqüestro? A pesquisa bíblica convencional não entende a questão central, supondo que a narrativa inteira é uma montagem de duas versões desencontradas da história de José, a versão eloísta (E) e a versão javista (J): na primeira, Rúben defende José e conclui que ele morreu depois que os madianitas (que por acaso encontraram o garoto dentro do poço) o levam embora; na segunda, Judá salva a vida de José, propondo vendê-lo como escravo, e os compradores são identificados como ismaelitas. Embora nem todos os detalhes das duas versões tenham sido harmonizados como exigem as modernas convenções de coerência, parece claro para mim que o escritor precisa das duas, e por vários motivos, entre os quais o mais urgente para a passagem em questão é o desejo de insinuar a existência de uma equivalência moral entre o seqüestro e o assassinato. Em ambas as versões, os irmãos, como grupo, pretendiam inicialmente matar José. Quando Rúben descobre que o garoto desapareceu do poço, do qual ele havia planejado secretamente resgatá-lo, o bem-intencionado primogênito se convence de que o irmão está morto. A coincidência da suposta morte de José com a decisão de vendê-lo como escravo dá a entender que a venda seria quase um assassinato, o que derruba a alegação de Judá de que, vendendo o rapaz, os irmãos evitariam o horror do homicídio. Agora que finalmente se defrontam com a culpa pelo crime cometido duas décadas antes, é a voz de Rúben que eles ouvem, acusando-os de fratricídio, e ninguém tenta negar a acusação, porque todos sabem que talvez seja esse o crime que cometeram quando venderam o irmão como escravo.

Exatamente nesse ponto (versículos 23 e 24), o narrador, que não se manifestava desde a primeira metade do versículo 9, a não ser para dar a lacônica informação de que José mandou prender seus irmãos (versículo 17), aparece para relatar algo que vai mudar toda a configuração emocional do que estamos examinando. Em primeiro lugar, há uma outra revelação protelada astuciosamente até a ocasião perfeita. Até então, nada nos levou a indagar em que idioma José e seus irmãos se comunicavam. Poderíamos até pensar que esse genial político egípcio fosse capaz de demonstrar uma fluência natural em dialetos cananeus, cuidando apenas de vez por outra jurar em nome do faraó, como sinal de sua perfeita identidade egípcia. Em todo caso, a menção à presença de um intérprete no início de seu primeiro diálogo com os irmãos enfraqueceria a impressão de confronto direto que é, como vimos, tão essencial temática e psicologicamente para o desenvolvimento da cena. Agora que o texto nos diz que, durante toda a entrevista, havia a mediação de um intérprete, somos forçados a pensar melhor. De repente, nos damos conta de que outra oposição, de ordem técnica, se acrescenta à que existe entre o conhecimento de José e a ignorância dos irmãos: durante toda a entrevista, sem que eles soubessem, José "entendia", ou melhor, "escutava" tudo o que eles diziam, e nesse preciso instante já tinha escutado duas confissões de que não o haviam escutado ou compreendido no passado. "José se retirou e chorou e voltou e falou de novo a eles. Então escolheu Simeão e mandou acorrentá-lo diante dos outros." Até esse momento, parecia haver uma continuidade perfeita entre a rispidez das palavras de José e seus sentimentos. Talvez essas lágrimas sejam de autocomiseração ou de raiva, e podemos imaginar que a aridez persiste. Mas é bem mais provável que José, ouvindo as expressões de remorso dos irmãos, seja tomado por um primeiro e forte impulso de reconciliação, embora não tenha ainda como confiar neles e por isso deva prosseguir com o teste. Pelos olhos oniscientes do narrador, vemos quando ele chora sozinho e depois retoma sua rígida máscara de governante egípcio para voltar a discutir com os irmãos e tomar um deles como refém.

Além disso, o choro de José no fim do primeiro encontro com os irmãos inicia um padrão maravilhosamente controlado de intensificação progressiva do ritmo da narrativa. Ele ainda vai chorar duas vezes. A segunda ocasião (Gênese 43, 30-31), quando põe os olhos em seu irmão Benjamin, é um minucioso desenvolvimento, por seu estilo expressivo, do primeiro relato de José chorando: "José saiu correndo, pois foi tomado de sentimento pelo irmão e quis chorar, e entrou num cômodo e chorou ali. Depois, lavou o rosto, saiu e voltou a se controlar". Ao contrário do capítulo 42, o motivo do choro dessa vez é bem claro, e o minucioso detalhamento das ações — ter vontade de chorar, buscar outro cômodo, chorar, lavar o rosto, recompor-se — extrapola completamente a norma lacônica da Bíblia, conferindo destaque ao fato e criando um efeito de retardamento do tempo narrativo. Estamos nos encaminhando para um clímax que vai declarar-se na terceira vez em que José chora (Gênese 45, 1-2), quando, enfim, ele se identifica para os irmãos. Aqui, o texto diz que "José não podia mais se conter", e o choro, antes às escondidas, agora rompe diante dos irmãos e vira um pranto tão forte que os egípcios o ouvem do lado de fora. O padrão de intensidade crescente das três repetições — que começou com José escutando sem que os outros soubessem (Gênese 42, 24) — não compõe apenas uma simetria formal por meio da qual o escritor dá forma e ordem à história, mas é ainda a reconstituição de um processo emocional no herói, desde o momento em que 22 anos de raiva começam a se desmontar até a hora em que ele consegue dizer "Eu sou José, seu irmão".

Após o choro de José e a prisão de Simeão em Gênese 42, a história passa a abordar a devolução do dinheiro pago pelos irmãos e, em seguida, a primeira vez que descobrem esse fato (Gênese 42, 25-28), o qual, como vimos no capítulo anterior, salienta a sensação de estarem diante de um estranho destino e mais uma vez opõe a ignorância dos irmãos ao conhecimento de José. Logo depois da abertura das bagagens no acampamento, os irmãos são deslocados para Canaã, onde se encontram face a face com o pai e, como era de esperar, dada a convenção bíblica da repetição literal, contam o que lhes sucedeu no Egito com uma reiteração quase perfeita de extensos elementos frásicos de seu primeiro diálogo com José. É compreensível que essa recapitulação (Gênese 42, 29-34) da cena anterior no Egito a abrevie, mas, deixando de lado as supressões que aceleram o tempo narrativo de uma forma adequada à descrição do que já foi narrado, as pequenas e sutis mudanças na formulação das frases e na ordem das palavras do diálogo original refletem o fato de que, agora, os irmãos estão falando com seu pai. O nome de José é mencionado duas vezes como "o homem que governa aquele país", outra confirmação inconsciente, dessa vez por pai e filhos juntos, do sonho em que o sol, a lua e as estrelas curvam-se diante dele. Na versão apresentada pelos irmãos a Jacó, eles primeiro teriam dito a José que eram honestos e nunca foram espiões, depois que são doze filhos do mesmo homem; mas, no diálogo original, eles haviam anunciado primeiro que eram todos filhos do mesmo homem, como se isso fosse de algum modo um preâmbulo necessário a seus protestos de honestidade. "Éramos doze irmãos", relatam a Jacó, "filhos do nosso pai. Um não vive mais e o mais moço está com nosso pai na terra de Canaã" (Gênese 42, 32). Como estão falando diretamente com Jacó, é natural que se refiram a ele como "nosso pai" e não como "um homem na terra de Canaã". Eles também fazem uma inversão e citam o irmão que "não existe mais" em primeiro lugar e o irmão "que está em casa" em segundo lugar. Talvez queiram sugerir ao pai que só revelaram a preciosa informação sobre a existência de Benjamin contra a vontade e no fim da entrevista com o governante supremo do Egito. De qualquer maneira, "um não vive mais" é a afirmação de maior intensidade dramática para José, e a revelação crucial para Jacó é a de que "o mais moço está agora com nosso pai". Assim, para cada um, a informação que lhes toca mais profundamente as emoções é reservada para o final. Quando José falou aos irmãos de sua intenção de tomar um refém, disse que um deles ficaria "detido" (a palavra correspondente em hebraico é *ye'aser*, e também pode significar simplesmente "ser acorrentado") na prisão; ao repetir a frase de José para Jacó, os irmãos suavizam delicadamente a mensagem: "deixai um dos vossos irmãos comigo" (o uso tático de um eufemismo em vez da imagem da prisão mostra que certas variações menores da repetição literal fazem parte de um padrão calculado e não são uma questão de sinonímia improvisada). Finalmente, José concluiu a explicação do teste dizendo que, se os irmãos quisessem escapar da morte, deveriam lhe trazer Benjamin; no relato que fazem a Jacó, eles têm o cuidado de suprimir essa parte ameaçadora da conversa, fazendo com que a declaração do governador termine em tom positivo, que entretanto é apenas insinuado nas verdadeiras palavras de José: "Aí saberei que não sois espiões, mas homens honestos. Então, vosso irmão será devolvido e estareis livres para andar por esta terra" (Gênese 42, 34).

A essa tentativa de fazer um relato fiel, mas diplomático, do que aconteceu no Egito, segue-se imediatamente a narrativa da segunda descoberta do dinheiro nas bagagens, aquela que enfatiza o medo e sugere o sentimento de culpa dos irmãos. Comentei no capítulo 7 que Jacó reage a esse momento e a todo o relato que o precedeu, acusando os irmãos de lhe terem tirado dois filhos e demonstrando todo o seu sofrimento com ênfase retórica. Nesse ponto, seu filho primogênito toma a palavra: "Rúben disse ao pai: 'Podes matar meus dois filhos se eu não o trouxer de volta. Deixa-o a meus cuidados e o devolverei a ti'. E o pai respondeu: 'Meu filho não descerá convosco, porque seu irmão está morto e somente ele me resta, se algum mal lhe acontecer no caminho, fareis esta minha cabeça branca descer em desgosto à morada dos mortos'". Esse diálogo (versículos 37-38) — note-se que o narrador mais uma vez se apaga e se abstém de fazer comentários "editoriais" — oferece uma excelente definição do choque de insensibilidades que tantas vezes compõe a vida familiar e que já havia provocado conseqüências desastrosas nessa família fundadora de Israel. Rúben, o homem impulsivo que um dia violentou a concubina de seu pai e cometeu um erro crasso na tentativa de salvar José dos outros irmãos, pede a Jacó que mate seus dois filhos, caso aconteça algo de ruim a Benjamin. O pai acabou de deplorar o fato de ter sido privado de dois filhos, e agora Rúben piora ainda mais as coisas ao propor que Jacó mate seus netos se perder Benjamin! (Parece haver aqui um esforço de simetria na referência a duas vidas em troca de duas vidas, porque em Gênese 46, 9 lê-se que, na verdade, Rúben tinha quatro filhos.) Compreende-se mais uma vez por que Rúben, o primogênito, foi alijado e por que a linhagem dos reis nascerá de Judá: ele é o segundo a defender José e, no capítulo seguinte (Gênese 43, 8-9), fará um pronunciamento sensato a respeito de sua disposição de se responsabilizar por Benjamin.

Jacó não chega sequer a avaliar a oferta irrefletida, ainda que bem-intencionada, de Rúben; em vez disso, afirma a decisão de não permitir que Benjamin vá ao Egito. Antes, ele havia afirmado, por eufemismo e com certa ambigüidade, que José se fora; agora diz com todas as letras que José está morto. Para nossa surpresa, ele continua tão desatento aos sentimentos de seus dez filhos quanto o foi na infância de José. "Só ele me resta", afirma na cara dos filhos, omitindo a frase indispensável "da mãe dele", como se apenas os filhos de Raquel, e não os outros, fossem seus filhos. Anos antes, ele anunciara que desceria à morada dos mortos em luto por José. Agora, conclui o episódio imaginando novamente a descida de sua cabeça branca à morada dos mortos num estado de inconsolável tristeza. Como sempre, Jacó ama a retórica do sofrimento, gosta de simetrias verbais em seus lamentos e por isso começa com as palavras *lo'yered*, "ele não descerá", e termina com a "descida" (*vehoradtem*) de sua velha cabeça à morada dos mortos, formando uma clara estrutura circular. Pode haver um jogo de ironia entre Sheol, o mundo dos mortos, e o Egito, aquele país estrangeiro famoso por seus monumentos de culto aos mortos. Benjamin acabará descendo ao Egito, e no fim das contas os filhos levarão Jacó não para o mundo dos mortos, mas para o Egito, onde José está vivo e radiante com seus poderes de vice-rei.

Concluído este estudo de Gênese 42 e do desenvolvimento minucioso da oposição temática entre conhecimento e ignorância — o desconhecimento por parte de Jacó e seus filhos não só do verdadeiro destino de José, mas, ainda mais, da configuração moral subjacente à família —, podemos pular diretamente para o desfecho da história, fazendo apenas rápidos comentários sobre as passagens que conduzem a ele (Gênese 43, 1 e 44, 17). Em pouco tempo, por força das circunstâncias, Jacó é obrigado a abandonar sua decisão a respeito de Benjamin: a fome persiste e se agrava. A princípio, ele pede aos filhos, numa frase cuidadosamente elaborada: "Retornai e comprai um pouco de mantimentos" (Gênese 43, 2), como quem fala em dar um pulo ao mercado mais próximo. Judá, que assume então decididamente o papel de porta-voz dos irmãos, deixa bem claro que os mantimentos somente poderão ser adquiridos se Benjamin for junto com eles. Citando José, afirma: "Porque o homem nos disse assim: 'Não sereis admitidos à minha presença, a menos que vosso irmão esteja convosco'" (Gênese 43, 5). Na realidade, essas palavras específicas não constam do diálogo entre José e seus irmãos, mas é evidente que Judá está tentando fazer o pai relutante compreender que será completamente impossível ter acesso ao homem que guarda as chaves do trigo sem a presença de Benjamin. Judá atribui ainda a José uma frase que não consta do diálogo travado no Egito: a pergunta "Vosso pai ainda vive?". O costume bíblico de empregar a repetição literal com alguns acréscimos permite imaginar que José tenha realmente feito essa pergunta, por mais que ela não conste no relato feito a Jacó; dessa maneira, não há necessidade de interpretá-la como uma invenção de Judá. Seja como for, o principal motivo para introduzir a pergunta aqui é de natureza proléptica, isto é, de antecipação da pergunta que José faz a seus irmãos (Gênese 43, 27): primeiro, ele quer saber do pai deles e, depois, com mais insistência, indaga: "Meu pai está vivo?" (Gênese 45, 3), revelando assim sua identidade — agora que vocês sabem que eu sou José, podem me dizer toda a verdade sobre nosso pai. Jacó se queixa da imprudência dos filhos, que mencionaram a existência de Benjamin diante do egípcio, mas Judá, com perfeita propriedade do ponto de vista temático, faz ver que eles ficaram presos numa rede de conseqüências que desconheciam: "Saber como? Como poderíamos saber que ele diria 'Trazei vosso irmão'?" (Gênese 43, 7). E assim Jacó, com um ar grave, relutante, acaba consentindo em deixar Benjamin ir com os outros; em suas últimas palavras ressoa um tom de queixa paternal, em perfeita harmonia com as frases anteriores: "Quanto a mim, que eu perca meus filhos, se tiver de perdê-los" (Gênese 43, 14).

Antes disso, porém, ele ordena que os filhos levem para o Egito o dobro do dinheiro que fora colocado em suas bagagens, bem como bálsamo, mel, astrágalo, ládano, pistache e amêndoas (Gênese 43, 11-12). Ao dar essas ordens, ele leva adiante, sem saber, o padrão de restituição que marca toda a conclusão do enredo. O dinheiro — especificamente, peças de prata — passou pelas mãos dos mercadores ismaelitas em troca de José, levado para o sul até o Egito. Depois, José mandou dinheiro escondido nas bagagens de volta ao norte, para Canaã. Agora, Jacó ordena que o dobro do dinheiro seja levado de volta ao Egito (veremos em breve que o motivo do dinheiro, das peças de prata, participará de mais uma reviravolta no auge dramático da história). A irônica relação com os mercadores ismaelitas é engenhosamente reforçada pela outra metade das instruções de Jacó: uma caravana fora vista, há muito tempo (Gênese 37, 25), "transportando para o Egito astrágalo, bálsamo e ládano", e agora os irmãos vão formar uma caravana semelhante, carregando exatamente os mesmos produtos, acrescidos de uns poucos itens, não para trazer José como escravo, mas encaminhando-se para a descoberta da identidade dele como senhor supremo.

No tempo acelerado com que a narrativa bíblica habitualmente elide as transições secundárias, os irmãos logo estão diante de José — "Eles correram e desceram ao Egito e se apresentaram a José" (Gênese 43, 15). Assim que chegam, os irmãos são levados ao palácio do vice-rei com tanta pressa que temem ser acusados de ter roubado o dinheiro que acharam em suas bagagens. Logo à entrada do palácio, declaram ao administrador de José que são inocentes no caso do dinheiro, e ele os tranquiliza afirmando que tudo está em ordem e que o Deus deles e o Deus de seu pai deve ter lhes restituído o dinheiro (e dessa forma confirma-se uma vez mais uma associação entre as maquinações de José e as ações da Providência divina). José, enfim, vê Benjamin, "seu irmão, filho de sua mãe" (Gênese 43, 29), e, conforme já assinalamos, é tomado pela emoção, vai para outra sala e chora. No banquete para o qual convida seus irmãos, ele os faz sentar à mesa por ordem exata de idade, do mais velho ao mais moço, deixando-os perplexos: dessa maneira, o contraste entre o conhecimento de José e a ignorância deles se traduz numa espécie de ato ritual.

Depois, os irmãos são despachados de volta para Canaã, e José, de novo, instrui seu administrador a esconder o dinheiro com que pagaram os víveres dentro de suas bagagens, acrescentando que coloque sua taça divinatória de prata na sacola de Benjamin (Gênese 44, 2). O administrador, seguindo ordens de José, parte então no encalço dos irmãos e, alcançando-os rapidamente, acusa-os, furioso, de terem roubado a taça preciosa. É claro que eles ficam estupefatos com a nova acusação e, confiantes em sua inocência, afirmam que, se algum deles for pego com a taça, deverá morrer. Esse detalhe sinistro evoca a comparação com uma situação muito antiga na história de seu pai, quando, perseguido pelo enfurecido Labão, Jacó confiantemente pede ao sogro que inspecione sua tenda e afirma que, se alguma pessoa for encontrada com os ídolos domésticos, ela não deverá viver (Gênese 31, 32). Naquela ocasião, os objetos de culto roubados não são encontrados, mas o ladrão, a bem-amada esposa de Jacó, Raquel, parece ter sofrido as conseqüências da sentença do marido, morrendo no parto de Benjamin. Agora, a sombra de uma condenação semelhante é transferida para esse mesmo filho antes do desfecho cômico do enredo (note-se que o administrador imediatamente ameniza os termos fatais, em Gênese 44, 10: "Somente quem for encontrado com ela será meu escravo, os demais estarão livres"). A escolha de uma taça divinatória de prata como pretexto para a falsa acusação a Benjamin é uma inteligente fusão do motivo da prata — recebida de maneira ilícita, devolvida de modo sub-reptício e no fundo relacionada com a culpa que os irmãos carregam pelo que fizeram a José — com o tema central do conhecimento, já que é um instrumento supostamente usado por José para prever o futuro. "O que é isso que fizestes?", ele pergunta aos irmãos quando são trazidos de volta, presos, ao palácio (Gênese 44, 15). Os termos gerais em que José apóia sua acusação aludem ao ato criminoso que cometeram contra ele décadas atrás. "Não sabeis", e há muito mais que eles não sabem, é claro, "que um homem como eu certamente faz adivinhações [ou certamente é capaz de adivinhá-lo]?"

Estamos agora bem perto da virada final, do ponto culminante, dessa história extraordinária. Judá se apresenta para falar em nome dos irmãos (Gênese 44, 16): "Que diremos a meu senhor, como falar e como nos justificar? Foi Deus quem descobriu a culpa de teus servos. Eis-nos, pois, escravos do meu senhor, tanto nós como aquele com quem encontraram a taça". Esta é a confirmação final, pelos próprios irmãos, do sonho profético de supremacia de José, o momento em que se submetem a ele. É ainda uma franca admissão de culpa, que, pelo menos psicologicamente, só pode se referir ao verdadeiro crime, a venda de José em troca das peças de prata, e não ao furto da taça de prata, que lhes foi imputado. Judá sente que nem ele nem seus irmãos podem provar inocência no caso da taça roubada; também não pode cogitar que tenham praticado um tal ato em sã consciência; assim, o crime que o próprio Deus, afinal, está pondo a nu só pode ser a venda de José. Este rejeita a proposta de Judá e considera injusto que os onze irmãos se tornem escravos: só o ladrão deve ser detido. Diante da iminência de perder Benjamin, depois de terem causado a perda de José, Judá aproxima-se do governador e faz um longo e emocionado apelo:

18. Rogo-te, meu senhor, permite que teu servo diga algumas palavras aos ouvidos de meu senhor, sem que tua cólera se inflame com teu servo, pois tu és como o próprio faraó! 19. Meu senhor perguntou a seus servos: "Tendes ainda pai ou um irmão?". 20. E nós respondemos ao meu senhor: "Nós temos o velho pai e um irmão mais novo que lhe nasceu na velhice; morreu o irmão deste, e ele ficou sendo o único filho de sua mãe, e nosso pai o ama". 21. E disseste a teus servos: "Trazei-o, para que ponha meus olhos nele". 22. Nós respondemos a meu senhor: "O menino não pode deixar seu pai; se ele deixar seu pai, este morrerá". 23. Mas insististe com teus servos: "Se vosso irmão mais novo não descer convosco, não sereis mais admitidos em minha presença". 24. Quando, pois, retornamos à casa do teu servo, meu pai, nós lhe relatamos as palavras do meu senhor. 25. E nosso pai disse: "Voltai para comprar um pouco de víveres para nós". 26. Então nós dissemos: "Não podemos descer. Só poderemos descer se nosso irmão mais novo vier conosco, porque não seremos admitidos à presença daquele homem sem que nosso irmão mais novo esteja conosco". 27. Então teu servo, meu pai, nos disse: "Bem sabeis que minha mulher só me deu dois filhos. 28. Um me deixou, e eu disse: 'Foi devorado!'. E não o vi mais até hoje. 29. Se tirardes ainda este de junto de mim e lhe suceder alguma desgraça, fareis minha cabeça branca descer ao Sheol em aflição". 30. Agora, se eu chegar à casa de teu servo, meu pai, sem o rapaz comigo, como a vida dele está ligada ao rapaz, 31. logo que ele vir que o rapaz não está ele morrerá, e teus servos terão feito descer em aflição ao Sheol a cabeça branca de teu servo, nosso pai. 32. E este teu servo se tornou responsável pelo rapaz junto de meu pai, nestes termos: "Se eu não o restituir, serei culpado para com meu pai durante toda a minha vida". 33. E, assim, permite que teu servo fique aqui em lugar do rapaz como escravo do meu senhor,

e deixa que ele retorne junto com seus irmãos. 34. Pois como poderei eu voltar para junto de meu pai sem ter comigo o rapaz? Não quero ver o infortúnio que se abaterá sobre meu pai.

À luz de tudo o que vimos sobre a história de José e seus irmãos, é fácil ver como essa admirável fala de Judá desfaz ponto por ponto, moral e psicologicamente, toda a violação anterior dos laços fraternos e filiais. Uma percepção primordial da Bíblia sobre as relações entre os homens e as relações entre Deus e o homem é que o amor é imprevisível, arbitrário, às vezes aparentemente injusto, e Judá alcança aqui uma aceitação total desse fato, com todas as suas conseqüências. Seu pai, diz ele a José, dedica a Benjamin um amor especial, diferente do que sente pelos demais filhos, assim como acontecera antes com o outro filho de Raquel. É a dolorosa realidade de um favoritismo com o qual Judá, em contraste com seu antigo ciúme de José, mostra-se enfim reconciliado, por dever filial e, mais que isso, por amor filial. Toda a sua fala é motivada por uma profunda identificação e empatia com o pai, por uma genuína compreensão do que significa para a vida daquele velho sua ligação com a vida do rapaz. Chega inclusive a mencionar de maneira compreensiva (versículo 27) a afirmação exorbitante, típica de Jacó, de que sua mulher só lhe dera dois filhos — como se Lia não fosse sua esposa e os outros dez irmãos não fossem seus filhos. Duas décadas antes, Judá tramara a venda de José como escravo, mas agora está pronto a se oferecer como escravo para que o outro filho de Raquel seja libertado. Duas décadas antes, quando os irmãos entregaram a túnica ensangüentada ao pobre Jacó, ficara ao lado deles, em silêncio; agora, está disposto a fazer tudo para não ver o pai sofrer outra vez.

Como porta-voz dos irmãos, Judá completa de maneira admirável o doloroso aprendizado a que José e as circunstâncias os submeteram; o único fato essencial que ele ainda desconhece é a identidade de José. A revelação de tão profunda mudança de sentimentos abala José. Ele não consegue mais sustentar a cruel simulação com a qual vem testando os irmãos e finalmente desata a chorar, na frente deles, e diz: "Eu sou José. Meu pai está vivo?" (Gênese 45, 3). Não estranha que seus irmãos emudeçam, de medo e pasmo, e por isso José precisa pedir-lhes que cheguem mais perto dele (Gênese 45, 4) no momento em que repete a revelação. (Não poderia haver melhor ilustração da insensibilidade da crítica convencional do que o fato de ter atribuído esta repetição brilhante e eficiente, que sem dúvida se justifica em termos dramáticos e psicológicos, a uma duplicação de fontes.) "Sou José, vosso irmão", ele anuncia, acrescentando agora um termo a mais, "aquele que vendestes para o Egito." É o último momento de suspense, provavelmente não pretendido por José, de ameaçadora ambigüidade no diálogo, porque essas palavras, vindas do todo-poderoso governante do Egito, poderiam muito bem instilar o terror no coração dos irmãos. José parece dar-se conta disso, pois em seguida afirma (Gênese 45, 5): "Agora, não vos aflijais nem vos recrimineis por me terem vendido para cá, pois foi para salvar vidas que Deus me enviou antes de vós". Ele então revela aos irmãos toda a extensão de seu conhecimento, falando-lhes dos cinco anos de fome ainda por vir, e repete insistentemente que Deus o escolheu para ser poderoso como instrumento de Seu desígnio de preservar a descendência de Israel. José manda-os de volta a Canaã, carregados de riquezas do Egito, e ordena que voltem com Jacó e com toda a família. Por último, depois de Jacó ter recebido a graça de uma visão noturna em que Deus lhe diz que não deve ter medo de descer para o Egito, pai e filho, afinal, se reúnem.

Tudo isso compõe uma história cativante, das melhores jamais contadas, como sabem tantos leitores. Mas ela também ilustra de modo inesquecível como o prazer do jogo ficcional na

Bíblia nos franqueia um conhecimento mais complexo da natureza humana, das intenções divinas e dos fios fortes, ainda que às vezes emaranhados, que vinculam Deus e o homem. A perfeição artística da história está ligada ao uso cuidadoso e inventivo da maioria das técnicas da narrativa bíblica que examinamos ao longo deste estudo: a utilização de palavras-chave temáticas; a reiteração de motivos; a sutil definição de personagens, relações e motivações pelo diálogo; a exploração, especialmente nos diálogos, da repetição literal e da variação significativa; as mudanças de posição do narrador, da reticência estratégica e sugestiva à eventual síntese onisciente; o uso ocasional da montagem de fontes diferentes para captar a natureza multifacetada do sujeito ficcional.

    Todos esses meios formais têm, ao fim e ao cabo, um objetivo mimético. Por meio de sua arte, os escritores bíblicos procuram compreender o que é viver como um ser humano que tem a consciência dividida — ora amando, ora detestando o próprio irmão; que é tomado de ressentimento ou talvez de desdém para com o pai, mas é igualmente capaz do mais profundo respeito filial; que vacila em meio à ignorância desastrosa e ao conhecimento imperfeito; que reivindica ardorosamente sua independência, mas se enreda numa trama de acontecimentos urdidos por Deus; que exibe uma personalidade clara e límpida, ao passo que, no íntimo, vive um turbilhão de ganância, ambição, ciúme, luxúria, piedade, coragem, compaixão e muito mais. Para os escritores bíblicos, a ficção é fundamentalmente um meio de aguçar a percepção dessas permanentes perplexidades do homem, em sua condição de criatura de Deus. Talvez isso ajude a explicar por que as antigas histórias dos hebreus ainda parecem tão vivas hoje, por que vale a pena o esforço de aprender a lê-las com atenção, como histórias artisticamente conformadas. Entender o sentido da realidade humana à luz radicalmente nova da revelação monoteísta não deve ter sido uma tarefa menor. A imaginação ficcional, convocando uma ampla variedade de procedimentos narrativos, foi um instrumento precioso para a formulação desse sentido esquivo. Fazendo tal uso da ficção, os autores da Bíblia hebraica legaram à nossa tradição cultural uma fonte inesgotável; se compreendermos com mais precisão o funcionamento dessa arte narrativa, teremos um acesso mais integral à visão que ela encerra.

9. Conclusão

Que uso um leitor consciencioso poderá fazer das várias sugestões dos capítulos anteriores acerca da arte da narrativa bíblica? Permitam-me afirmar de saída que, ao construir minha argumentação, orientei-me por uma hipótese meio fora de moda, que pode até parecer quixotesca: que a crítica pode fornecer ferramentas úteis, que certos princípios revelados pelo exame rigoroso de uma seleta de textos representativos podem ser usados com proveito para um amplo espectro de outros textos. Seja como for, os estudos literários têm corrido por duas linhas divergentes: uma voltada para a elaboração de sistemas formais de poética que guardam uma relação meramente hipotética com as obras literárias singulares; e a outra dedicada a exercícios virtuosísticos de interpretação de texto particulares, exercícios em princípio inimitáveis e irrepetíveis, uma vez que destinados justamente a solapar a própria noção de que um texto possa conter significados estáveis. Ao longo deste estudo, procurei seguir uma terceira via, situada não propriamente entre as anteriores, mas voltada para outra direção, mais prática, que me parece autorizada pela natureza dos textos literários em geral e da Bíblia em particular.

Por um lado, não tentei expor um sistema amplo e abrangente de poética descritiva capaz de explicar a narrativa bíblica porque penso que os procedimentos encarnados nessas histórias são múltiplos e cambiantes demais para caber em qualquer estrutura simétrica de taxonomias formais, categorias e tabelas bem definidas — sob o risco de sofrer distorções. Por outro lado, embora minha exposição tenha se baseado na análise de exemplos, procurei não interpor minhas explicações entre o leitor e o texto, pois considero desleal oferecer um discurso crítico em lugar de um texto literário. É evidente que minha leitura de passagens bíblicas específicas pressupõe uma certa interpretação — nem sempre aquela com que todo leitor concordará —, mas procurei ao longo de todo o livro concentrar-me na forma complexa e integrada com que se contam as histórias, conferindo especial atenção ao que há de diferente e especial nos procedimentos da narrativa bíblica — o que, por sua vez, exige que o leitor aprenda novas modalidades de observação dos textos da Bíblia. Creio que essas modalidades são importantes não só para leitores interessados em questões relativas às técnicas narrativas antigas e modernas, mas também para todo leitor que deseja entender o significado da Bíblia. Não me atrevo a julgar se é possível que textos literários tenham um sentido fixo e absoluto, mas certamente rejeito o agnosticismo contemporâneo que refuta todo e qualquer sentido literário e penso que podemos chegar mais perto da gama de sentidos — teológicos, psicológicos, morais, e assim por diante — da narrativa bíblica se procurarmos compreender exatamente como essas histórias são contadas.

Na tentativa de explicar a inventividade, a sutileza, as profundezas luminosas de vários contos bíblicos, é possível que meus comentários se assemelhem às vezes a uma *performance* crítica; contudo, espero que se trate de um tipo de operação passível de repetição, expansão e aprimoramento às mãos de outros leitores, a partir de outros textos, uma vez que me preocupei sobretudo em expor analiticamente a arte multifacetada das narrativas bíblicas. Gostaria de ressaltar a aplicabilidade da abordagem que desenvolvi, resumindo brevemente os princípios mais importantes da narrativa bíblica que foram considerados neste livro. Ler é, sem dúvida, uma atividade complexa demais para ser reduzida a listas de tópicos, mas pode ser útil ter em mente algumas características e repetir certas perguntas, se quisermos aguçar a atenção devida a essas histórias tão concisas e sutis. Para fins de sinopse, proponho agrupar em quatro categorias gerais o que se discutiu neste livro: palavras, ações, diálogo e narração. Temos assim um rol de aspectos a que vale a pena atentar na leitura de uma narrativa bíblica.

1. *Palavras.* Embora o meio verbal de uma narrativa literária nunca seja completamente transparente ou indiferente, a escolha ou a mera presença de determinadas palavras ou locuções numa determinada história bíblica tem um peso especial justamente porque o relato bíblico é tão lacônico, sobretudo se comparado aos tipos de ficção que modelaram nossos hábitos de leitura. A repetição de palavras ou de expressões breves não raro ganha sabor, eminência e relevância temática que não encontramos com facilidade nas outras tradições narrativas a que estamos acostumados. O recurso de repetição mais saliente é o uso da *Leitwort*, da palavra-chave temática, a fim de enunciar e desenvolver os significados morais, históricos, psicológicos e teológicos da história. Os episódios vividos pelos protagonistas bíblicos são portadores de significados enfaticamente sublinhados, e a *Leitwort* é um dos grandes instrumentos de ênfase. Quando o modo narrativo nos faz esperar por esse tipo de repetição, o mero fato de evitá-la, seja pela substituição por sinônimos, seja pelo uso de uma palavra ou expressão divergente do esperado, também pode ser especialmente revela-

dor. As palavras repetidas podem ser relativamente abstratas, como "bênção" no Gênese, remetendo então a uma idéia temática, ou perfeitamente concretas, como as "pedras" da história de Jacó, servindo então para desenvolver motivos narrativos que não têm um viés temático exclusivo.

Quando, além disso, a história é narrada de modo muito conciso, a inclusão ou exclusão de determinado item lexical pode ser bastante relevante por si só. Não há grande riqueza de detalhes na Bíblia e, assim, quando se menciona um detalhe descritivo em especial — o rosto muito corado de Esaú e seus cabelos abundantes, a beleza de Raquel, a obesidade do rei Eglon —, devemos prestar atenção a conseqüências imediatas ou futuras, seja quanto ao enredo, seja quanto ao tema. Do mesmo modo, quando se atribui um epíteto a um personagem ou, inversamente, quando um epíteto é usado sem menção ao nome próprio de um personagem, o narrador geralmente está nos dizendo alguma coisa de importante sem recorrer a um comentário explícito: Mical é ora a filha de Saul, ora a mulher de Davi, conforme o momento do enredo, e Tamar é pateticamente identificada como irmã de Amnon, que a estupra.

2. *Ações*. Recorrências, paralelismos e analogias marcam a narrativa bíblica de ações. O uso da analogia narrativa, em que uma parte da história comenta outra parte ou estabelece um contraste entre ambas, é bastante comum na literatura posterior, como bem sabe quem tenha alguma vez seguido um duplo enredo numa peça de Shakespeare. Na Bíblia, porém, essas analogias muitas vezes têm papel crucial, uma vez que os autores hebreus tendem a evitar modos mais explícitos de julgar personagens e atos. Assim, quando Jacó engana o pai cego para lhe arrancar a bênção de primogenitura, o autor só comenta o fato *vários capítulos depois*, por meio de uma analogia com outra inversão, em que ele próprio é ludibriado no escuro, deita-se com Lia em vez de Raquel e é

repreendido porque a lei local exige que a filha mais velha se case antes da mais nova.

A narrativa bíblica contém recorrências que se estendem por uma longa série de acontecimentos, como a inversão da primogenitura no Gênese, as recidivas de Israel nas histórias do Êxodo, a intervenção de libertadores inspirados por Deus no Livro dos Juízes. Essas recorrências funcionam à maneira de uma *Leitwort*, criando uma espécie de ritmo temático que sugere que os episódios da história ocorrem segundo um padrão. Se esse tipo de padrão é decisivo para a ênfase bíblica em ações repetidas, a concatenação é igualmente importante. Na perspectiva bíblica, há uma cadeia causal que vincula fortemente todos os episódios, elo a elo, e que também explica boa parte das recorrências na configuração narrativa dos acontecimentos, pois a analogia reforça esse senso de conexão causal. Pode-se dizer que tudo que sucede com Jacó decorre do momento fatal em que ele compra o direito de primogenitura de Esaú em troca de um prato de lentilhas. Esse fato, por sua vez, já fora prefigurado na luta intra-uterina entre os gêmeos e se desdobra, causal e analogicamente, na bênção roubada, na fuga de Jacó, em seus vários confrontos com suas esposas, que são irmãs e rivais, em suas disputas com o sogro astuto, em seu combate contra o anjo e mesmo em seus problemas com os filhos, que o enganam com a túnica de José da mesma maneira como ele, vestindo as roupas do irmão e fazendo-se passar por Esaú, enganara o pai.

As duas maneiras mais tipicamente bíblicas de emprego da técnica de repetição da ação ocorrem quando temos duas versões de um mesmo acontecimento e quando o mesmo evento, com pequenas variações, surge em momentos diferentes da narrativa, geralmente envolvendo personagens ou grupos de personagens distintos. Em geral, quando notamos que há duas versões de um mesmo acontecimento, podemos presumir com segurança que o escritor fez uma montagem de fontes — assim como podemos indagar por que ele fez isso, como as perspectivas dessas narrativas se complementam ou se comentam mutuamente. A recorrência de um acontecimento idêntico — vale dizer, de uma seqüência fixa de motivos narrativos que, no entanto, pode se apresentar de modos distintos e às vezes com variações engenhosas — corresponde ao que chamei de "cena-padrão", uma convenção básica que organiza a narrativa na Bíblia. Nesse caso, é preciso observar as mínimas e às vezes reveladoras mudanças por que passa uma determinada cena-padrão. Como leitores, podemos nos perguntar, por exemplo, de que modo a cena-padrão da anunciação varia conforme se trate da estéril Rebeca, de Sara, de Ana, da mulher de Manoá, da mulher do sunamita. Às vezes, quando duas ocorrências se sucedem proximamente, a cena-padrão se associa ao emprego ostensivo da analogia narrativa. Assim, a prova de vida ou morte no deserto acontece primeiro com o filho mais velho de Abraão, Ismael (Gênese 21), e depois com o caçula, Isaac, que Abraão por pouco não sacrifica (Gênese 22). O leitor atento aprenderá muito sobre os complexos significados das duas narrativas ao estudar a teia de conexões, frases e motivos repetidos que as vincula: a primeira é um relato sobre uma mãe desesperada, Agar, expulsa para o deserto junto com seu filho; a outra é a história de um pai angustiado que obedece em silêncio à ordem de levar seu filho para o deserto; em ambos os casos, ouve-se a voz de um anjo que vem dos céus para anunciar que o menino será salvo. Mesmo a passagem-tampão entre as duas histórias (Gênese 21, 22-34), a história de uma disputa por um poço no deserto, reforça essa teia de conexões, uma vez que envolve a obtenção de uma fonte de vida no deserto (como acontece na história de Ismael) e termina com Abraão firmando uma aliança destinada a garantir a paz e o bem-estar de sua descendência.

3. *Diálogo*. Tudo no universo da narrativa bíblica gravita em

direção ao diálogo, talvez porque, como tive ocasião de sugerir, para os escritores hebreus antigos a fala fosse a faculdade humana essencial: ao exercer a capacidade de falar, o homem demonstrava, por mais imperfeitamente que fosse, que fora criado à imagem de Deus. Essa "gravitação" muitas vezes significa que expressões ou frases inteiras ditas primeiramente pelo narrador só revelam seu pleno sentido quando repetidas, seja fielmente, seja com distorções, em discurso direto por um ou mais personagens. Significa também que, em termos quantitativos, uma parcela considerável da narrativa se realiza através do diálogo e que os personagens geralmente se revelam por meio do intercâmbio de palavras, com intervenção mínima do narrador. Na Bíblia, via de regra, um acontecimento importante é narrado principalmente por meio de diálogos, a tal ponto que a transição da narração para o diálogo é por si só um índice do que é essencial e do que o escritor considera subsidiário ou secundário. Assim, o relato do adultério cometido por Davi com Betsabá se faz muito rapidamente no plano da narração, com breves elementos de diálogo, ao passo que a minuciosa trama que o rei elaborou para, em primeiro lugar, atribuir a paternidade da criança a Urias e, depois, quando o golpe falha, para assassiná-lo, é exposta muito mais extensamente por meio do diálogo. Isso leva à conclusão de que o escritor desejava dirigir nossa atenção para o assassinato, mais do que para a transgressão sexual, como o crime fundamental.

Portanto, se é verdade que a ocorrência de longos diálogos sinaliza a necessidade de prestar atenção especial ao que se está lendo, há um conjunto de perguntas mais específicas a se fazer sobre como surge e decorre o diálogo. Trata-se da primeira fala de cada interlocutor ou de ambos? Se a resposta for afirmativa, por que o escritor escolheu justamente esse momento da história para fazer o personagem se exprimir em palavras? Como o tipo especial de expressão verbal atribuída ao personagem — sua sintaxe, tom, imagens, concisão ou prolixidade — serve para desenhar o personagem e sua relação com o outro no diálogo? Ao procurar respostas para esta última pergunta, será especialmente útil lembrar a tendência dos escritores bíblicos a organizar os diálogos em torno de princípios contrastivos — curto ou longo, simples ou rebuscado, simétrico ou assimétrico, perspicaz ou obtuso, e assim por diante. Finalmente, devemos estar atentos às supostas descontinuidades do diálogo bíblico e pensar no que elas implicam. O que acontece quando um personagem responde diretamente ao outro, sem contudo responder de verdade ao que o outro disse? O que acontece quando o diálogo se interrompe abruptamente, antes da resposta que estávamos esperando de um dos interlocutores?

Na medida em que podemos imaginar com algum fundamento como os hebreus conversavam há cerca de 3 mil anos, o diálogo bíblico parece mostrar muitos toques refinados de mimese convincente, da rudeza de Esaú à eloqüência exasperada de Judá e à retórica habilidosa de Cusai. Ao mesmo tempo, em quase todas essas situações, o diálogo bíblico mostra sinais claros de utilização de discursos estilizados, e sempre vale tentar discernir como a estilização faz do diálogo um veículo elegante e eficiente de produção de sentido. Talvez o traço de estilização mais comum nesses intercâmbios verbais consista no fato de que os personagens repetem constantemente e de modo quase literal frases inteiras ou mesmo séries de frases alheias: A diz alguma coisa a B a respeito de C, e B então, dirigindo-se a C, diz: "Sabes que A me instruiu a [...]", e então cita as palavras de A. Toda vez que deparamos com essa convenção — é claro que há muitas variações sobre este pequeno paradigma esquemático —, cabe pesquisar as pequenas diferenças em meio ao padrão geral de repetição literal. Há ocasiões, é claro, em que essas diferenças são insignificantes, como o contexto e o bom senso nos advertem. Mas é muito comum que as pequenas alterações, as inversões de ordem, as adições ou, ao contrário, as supressões introduzidas nas frases repetidas uma e outra vez sejam revelações do teor moral, social ou político do personagem e mesmo do enredo. Freqüentemente, essas revelações são apenas nuanças picantes ou informativas, mas acontece que sejam cruciais. Seja como for, o recurso a essa técnica sugere que os escritores bíblicos gostavam de induzir seus leitores antes recorrendo a pistas indiretas do que insistindo em afirmações explícitas.

4. *Narração*. O traço mais importante do papel desempenhado pelo narrador nas histórias bíblicas talvez seja seu modo de combinar onisciência e discrição. O saber do narrador estende-se dos primórdios do mundo, que ele sabe relatar precisamente nos termos e ordens do Criador, até os pensamentos e sentimentos ocultos dos personagens, que ele tanto pode resumir como expor em forma de solilóquio interior. O narrador tudo sabe e é absolutamente confiável: às vezes escolhe nos surpreender, mas nunca nos induz a erro. Suponho que a maioria de nós, leitores de ficção literária muito mais recente, tende a associar essa onisciência com um narrador do tipo que aparece nos romances de Fielding, Balzac, Thackeray, George Eliot, e que ostenta seu saber colocando-se no centro do palco para conversar ou dar aulas à platéia, e deixando bem claro que está consciente de exercer uma função de mediação entre o público e os episódios ficcionais. Na Bíblia, em contraste, o trabalho do narrador é quase todo de *récit*, narração direta de falas e ações, e só em casos excepcionais e por breves momentos de *discours*, dissertação sobre os fatos narrados e suas implicações. As narrativas trazem em si mesmas a garantia de um saber abrangente, mas que só é dividido com o leitor esporadicamente e, mesmo então, apenas de modo parcial. Dessa maneira, o próprio modo de narrar expressa ao mesmo tempo um conhecimento integral e coerente, que é de Deus (e, por extensão, de Seu substituto, o narrador confiável e anônimo), e a necessária incompletude do conhecimento dos homens, em virtu-

de da qual muitos aspectos dos personagens, das causas e da situação moral permanecerão cobertos por um véu de ambigüidade.

O aspecto prático a ter em mente enquanto lemos é que a reticência do narrador bíblico, sua recusa costumeira a comentar ou explicar o que relata, é calculadamente seletiva. Por que razão o autor atribui um motivo ou sentimento a um personagem e não a outro? Por que a atitude de um para com o outro é meramente exposta num caso, relatada e explicada em outro, e completamente omitida em outro mais? O modo altamente lacônico da narração bíblica pode muitas vezes dar a impressão de apresentar as situações quase sem mediação alguma — afinal, tanta coisa é comunicada por meio do diálogo, com apenas o convencional "ele disse" a nos lembrar da presença do narrador; mesmo fora do diálogo, a narração limita-se ao absolutamente essencial, sem grandes intromissões ou interferências do narrador. Contra esse pano de fundo, devemos dirigir atenção especial aos momentos em que se rompe a ilusão de uma ação imediata. Por que em determinado ponto o narrador rompe com a temporalidade da história e insere uma informação expositiva no mais-que-perfeito ou salta para o presente e explica para o público de sua época que naqueles dias era costume em Israel agir de tal ou tal maneira? Por que ele interrompe o relato para fazer um sumário da situação do personagem, como, por exemplo, quando faz notar a condição de vice-rei de José justo no momento em que os dez irmãos chegam ao Egito? Por que em determinados momentos o andamento normalmente rápido da narrativa desacelera para introduzir detalhes que, em geral, ficam de lado?

Suspeito que essas várias formas de modulação da reticência do narrador bíblico são a operação mais resistente a uma regra manejável, mas a atenção a suas ocorrências e a disposição a refletir sobre sua razão de ser, tendo o contexto de cada história como guia, talvez nos converta em melhores leitores das histórias bíblicas.

* * *

    Ao tentar definir o que precisamos aprender a investigar na narrativa bíblica, não tive a intenção de sugerir que essas histórias antigas devam ser vistas como obras "difíceis" como são as de Kafka, Faulkner e Joyce, embora eu pense que, de fato, elas contêm complexidades para as quais raramente se dá o devido peso. A Bíblia pode ser imaginada como uma paisagem rica e variada, perfeitamente acessível aos olhos do observador, mas da qual estamos separados por quase três milênios. As distorções causadas por todos esses séculos fizeram com que as linhas se tornassem indistintas, os contornos se deformassem, as cores perdessem o brilho, não só porque perdemos de vista os matizes precisos das palavras originais em hebraico, mas ainda porque adquirimos hábitos e expectativas muito diferentes como leitores e esquecemos as convenções que moldavam as histórias bíblicas. A pesquisa filológica das décadas recentes fez um progresso admirável na recuperação das prováveis nuanças de certas palavras, mas isso é tão-somente um primeiro passo. A reconstrução mediante uma análise cuidadosa dos procedimentos literários que governam a narrativa bíblica pode nos servir, dada a enorme distância que nos separa desses textos antigos, de binóculos capazes de conferir foco a muita coisa que parece nebulosa.

    Para finalizar, gostaria de analisar um exemplo conciso desse tipo de focalização por obra de uma ótica literária. Trata-se de um curto diálogo, introduzido e concluído por uma narração, tão breve que talvez não o consideremos digno de atenção especial, até porque sua apresentação concisa de um acontecimento carregado de emoção pode nos parecer insípida e esquemática. No entanto, se nos dispusermos a interrogar o texto a partir das questões que acabamos de recapitular, creio que conseguiremos perceber a beleza com que esse instante é delineado e a densidade das conexões implícitas com os episódios anteriores e posteriores.

Na parte final de Gênese 29, depois que Jacó descobre ter se casado, contra a vontade, primeiro com Lia e só depois com sua amada Raquel, Lia dá à luz quatro filhos, um atrás do outro, enquanto Raquel continua estéril. Muito dos sentimentos de animosidade de Lia, que não é amada, é perceptível nas falas curtas com que ela batiza cada um dos filhos. Nesse meio-tempo, a narrativa não dá nenhuma atenção a Raquel, exceto por uma menção a sua esterilidade. No começo de Gênese 30 o narrador finalmente se volta para a irmã mais nova:

> 1. Raquel viu que não dava filhos a Jacó e teve inveja da irmã. E ela disse a Jacó: "Dá-me filhos ou morrerei". 2. Jacó irritou-se com Raquel e disse: "Por acaso fui eu e não Deus quem te recusou o fruto do ventre?". 3. E ela retrucou: "Aqui está minha serva Bila. Deita-te com ela, para que ela tenha filhos sobre os meus joelhos e por ela eu também tenha descendência". 4. E ela deu a Jacó sua serva Bila por concubina, e Jacó deitou-se com ela.

Eis aqui o tipo de passagem simples que não suscitou muitos comentários por parte dos estudiosos modernos, senão por umas poucas notas explicativas a respeito da prática de ter filhos nos joelhos de alguém como um antigo rito de adoção e por uma explicação de um trocadilho bastante óbvio em hebraico, "eu também tenha descendência" (em hebraico, *'ibbaneh*), que joga com a palavra *banim*, "filhos", de modo que o sentido exato seria algo como "e por ela eu também procrie". O diálogo é bastante claro, mas, de modo tipicamente bíblico, também cheio de sutilezas, como creio que veremos pelo exame de suas expressões específicas e de sua inserção no contexto mais geral da história.

O narrador começa relatando que Raquel ganha consciência

de sua esterilidade — não uma observação insípida, mas uma conclusão amarga, depois de anos de espera. Até esse momento da história, nada soubemos sobre os sentimentos de Raquel quando Jacó, seu parente, lhe dá um beijo e cai em soluços à beira do poço, quando seu pai a põe de lado para fazer de Lia a primeira mulher de Jacó, quando ela recebe o amor de Jacó, mas vê que é a irmã que lhe dá filhos. Agora, para motivar não só a ação imediata, mas toda a história subseqüente das duas irmãs e de seus filhos, o narrador finalmente nos permite conhecer os sentimentos de Raquel, que sentia ciúmes da irmã mais velha. Note-se que Lia não é mencionada pelo nome (versículo 1): a ênfase recai em sua condição de irmã e, logo, na rivalidade entre as filhas de Labão. Essa rivalidade por amor e descendência é, por sua vez, associada a toda a série de conflitos entre irmão mais novo e irmão mais velho no Gênese, ao recorrente ímpeto do mais novo para deslocar o primogênito — como fizera Jacó ao maquinar contra Esaú. A ira ciumenta de Raquel é ao mesmo tempo um fato único e um *déjà vu*, e a tensão entre esses aspectos contraditórios explica boa parte de seu significado profundo.

Após o registro do sentimento de ciúme, Raquel fala, e é preciso ter em mente que é a primeira vez que ela participa de um diálogo em toda a narrativa. Sendo assim, é de esperar que essa fala seja especialmente reveladora do temperamento do personagem, e, de fato, logo sabemos que Raquel é impaciente, impulsiva e explosiva: "Dá-me filhos ou morrerei". A rudeza da frase fica ainda mais evidente em hebraico: "dá-me", *havah*, é uma palavra muito usada em pedidos peremptórios e rudemente concretos (Judá pronuncia a mesma palavra quando diz a Tamar, disfarçada de prostituta, que deseja o corpo dela), e o tempo do verbo "morrer" é mais premente (ao pé da letra, "estou morta"). Se estivermos atentos às repetições, observaremos que esta é a segunda vez que Jacó enfrenta alguém que diz estar prestes a morrer a não ser que ele dê o que o outro ou a outra quer. A primeira vez foi quando seu esfomeado irmão Esaú lhe pediu um prato de lentilhas; a estéril Raquel não lhe pede apenas um filho, mas filhos (o segundo há de lhe custar a vida). Em sua resposta, Jacó não fala nem de filho (*ben*) nem de criança (*yeled*), mas usa uma locução bastante formal, uma figura de linguagem: "fruto do ventre". Pode ser que tenha escolhido a expressão em vista do contexto teológico de sua afirmação — a recusa de Deus; talvez também porque a expressão reforça a recriminação a Raquel, por acentuar sua condição estéril através da imagem implícita da mulher sem filhos como planta que não dá frutos.

Neste caso, a alteração de uma única palavra, procedimento que, como tentei demonstrar, sugere sentidos sutis na Bíblia, faz parte de um padrão mais geral — a conhecida técnica de definir o personagem por meio do diálogo contrastivo. A perícia do escritor bíblico nessa técnica fica evidente na capacidade de utilizá-la com eficácia mesmo num diálogo tão breve, em que a única frase pronunciada por Jacó é formada (em hebraico) por oito palavras, ao passo que as duas frases ditas por Raquel somam dezenove. A fala de Raquel começa com frases curtas, espasmódicas e independentes ("Dá-me [...] morrerei"), pronunciadas em tom quase histérico; e na segunda fala, que tem uma cadeia sintática mais longa e vai da relação sexual ao nascimento e à constituição de uma descendência, a declaração tem mais uma vez um tom imperativo e impaciente. Jacó, em contraste, responde à insistência de Raquel com uma pergunta retórica e sarcástica, formulada numa frase sintaticamente complexa. A oposição entre os dois modos de falar corresponde, *grosso modo*, a uma oposição entre a agitação expletiva e a raiva controlada.

É interessante ainda levar em conta as respostas evitadas de caso pensado. Raquel não faz nenhum comentário direto à repriminda com que Jacó sugere que a esterilidade poderia ser um veredicto divino; em vez disso, avança uma solução prática: "Aqui está minha serva Bila. Deita-te com ela". O narrador, que um instante atrás preocupara-se em nos informar que a primeira fala de Raquel provocara a ira de Jacó, cala-se agora a respeito da reação de Jacó à oferta de Bila como concubina. O diálogo é abruptamente encerrado, dando a impressão de que, seja qual for o juízo de Jacó sobre o arranjo proposto por Raquel, ele percebe que ela está no seu direito e que concordar talvez seja a melhor coisa a fazer diante da mulher desesperada. Sem qualquer menção adicional a sentimentos ou palavras, Bila é entregue e Jacó realiza o indispensável ato procriador. O diálogo inteiro ocupa não mais que algumas linhas, mas consegue sugerir amplamente a trama de emoções — amor, consideração, ciúme, frustração, ressentimento, raiva — que compõe a relação conjugal.

O alcance da cena define-se pela inequívoca inversão de um motivo. Raquel, a esposa favorita e estéril, parece feita para protagonizar uma cena-padrão de anunciação. Contudo, em vez de orar a Deus num santuário, como Ana, ou de receber a visita de um anjo, como Sara e a mulher de Manoá, ela aborda atrevidamente o marido e pede a *ele* que lhe dê filhos. A repreenda de Jacó, portanto — "Por acaso sou Deus?" —, é uma referência quase explícita, da parte de um dos personagens, aos requisitos tradicionais da cena-padrão. É claro que Raquel está errada do ponto de vista teológico ao imaginar que os filhos são competência exclusiva do marido e não de Deus; mas, ao mesmo tempo, os leitores são forçados a lembrar, talvez de modo um tanto sinistro, que as coisas nem sempre correm assim em todas aquelas histórias de esposas estéreis. Depois que Raquel, enfim, consegue ter um filho, sua vida, como já observei, chegará prematuramente ao fim com o nascimento da segunda criança; e, apesar de toda a glória de que seu filho José haverá de desfrutar um dia, os futuros reis de Israel não serão gerados por ele, mas por Judá, o quarto filho de Lia.

A leitura de qualquer texto literário exige que se estabeleçam conexões maiores ou menores e ao mesmo tempo que se discrimine entre palavras, declarações, atos, personagens, relações e situações relacionados mas distintos. O que tentei indicar ao longo deste estudo e ilustrar com este último exemplo é que, na Bíblia, muitas pistas sobre essas associações e distinções dependem de um conjunto de procedimentos narrativos que os leitores modernos precisam aprender a reconhecer. Minha experiência de esforço constante para compreender melhor a narrativa bíblica tem sido mais prazerosa que árdua. À medida que se descobre como ajustar o foco literário, as histórias bíblicas revelam sutileza e inventividade surpreendentes, bem como, em muitos casos, um acabamento belo e complexo. As figuras humanas que se movem por essa paisagem parecem então mais cheias de vida, mais complexas e variadas do que nossas idéias preconcebidas permitiam imaginar.

Estou convencido de que isso estava no centro da intenção dos autores: os escritores hebreus tinham um prazer indisfarçável em traçar com destreza esses personagens e ações tão vívidos, e com isso criaram uma inesgotável fonte de deleite para cem gerações de leitores. Mas esse prazer no jogo da imaginação está profundamente impregnado de um senso de urgência espiritual. Os autores bíblicos conferem a seus personagens uma individualidade complexa, às vezes sedutora e não raro obstinada, pois é em sua empedernida individualidade humana que cada homem e cada mulher encontra Deus ou O ignora, responde ou resiste a Ele. De modo geral, a tradição religiosa posterior tem nos induzido antes a levar a Bíblia a sério do que a nos deleitar com ela, mas a verdade paradoxal pode muito bem ser que, ao aprendermos a apreciar as narrativas bíblicas como histórias, poderemos ver com mais nitidez o que elas querem nos dizer sobre Deus, o homem e o universo perigosamente grandioso da história.

Índice remissivo

Aarão, 201-2
Abdias, 116
Abel, 205
Abiatar, 152
Abigail, 63, 100, 183-4
Abinadab, 223
Abirão, 201-5
Abner, 63, 122, 125, 157-8, 185-6, 221, 228
Abraão, 74, 76, 87, 96-7, 235, 268
Absalão, 63, 112, 117-8, 125, 142-3, 193, 196
Acab, 116, 123
Acazias, 139
Adão, 51-7, 213, 216-9
Adonias, 151-4
Adriel, 176
Agar, 82, 129, 268
Alighieri, Dante, 29, 38
Alonso Schökel, Luís, 31, 70*n*
Amnon, 116, 117, 125, 196, 266
Ana, 128–35, 131*n*, 268, 277

Aod, 65-70
Aquimelec, 103-7, 112-5
Aquinoam, 183, 184
Aquis, rei de Gat, 104
Aquitofel, 117-8
Arend, Walter, 84
Arfaxad, 102
Aristófanes, 56
Asael, 122, 157
Auerbach, Erich, 35-6, 175

Baal, 30
Balaão, 147-8, 161-4
Balac, 161-4
Balzac, Honoré de, 271
Banaías, 153
Bar-Efrat, Shimon, 34*n*, 105*n*, 118*n*, 192*n*
Ben-Dov, Nitza, 201*n*, 204*n*
Benjamin, 65, 206, 209-0, 239-40, 245, 246, 249-59
Bergson, Henri, 164

279

Betsabá, 36, 100, 105, 120, 151-4, 181, 192-5, 269
Bila, 244, 274-7
Boaz, 60, 95-7
Boccaccio, Giovanni, 197
Buber, Martin, 143-4, 222

Cam, 244
Cassuto, Umberto, 31, 77
Cervantes, Miguel de, 199
Chase, Mary Ellen, 32
Coleridge, Samuel Taylor, 199
Conrad, Joseph, 191, 197
Corá, 201-5
Criação, livro da, 232
Cromwell, Oliver, 229
Crônicas, 141
Crônicas dos Reis da Judéia, 61
Crônicas dos Reis de Israel, 61
Culley, Robert C., 83-6
Cusai, 118, 270

Daniel, livro de, 10
Datã, 201–5
Davi, 25, 36, 46, 60–5, 71, 94, 98–100, 109–11, 174–96, 266
    duas versões da apresentação de, 220–8
    e a morte de Absalão, 142
    e a rebelião de Absalão, 118, 193
    e a sucessão de Salomão, 151–5
    e Abner, 125, 157–8
    e Betsabá, 36, 120, 151–4, 181, 192–4, 269
    e Golias, 62, 104, 106, 113, 124–8, 221, 225–7
    e Mical, 176–7, 179–92
    e Saul, 62–5, 103–4, 106–10, 115–6, 138-9, 157, 176-7, 179-88, 220-2, 224-5, 227-8
    encontro com Aquimelec, 103-7, 112-5
    escolha de, 145, 220-8
Débora, 219
Deuteronômio, 232
Dickens, Charles, 199, 232
Diderot, Denis, 199
Diná, 37, 239
Do'eg, 104, 106-7, 112

E. *ver* eloísta, documento
Edom. *ver* Esaú
Eglon, 65-70, 266
Einstein, Albert, 215
Eisenstein, Sergei, 210-1
Eissfeldt, Otto, 31
Elcana, 129-32
Eli, 129-35
Eliab, 124, 201, 223-6, 235
Elias, 116, 139-40
Eliot, George, 41, 233, 271
Eliú, 129
eloísta, documento (*E*), 40, 198, 207, 208, 247
Enuma elish, 52-3, 55
Er, 18
Esaú (Edom), 72-7, 89, 115, 266-7, 270, 275
Ester, 60-1
Ester, Livro de, 10, 36, 60-1
estruturalismo, 11, 33
Eva, 51-7, 218
Êxodo
    cap. 2
        2, 15b-21; 93-4
    cap.7
        7, 17-18; 140-1
        7, 20-21; 140-1

Faltiel, 183-7
faraó, 18, 74, 165, 171, 241, 243, 258
Faulkner, William, 42, 273
Fenena, 129-31
Fielding, Henry, 45, 146, 199, 232, 271
Finéias, 129
Fishbane, Michael, 33, 145-6
Flaubert, Gustave, 29, 44, 135, 197
Fokkelman, J. P., 33, 90n-1
Ford, Ford Madox, 191
formalistas russos, 100, 126n, 229
Freedman, David Noel, 31

Gênese, 35, 46, 57, 60, 78, 141, 142, 145
   cap. 1
      1, 1-19; 214
      1, 1-27; 219
   cap. 2; 211-21
      2, 1-4; 211-5, 220
      2, 10-14; 213
      2, 18; 217
      2, 18-25; 51-7
      2, 46-47; 216
   cap. 12
      12, 1; 96
      12, 10-20; 82
   cap. 16; 82
   cap. 20; 82
      20, 5-6, 74
   cap. 21
      21, 9-21; 82
      21, 22-34; 268
   cap. 22; 268
   cap. 24
      24, 10-61, 86-91
   cap. 25; 115
      25, 23; 72-3
      25, 27-34; 72-6
   cap. 26
      26, 1-12; 82
   cap. 27; 77
      27, 14-17; 22
      27, 18; 64
      27, 22; 64-5
   cap. 29; 273-4
      29, 1-20; 86, 89-92
      29, 26; 77
   cap. 30
      30, 1-4; 274-7
   cap. 31; 182
      31, 32; 256
   cap. 34
      34, 31; 239
   cap. 37; 25, 28, 209, 238, 247
      37, 25; 255
      37, 26-27; 25
      37, 29; 17
      37, 32-36; 16-8
   cap. 38; 15-28, 40, 199, 238
      38, 1; 49n
   cap. 39; 12, 25, 115, 158n, 164-71, 178
   cap. 40; 243
   cap. 41; 243
   cap. 42; 238-53
      42, 20-1; 209
      42, 25; 205
      42, 27-28; 206-10
      42, 33-34; 209
      42, 35-36; 206-10
   cap. 43; 253-5
      43, 8-9; 253
      43, 21; 206
      43, 30-31; 249
   cap. 44
      44, 1-17; 256-7
      44, 18-34; 258-9
   cap. 45; 260

45, 1-2; 250
45, 3-5; 260
cap. 46
46, 9; 252
Genette, Gérard, 127
Gilgamesh, 73
Golias, 62, 104, 106, 113, 124-8, 221, 225-8
Gombrich, E. H., 101
Good, Edwin M., 32
Grass, Günter, 141
Gray, John, 154*n*
Gros Louis, Kenneth R. R., 221-2

Hahn, Herbert, 30
Héber, 102
Hesíodo, 50
Hira, 18, 21-3
Hoffman, Yair, 158-60
Hofni, 129
Homero, 29, 35, 42, 50, 84, 141, 192-4
Hrushovski, Benjamin, 32, 35
Hummel, Horace D., 30*n*

Ibn Ezra, Abraham, 203
Isaac, 23, 36, 64, 72, 74-5, 87-8, 97, 126, 237, 268
Isboset, 125, 185
Ismael, 268
Israel. *ver* Jacó

J. *ver* javista, documento
Jacó (Israel), 23, 42-3, 52, 64, 145-7, 162, 174, 192, 202, 235, 237-8, 266
  e direito de progenitura de Esaú, 72-8, 115, 267
  e estupro de Diná, 239
  e luto por José, 17-8, 20, 25
  e Raquel, 77, 89-92, 127, 182, 244, 256, 266, 274-7
  e viagens dos filhos ao Egito, 205-10, 237-42, 246-55, 260
Jakobson, Roman, 50
James, Henry, 36, 44, 128, 146, 178, 236
javista, documento, (J), 40, 198, 207-8, 211-7, 227, 247
Jeová, Livro das Batalhas de, 61
Jeremias, 74
Jeremias, livro de
  cap. 17
    17, 9; 74
  cap. 22
    22, 10; 158
Jessé, 25, 220-4
Jezebel, 116, 123
Jó, 58, 117, 130, 148
Jó, livro de, 36, 59, 126
  cap. 1
    1, 7; 117
  cap. 7
    7, 12; 30
  cap. 27
    27, 21; 158
Joab, 63, 119-22, 152, 153, 157
Joiada, 153
Jonas, 59
Jônatas, 63, 103, 183, 227
José, 16-9, 25-8, 49*n*, 52, 74, 126, 148, 174, 178, 225, 235-60, 267, 277
  conclusão da história de, 205-10, 237-60, 272
  e a esposa de Potifar, 105, 115-7, 161, 165-71
Josué, livro de
  cap. 10
    10, 13; 61
Joyce, James, 42, 146, 233, 273

Judá, 15-6, 18-28, 42-3, 174, 210, 248, 252, 254, 257-9, 270, 275, 277
Juízes, 47, 58-9, 71
   cap. 3; 65-71
   cap. 13; 155
   cap. 14; 100
      14, 15; 146
   cap. 15
      15, 4-5; 146
      15, 6; 146
      15, 14; 146

Kafka, Franz, 197, 233, 236, 273
Kaufmann, Yehezkel, 67n
Kawin, Bruce F., 142-3
King James, versão, 11, 90, 109, 144
Kronfeld, Chana, 128n

Labão, 76-7, 87-92, 182, 256
Lemon, L. T., 126n
Levi, 201-2, 239
Lia, 77, 92, 237, 259, 266, 274-5, 277
Licht, Jacob, 58n

Mann, Thomas, 116
Manoá, 155-6
   esposa de, 155-6, 268, 277
Mardoqueu, 60
Marduk, 52-4
Marvell, Andrew, 29, 229
Merab, 176
Mical, 63, 99, 176-7, 179-92, 266
Midrash, 26-8, 54-5, 163, 168
Milgrom, Jacob, 201n
Moisés, 93-4, 140, 148, 174, 192, 232, 235
   rebelião de Corá contra, 201-5

Nabal, 100, 184

Nabokov, Vladimir, 78
Nabot, 123
Natã, 106, 110, 151-4, 192
new critics, 34, 229
Noé, 244
Noemi, 60, 95, 97
Números, 61
   cap. 7
      7, 12-83; 137-8
   cap. 16; 201-5
   cap. 22
      22, 4-24:25; 161-5
   cap. 26
      26, 10; 203

On, 201
Onã, 18-20

Pelete, 201
Pentateuco, 10, 39, 47, 95, 160, 198-9. *ver também livros específicos*
Perez, 25
Perry, Menakhem, 36-40
Platão, 56
Potifar, 15, 18, 26, 49n, 165-71
   esposa de, 105, 115-6, 161, 165-71
Primeiros Profetas, 10, 160, 199. *ver também livros específicos*
Pritchard, J. B., 53n

Rabelais, François, 233
Ragüel, 93-4
Raquel, 77, 89-92, 96, 127, 129, 182, 240, 244-6, 253, 256, 259, 266, 274-7
Rashi, 245
Rebeca, 22, 72, 75, 87-90, 92, 96-7, 126, 174, 219, 268
1 Reis
   cap. 1; 151-5

cap. 12
    12, 10-11; 155
    12, 14; 155
  cap. 18; 116
  cap. 21
    21, 13-5; 123
  2 Reis
    cap. 1; 139, 148
    cap. 4; 133
  Reis, livro dos, 47, 59-61, 119, 148, 154*n*
  Reis, M. J., 126*n*
  Robbe-Grillet, Alain, 42, 149, 236
  Roboão, 154, 155
  Rosenberg, Joel, 38-40
  Rosenmeyer, Thomas G., 13, 84*n*
  Rosenzweig, Franz, 143-4, 222
  Rúben, 17, 201-2, 210, 241, 244-8, 252-3
  Rute, 60, 95-8, 126, 174, 219
  Rute, livro de, 60, 126
    cap. 2; 95-8

  S. *ver* sacerdotal, documento
  sacerdotal, documento, (S), 198-9, 211-7, 227
  Sadoc, 153
  Salmos, 30
  Salomão, 62, 105, 151-5
    concepção, 194
  Sama, 223
  Samuel, 98-9
    confronto com Saul, 144
    nascimento, 128-35
    unção de Davi por, 220-6, 235
  1 Samuel
    cap. 1; 128-35
    cap. 9; 126
      9, 11-12; 98-9
    cap. 10; 138
  cap. 15; 144
  cap. 16; 145, 220-8
  cap. 17; 220, 225-8
    17, 23; 124
    17, 28-29; 124
    17, 42; 128
  cap. 18; 176-82
  cap. 19; 139, 182-3
  cap. 21; 103-7, 112-5
  cap. 22
    22, 10; 106
  cap. 24, 63-4, 115
    24, 5-6; 107
  cap. 25
    25, 42-43; 183
  cap. 27
    27, 1; 109-10
  cap. 30
    30, 4-6; 184
  2 Samuel; 36
    cap. 1
      1, 18-19; 61
    cap. 2
      2, 1; 110
      2, 19-21; 122
    cap. 3
      3, 11; 125
      3, 14-16; 185
      3, 21-24; 157
    cap. 6
      6, 16-23; 186-91
    cap. 10; 119-20
    cap. 11; 119-20
    cap. 12; 126
      12, 18-24; 194
    cap. 13; 116-7
      13, 21-2; 125
    cap. 17
      17, 1; 117

cap. 18; 112
cap. 19, 142
  19, 1; 143
  19, 5; 143
Samuel, livros de, 59, 126, 148
Samuel, Maurice, 32
Sansão, 100, 146-8, 156
Sara, 82, 129, 268, 277
Saul, 125, 174, 235, 266
  confronto com Samuel, 144
  e Davi, 62–5, 103, 106-10, 115-6, 139, 157, 176, 179-88, 224, 227
  em cena-padrão de esponsais, 98-9
  encontros com profetas, 138-9
Schneidau, Herbert, 46-50, 71
Séfora, 93
Selá, 18-22, 24, 102
Semei, 192–3
Semeia (revista), 33
Shakespeare, William, 29, 62-3, 142-3, 146, 266
Simeão, 205-6, 209, 239, 242, 247-50
Speiser, E. A., 15-6, 73
Stein, Gertrude, 149
Stendhal, 155
Sternberg, Meir, 36-40, 158, 170n
Sterne, Laurence, 42, 233
Suá, 18, 21

Suma teológica, 232
sunamita, mulher, 133, 268

Talmon, Shemaryahu, 47-9
Tamar, 15, 18-28, 43, 52, 116-7, 125, 174, 196, 199, 219, 266, 275
Teócrito, 29
Thackeray, William Makepeace, 271
Tiamat, 52
Todorov, Tzvetan, 41-2
Tolstoi, Leon, 29, 44, 197, 233
Tomashevsky, Boris, 126n
Trevelyan, G. M., 45
Tucídides, 64

ugaríticos, textos, 30, 33
Urias, 100, 181, 269

Van Doren, Mark, 32
Virgílio, 29
Voltaire, 162

Walpole, Robert, 45
Werkinterpretation, escola de crítica, 34
Woolf, Virginia, 41, 128

Yam, 30
Yashar, livro de, 61

1ª EDIÇÃO [2007] 1 reimpressão

ESTA OBRA FOI COMPOSTA PELA SPRESS EM MINION E
IMPRESSA PELA GRÁFICA BARTIRA EM OFSETE SOBRE PAPEL PÓLEN SOFT
DA SUZANO S.A. PARA A EDITORA SCHWARCZ EM JULHO DE 2021

MISTO
Papel produzido
a partir de
fontes responsáveis
FSC® C105484

A marca FSC® é a garantia de que a madeira utilizada na fabricação do papel deste livro provém de florestas que foram gerenciadas de maneira ambientalmente correta, socialmente justa e economicamente viável, além de outras fontes de origem controlada.